本书获中国社会科学院出版基金资助

多视角下的法国人文社会科学

江小平 著

中国社会科学出版社

图书在版编目（CIP）数据

多视角下的法国人文社会科学／江小平著 . —北京：中国社会科学
出版社，2011.7
ISBN 978 - 7 - 5004 - 9986 - 2

Ⅰ.①多…　Ⅱ.①江…　Ⅲ.①人文科学—研究—法国　②社会科
学—研究—法国　Ⅳ.①C156.5

中国版本图书馆 CIP 数据核字（2011）第 143276 号

策划编辑　冯　斌
特约编辑　丁玉灵
责任校对　李　莉
封面设计　郭蕾蕾
技术编辑　戴　宽

出版发行　中国社会科学出版社
社　　址　北京鼓楼西大街甲 158 号　　邮　编　100720
电　　话　010—84029450（邮购）
网　　址　http://www.csspw.cn
经　　销　新华书店
印　　刷　新魏印刷厂　　　　　　　装　订　广增装订厂
版　　次　2011 年 7 月第 1 版　　　印　次　2011 年 7 月第 1 次印刷
开　　本　710×1000　1/16
印　　张　17.5
字　　数　295 千字
定　　价　38.00 元

序

江小平同志的研究成果《多视角下的法国人文社会科学》，是她多年对法国人文社会科学进行不懈跟踪研究的心血之作。法国的人文社会科学研究传统（尤以人文学科为最），不仅在欧洲，就是在全世界也具有较大影响。它的多姿多彩的拉丁－罗曼语文化背景、它先于其他许多国家开展的跨学科研究，它的古老的欧洲人文研究传统等都在世界人文社会科学研究中占有较重要的地位，并产生着较大影响。

江小平同志选择法国作为自己的研究对象更有其得天独厚的条件：她的专业是法兰西语言文学，20世纪80年代曾作为访问学者较长时间游学法国，对法国的人文社会科学研究具有感性的和直接的认识。回国后一直没有中断对法国人文社会科学研究的关注，写过不少这方面的文章。前些年还和我院外事局研究室的同志一起对法国人文社会科学研究进行了广泛的文献调研，为此她还出版了专题著作。可以说此前的这些调研和学术积累为本书打下了较扎实的基础。

法国人文社会科学研究中值得关注的问题很多，本书是一项情报性的研究产品。在一本篇幅不太大的书中，显然不可能涉猎法国人文社会科学研究中的所有问题。江小平同志的取舍和研究视角是得当的，她结合我单位主要从事文献信息研究工作的特点，紧紧抓住现状与趋势、管理与政策、科研评估体系、跨学科研究和人文社会科学信息化等热点问题，逐一进行分析探讨，力求为读者勾勒出法国人文社会科学的概貌。她的研究态度是严肃的，努力做到事实有来源，分析有依据、结论不偏颇。她的资料来源大部分选自第一手的法文资料，书中提供的许多宝贵资料可供我国学术界和管理工作者参考，而书后的附录则为学者进一步研究提供了资料线索和方便。更加难能可贵的是，本成果没有科研资助，完全是学者个人在从事数据库建设工作之余多年潜心研究、勤奋爬梳的结果。这种不为名利所趋，坚持不懈的学术探索精神是值得称道的。

　　写到这里，我不由得想起了著名历史学家顾颉刚先生生前提倡的一种精神：宁可劳而不获，不可不劳而获。这也许应该成为今天在众多利益诱惑包围下的广大学人必须勉力坚持的一种学术品质。

　　愿我们大家为之努力。

黄长著

2010 年初冬　于北京

目　　录

第一章 法国人文社会科学研究现状与发展趋势

一 当代法国人文社会科学的形成和发展

（一）法国人文社会科学的形成

人类对人的本性、人际关系、人类与各种精神力量的关系以及他们所创造并生活于其间的社会制度的研究和反思，可以追溯到古代。法国人对这类问题的探讨同样是源远流长，不过最初由哲学界独揽。在1500多年的法国哲学史中，最早出现的是一批以研究人类的活动和作用而闻名的思想大师，而后出现的是经常被"年轻的"学科奉为鼻祖的圣贤，如笛卡尔、卢梭、孟德斯鸠、圣西门、孔德、托克维尔、涂尔干等。丰富和完善社会知识历来是法国知识分子不懈的追求，但直至16世纪，他们的努力才逐渐趋于成熟，关于人类和社会的研究才被正式称为"知识"，抑或称之为"哲学"。

进入18世纪，法国出现了前所未有的哲学大论战，哲学遇到了来自内部和外部一些学科的强有力的挑战，它作为一种包罗万象的知识的地位开始发生动摇，新的社会知识门类应运而生。知识的学科化和专业化，为人文社会科学内部的分化和制度化奠定了基础。

自19世纪起，法国人文社会科学的研究目标日渐明确，研究方法日趋系统化。在这个以民主个人主义和工业革命为主要特点的历史时期，一些社会科学学科，如社会学，因其研究紧密联系当时的政治、经济和社会变化而被视为前瞻性学科。民族思想针对西方国家在世界某些地区的统治而诞生。以托克维尔为代表的政治学家们，反复强调"生存条件的平等化"。受上述现象的影响，法国人文社会科学发生了深刻的变化：政治史让位于社会史；群众运动和社会管理问题成为政治学研究的新重点。

此时的社会科学家不再仅仅满足于解释社会现状和历史，而是试图论证社会将会变成什么样和怎样才能使其走向完善。他们一方面对社会进行一系列的分析研究，建立了重实用的社会理论和以乌托邦为主的政治理论；另一方面，统计学家、人口学家、经济学家、社会学家等创建了大量的分支学科，社会科学作为一门独立的科学初见端倪。

（二）法国人文社会科学三个发展阶段

第二次世界大战结束至今，法国人文社会科学研究的发展大致经历了以下三个阶段：恢复起步阶段、发展鼎盛阶段、全面调整阶段。

1. 恢复起步阶段（1945—1959）

第二次世界大战之后，世界各国的经济和社会均处于调整和变动之中，经济增长速度加快，科学技术日新月异，层出不穷的新文化和新思想使社会发生了翻天覆地的变化。这个时期的法国整个国家进入了百废待兴的建设和发展时期。在这样一种社会背景下，人文社会科学研究开始受到国家的重视和遇到大量的社会需求。

面对这一大好时机，人文社会科学研究要想获得全面解放和发展，当务之急是增设研究机构和扩大研究队伍，完善组织建设，在满足政府和社会需求的同时，为日后社会科学理论的提高和完善奠定基础。在一些人文社会科学家的积极倡议和努力下，新的人文社会科学研究机构如雨后春笋般建立，研究队伍迅速壮大，研究成果不断问世。

2. 发展鼎盛阶段（1959—1979）

从 20 世纪 50 年代末 60 年代初起，法国的人文社会科学研究进入了一个全面发展的鼎盛时期，研究机构、研究人员的数量和研究成果的增长规模都明显超过了法国解放初期的水平。仅举两个例子便可以说明这一点。1960 年法国国家科学研究中心（以下简称"法国科研中心"）从事社会学研究的研究人员仅有 56 人，1964 年发展为 90 人。1956 年，该中心第六分部——人文社会科学部①只有 48 名研究人员，1962 年增加到 80 名。

这一时期，国家拨给人文社会科学的研究经费有所增加，尤其是对一

---

① 2009 年法国科研中心撤销了"人文社会科学部"，成立了"人文社会科学学会"，故全书统一采用新机构名称"人文社会科学学会"。

些有利于社会和经济发展的学科给予了较多的资助，社会展望学派的壮大便是一个明显的例证。1957 年，贝尔热创建了社会展望中心和《社会展望学》杂志。该中心为政府制定国民经济计划做出了引人注目的贡献，影响迅速扩大，许多大型企业或国营企业的领导人、高级政府官员和社会科学界的代表人物都开始注意运用精确计量的、计划的、合理的和"把解决问题的方法放在首位的思维方式"。

如果说 20 世纪 50 年代的人文社会科学是因国家计划经济建设和社会管理的需求而获得发展的，70 年代则是因人文社会科学自身关注社会需求，在满足社会需求的过程中得以昌盛的。60 年代人文社会科学中发展速度最快的当属社会学、经济学和社会心理学这三个学科，可以称得上是人文社会科学领域内的先导学科，研究成果对政府决策曾起过举足轻重的作用。

通过这三个学科的组织结构、科研人员以及刊物和论著方面不断增长的数字，我们可以看出这一时期是法国人文社会科学的繁荣阶段。从机构方面看，国家出于对科研工作的重视和支持，批准在法国科研中心内新增设一个全国科技代表处。法国科研中心的社会学研究中心增加到了 13 个，共有 232 名研究人员。社会心理学有 11 个研究中心，共有 109 名研究人员。经济学有 64 个研究中心，共有 870 名研究人员。仅这三个学科的研究人员就达 1200 余人。他们创办的刊物超过 310 种，其中社会学刊物有《劳动社会学》（1959）、《法国社会学评论》（1960）、《国际社会学手册》（1964）、《社会研究》（1965）、《人与社会》（1966）、《教育与职业指导》（1972）、《政治社会学研究会刊》（1975）等。心理学刊物有《儿童》（1958）、《儿童心理学》（1958）、《关系》（社会工作研究，1972）等。经济学刊物中有在法国最具权威的《法国统计与经济研究所年鉴》等。

人文社会科学研究呈现出百家争鸣的局面，许多享誉世界的思想大师纷纷著书立说，他们的论著在法国乃至全世界引起了极大的反响。在短短的十年时间里，他们发表了数百部论著，其中最具代表性的社会学论著有古尔维奇的《社会学的当代课题》（1950、1968、1969）、弗里德曼的《权力与智慧》（1970、1979）、克罗齐埃的《封闭的社会》（1970）、阿隆的《论重工业社会的 18 讲课程》（1963）和《社会学思想的各个阶段》（1967）、图雷纳的《后工业社会》（1969）和《行动社会学》（1965）、布迪厄的《文化遗产继承人：大学生与文化》（1964）、斯托策尔的《社会心理学》（1963）等。

在法国政府的大力资助下，社会科学教育实现了制度化。教育部为索邦大学挑选和配备社会学、社会心理学和心理学教授。自 1958 年开始，大学设立了社会学学士学位和第三阶段博士学位。之后又把法国文学院易名为法国文学与社会科学院。1959 年法学院内设立了经济学学士学位，同时将该学院更名为法学与经济科学院。社会科学正式进入高等学府，人们从此可以在大学内名正言顺地学习和研究社会科学。另外，在维护教授的权利和提高教授的声誉的同时，为社会科学研究多出人才创造了良好的条件。

3. 全面调整阶段（1979 年至今）

法国解放初期，[①] 政府和人文社会科学界决心改变法国人文社会科学"贫穷落后"的状况并为此付出了许多心血和做出了极大的努力，取得了可喜的成果，人文社会科学因此进入了全盛发展的"黄金时代"。然而，1979 年之后却转入了另一个阶段：发展趋于缓慢，面临多方面的重新调整。造成这种下滑局面的原因有多种：（1）经济危机和由于政府需求减少而缩减科研经费；（2）社会生活变得日益复杂，社会科学研究难以跟上社会生活的变化和社会发展的速度；（3）1968 年"学生运动"之后出现的"信仰危机"；（4）人文社会科学研究领域内部存在的问题和弊病，如法国科研中心将一大批"编外人员"改为"正式研究人员"，享受终身制待遇；（5）教育制度方面存在的问题；（6）博士研究生首次出现供大于求的情况等。

人文社会科学出版物及其发行量急剧减少是法国人文社会科学开始走下坡路的一个证明。曾任法国大学出版社社长的 M. 普里让在 1985 年撰写的《关于人文和社会科学图书的发行报告》中得出如下结论：在法国出版业中，人文社会科学所占的比重很少，1984 年出版的人文社会科学新书仅占全国新书发行总量的 12%。与 1978 年相比，人文社会科学新书从 5649 种降到 3560 种，下降了 37%，而各种新书的总发行量仅下降了8%。人文社会科学书籍的发行量从 810 万册降到 520 万册，这种情况首先反映出人们对人文社会科学书籍的"需求危机"，同时也说明存在着人

---

① 1944 年 8 月 25 日盟军解放巴黎，1944 年 8 月 30 日，戴高乐宣布法国临时政府在巴黎成立，法国从此获得解放。

文社会科学书籍的"供应危机"。

此外，人文社会科学刊物发行量的骤减也从另一个方面说明人文社会科学发展陷于停滞状态。从 80 年代起，人文社会科学杂志成了许多图书馆（大学或地方）紧缩预算的"牺牲品"，人们毫不犹豫地终止了这类杂志的订购，书店中也很难看到这类杂志。

法国人文社会科学研究的兴衰很大程度上取决于人文社会科学研究和高等教育的目的性，这两个方面出现问题必将导致人文社会科学发展的危机。

对法国人文社会科学进行调整已经迫在眉睫，需要调整的范围包括人文社会科学研究的组织形式、科研课题、研究方法和科研手段等。对这四个方面的调整直接影响和反映出后来法国人文社会科学发展的特点和趋势。有关这方面的分析，详见本章的第三部分。

为了进一步摸清法国人文社会科学的发展脉络和预测它未来的发展趋势，我们先对近半个世纪以来法国的社会学、政治学、经济学与人口学、人类学与民族学做一个概括性的介绍。

二　主要学科发展概况

（一）社会学

1. 简单的历史回顾

法国是社会学思想的发源地。16—17 世纪，法国和欧洲其他国家的哲学家和启蒙学者们揭开了近代思想史的序幕，哲学家孟德斯鸠、卢梭等开始以半世俗或者全世俗的眼光来分析社会，探讨法律的起源，同时设计改良社会的蓝图。圣西门在哲学方面提出了"进化论"的思想，主张建立新的社会等级制和空想社会主义。启蒙运动中的这些新思潮和新的社会思想极大地推动了人类思想的解放和发展，为社会学的建立奠定了思想和理论基础。

法国社会学的创始人是法国哲学家孔德（1798—1857），他在其六卷本《实证哲学教程》（1830—1842）中首次提出"社会学"一词，并对社会学的研究对象、任务及其重要意义进行了探讨，他将社会学划分为社会动力学和社会静力学两部分。

比较社会学家托克维尔（1805—1859）是法国政治社会学的创始人

之一。他继承了孟德斯鸠的社会学思想，强调社会民主，主张所有的人都要维护社会秩序。

法国早期社会学家中还有一位较有影响的人物勒普莱（1806—1882），他发展并具体阐述了圣西门和孔德的理论社会学思想，提倡用世俗的思想来代替传统的宗教权威。他最为突出的贡献是建立了直接观察社会的方法和指标分析法。今天，人们仍然采用他创建的描述方法，并把这种方法看做是现代社会学和民族学调查方法的一种原型。

19 世纪末和 20 世纪初，勒普莱学派被以涂尔干（又译迪尔凯姆，1859—1917）为首的"正统社会学学派"所取代。涂尔干在法国社会学史中占有特殊的地位。他为法国社会学的理论建设和组织建设做出了卓越的贡献，人们把他视为现代法国社会学的真正创始人。他不仅提出了社会学研究的新问题和新的研究方法，进一步扩大了社会学的研究领域，而且通过教学培养出大批的社会学工作者，使社会学教育从此走向制度化。他还创办了至今仍很有影响的杂志《社会学年鉴》并发表了社会学权威论著《自杀论：一种社会现象的研究》（1897）。跟随他的法国社会学家主要有莫斯、布格莱、莱维－布吕尔、西米昂、达维和葛兰言等人。

2. 第二次世界大战后法国社会学的发展

涂尔干于 1917 年逝世。两次世界大战期间，继承了涂尔干理论的法国社会学派在人类学、民族学等领域做出了令人瞩目的成绩，把社会学变成了一门真正独立的学科。然而，他们的社会学是延续 18 世纪以来的历史哲学和实证主义传统的社会学，未能把社会学家的活动融入实际生活中去，加之第二次世界大战中涂尔干的一些弟子相继丧生，《社会学年鉴》两度被迫停刊，该学派几乎全面崩溃，法国社会学也一度处于停顿状态。社会学本身只剩下 20 多名学者，大学中只剩下三个社会学论坛，法国科研中心里的社会学研究人员更是屈指可数。

与此同时，一些与社会学临近的学科，例如人文地理学、社会史学、人口学、政治学、哲学等却逐渐从社会学研究的问题中获得启发，取得了一定的发展。例如 A. 西格弗里德开展的政治地理学研究，发表了《法国政党图》（1930）、《五大洲政治地理学》（1953）等书。人口学家 A. 索维（1898—1990）在法国成立了第一个人口学研究中心——法国国家人口研究所。布洛克（1886—1944）和费弗尔（1878—1956）于 1929 年创办了至今仍颇有影响的《经济和社会史年鉴》，创建了闻名世界的"年鉴学派"。著名史学家布罗代尔（1902—1985）推动了法国的农村历史学、政治历史学和社会心态历史学等分支社会学的发展。萨特（1905—1980）与梅洛－庞蒂（1908—1961）携手创办了研讨现代哲学思想和社会问题的刊物——《现代》（Les Temps modernes）。

第二次世界大战结束后不久，法国的社会学再度获得新生。人们对社会学的研究兴趣日益高涨，涌现出一大批较有影响的社会学家，不断提出新的研究课题和开辟新的研究领域。社会学的新理论、新方法、新刊物和新机构频频问世。在涂尔干的宗教社会学、经济社会学、法律和道德社会学的基础上，又增添了许多新的社会学分支，譬如劳动社会学、闲暇社会学、宗教社会学、城市社会学、农村社会学和知识社会学等。新一代社会学家开始从研究"集体意识"转为研究"存在"。他们放弃了涂尔干的"社会事实"的命题，提出了"社会含义"的命题，例如历史含义、心理含义、逻辑含义等。在研究方法上，他们参考盎格鲁－撒克逊民族的社会志和人种志的研究方法，采用问卷和访问、直接观察、传说与自传研究、网络、实地分析，以及美国社会学开创的定量和定性的调查方法，对城市和企业进行调查分析，观察不同文化相互交叉的情况并进行跨文化研究。

在进入 20 世纪 60 年代之后，新的社会学研究机构层出不穷，将近 50 个专题社会学研究中心或小组相继问世，例如组织社会学中心（1961）、教育社会学中心（1961）、文学社会学中心（1970）。而在这之前有两个新成立的统计机构不能不在这里提及，它们是国立统计与经济研究所（1946）和前面述及的法国国家人口研究所。前任法国社会学学会主席韦雷（1927—）对这两个机构给予了充分的肯定，认为借助这两个统计机构的资助，社会学家得以收集一些必要的数据和论据，开展对阶级、性别、年龄、就业、失业、教育、社会流动以及后来进行的消费和娱乐等方面的综合比较分析，显然只靠社会学家本身收集这些资料要达到今天的研究水平是不可能的。

同一时期，不仅因战争因素在 1942 年停刊的《社会学年鉴》得以复刊，而且还先后创办了一些新的社会学刊物，其中有《国际社会学手册》、《劳动社会学》、《欧洲社会学纪要》、《宗教社会学纪要》（后改为《宗教社会科学纪要》）、《法国社会学评论》、《人与社会》、《人口》、《人口与社会》等。

一些著名的社会学家还推出了一批社会学丛书，例如芒德拉斯

（1927—）主编的《社会学丛书》、巴朗迪耶（1920—）主编的《社会学家丛书》和布东（1934—）主编的《社会学丛书》等。

社会学的研究和教育受到各个研究中心、各所大学以及有关机构的重视。社会学知识和理论得到迅速而广泛的普及。许多从事哲学和历史研究的学者纷纷转而研究社会问题。在研究方式上，新的集体协作取代了第二次世界大战前的以个人为主的研究。社会学家不断扩大自己的研究领域，同时与其他学者公开辩论和研究社会学问题和方法。总的来说，70 年代学术界异常活跃，社会学发展面临着双重机遇：一是人们利用不同的方法从事研究工作，研究方法日益增多；二是社会学研究的课题不断增加，向多元化发展，经验研究开始在法国社会学中占据统治地位。法国社会学中比较活跃的分支学科有政治社会学、知识社会学、宗教社会学、劳动社会学、组织社会学、教育社会学等。

社会学界人才辈出，许多社会学家后来成为享誉世界的学者，例如理论社会学体系的创建者古尔维奇（1894—1965）、劳动社会学和城市社会学的领头人弗里德曼（1902—1977）、纳维尔（1904—1993）、洛韦（1923—）和图雷纳（1925—）、批判社会学的代表人物克罗齐埃（1922—）、结构人类学的创始人列维－斯特劳斯（1908—2009）、曾在诸多法国和国际社会学机构中任负责人的舆论研究权威人士斯托策尔（1910—1987）、以研究"日常生活社会学"而闻名的勒弗夫尔（1901—1991）等。

20 世纪 70 年代以来，法国涌现出一批具有首创精神、积极活跃的社会学家，他们是布迪厄、布东、富拉斯蒂耶、阿隆、图雷纳、莫兰、芒德拉斯、巴朗迪耶、迪韦尔热、布里科、卡泽纳夫、迪维尼奥等。

他们一方面师承各自的社会学鼻祖的理论，另一方面进行新的尝试，努力创建新的社会学理论。他们的研究有一个共同点，即重视用经验成果来提供理论依据，不再把检验和解释老祖宗的理论和定义作为自己研究的唯一宗旨。

在这些社会学代表人物中声望最高且争议最大的当属布迪厄。他于1982 年当选法兰西学院院士，在那里教授社会学，后任法国人文社会科学高等研究学院教育与文化社会学中心主任和该中心主办的《社会科学研究会刊》的主编，1993 年获法国科研中心金质奖章。他的特点是思想活跃，笔耕不辍，常有新作问世。不过，他的研究生涯却因他的病逝而陡然终止。他的主要作品有《文化遗产继承人：大学生与文化》（1964）、《再生产：教育体制理论的要素》（1970）、《区隔：趣味判断的社会批判》（1979）、《实践的意义》（1980）、《社会学问题》（1980）、《男性统治》（1988）、《世界的不幸》（1993）、《实践理论》（1994）等。他还曾主编了一套主题为"理性行动自由"的丛书（法国巴黎瑟伊出版社出版），旨在推出一些篇幅小、内容通俗易懂、论点明确且有科学依据的文章，让科学服务于社会事业。多年来，他始终坚持理论联系实际的做法，密切关注和探研社会现实问题。在他看来，社会科学的客观主义与主观主义的对立是人为制造的，由此而产生的认识方式必然具有局限性，还有可能导致认识上的分裂。要超越这两种认识方式的对立，同时保留各自的可取之处，就必须到"日常经验"世界中去探索实践的逻辑。换言之，社会科学要颠覆高高在上的"理智中心主义"，构建一种充实的实践科学。1995 年末，他成为参加并支持"社会运动"的少数法国文人之一。1997年 12 月，他走下法国的最高学术讲坛，深入罢工队伍，向铁路员工发表演讲，阐述"世界的不幸"出现的原因。此举在法国学术界引起轩然大波，造成法国学术界的分裂。其中一派持支持态度，即"布迪厄派"；另一派则是以法国《精神》杂志主创人员为中心的批判派，后者对布迪厄的理论和做法提出异议，认为他是因理论上走入了死胡同，才投身于激进的政治运动。法国学者将这次公开的学术论战称之为"布迪厄事件"或"1998 年法国学术界的重要事件"。

R. 布东是法国社会学界的后起之秀，他的主要特点是思想敏锐，具有魄力，敢于反世俗，故有"异端社会学家"之称。他研究的重点是形式化的可能性、因果解释的作用和社会学中的数学方法的应用。他用系统分析方法对大量的可比统计资料进行研究，在教育和实践的社会学课题方面有一定的影响。他坚持反对具体理论，强调个人的作用，认为社会学的研究对象应该是人——个人在社会中担任的角色，而方法论的任务则是对个别理论的借鉴分析。他在谈到社会学的未来时指出：社会学的发展主要靠对现象和部分过程的分析，而不是靠建立一种荒谬的总体理论。他断言所有试图全面解释人类社会的理论都是注定要失败的。

法国伦理科学与政治科学院院士 J. 富拉斯蒂耶是一位经济学家和经济社会学家，主要从事有关科技进步与生产率问题的调查研究和有关现代工业社会内在倾向的开拓性研究工作。他在闲暇社会学研究方面也有很深的造诣，《四万个小时》（1965）就是他的一部杰作。另外，他还与夫人合著发表了《闲暇用来做什么？》（1978）一书。他的学说和论著引起了法国国内和各国学者的注意，大部分作品已被译成德、日、西（班牙）文，其中也有不少被译为英、葡、荷、芬兰、土耳其、希伯来、阿拉伯等多种文字并引来不少学者的著书或撰文评论。

我国知识界熟悉的法国社会学家克罗齐埃以研究官僚体制著称。他曾在《封闭的社会》（1970）一书中指出："现在有重新考虑和自我批判的必要。社会学家不仅应当展望未来，还应当面对现实，坚持'批判的合理主义'的立场。"他在对法国社会做了全面剖析之后，得出如下结论：当前的法国是一个"闭塞"特点根深蒂固的社会。他认为，为了打破利用特权的闭关自守的教育制度、行政官僚体制、权力集中、阶级不平等和职业与企业组织方面的僵化，为了改变决策机构与执行机构之间完全脱节、机构内部的等级制度、等级之间的互不通气和缺乏交流的状况，需要从根本上借助生活中的集体力量（革新计划、组织和制度能力，加强对集团之间纠纷的管理能力），使自由和合理性共存与扩大。他对法国官僚统治现象的分析可谓一针见血，在《官僚统治现象》（1963）中指出了官僚统治的三种含义，主张将社会变革问题摆在首位，同时希望他的组织社会学能产生效用，文化体系能成为有助于研究总体社会的行动社会学的重要元素。

进入 20 世纪 70 年代，工业社会学逐渐在法国社会学中独占鳌头，R. 阿隆和 A. 图雷纳脱颖而出，前者是"统一的工业社会"的提出者，后者是研究后工业社会的专家。阿隆专门研究工业社会的后果和两种类型的"工业社会"和"非意识形态化"的过程，试图证明"非意识形态化"实际上是现时代工业社会技术经济要素统一的必然结果。他决心打破"两种类型的工业社会势必合流"的神话，但同时又认为存在着某种或然性，即未来两种制度将相互接近，其理由是"集体财富将有可能导致某种经济平等，甚至社会均衡"。他同时建立了一种有关工业社会的"二律背反说"，认为工业社会的二律背反在于，第一，人们渴望实现平等的理想与不可避免的等级制度之间互不相容；第二，对个性的追求与庞大的同一化的技术经济发展机构之间的矛盾。他把社会的不平等和社会集团间的冲突看做是社会学研究的基本问题。

图雷纳侧重研究后工业化社会、工人运动和行动社会学，著有《后工业化社会》（1969）、《行动社会学》（1965）、《工人运动》（1983）、《再论行动社会学》（1984）、《发言与注视：社会运动社会学》（1993）和《换一种思维》（2007）等书。《后工业化社会》重点论述了工业社会概念，认为"后工业化社会"的基本冲突表现为技术统治与各行业专家们的冲突。发生这种冲突的根源在于下列事实：尽管各行业专家们以自己的教育和知识与技术统治派相对抗，但这并不能排除他们对技术统治派的依赖心理，因为管理机构毕竟集中在后者手中，晋升和社会地位的提高也由后者决定。他在论述工人运动对社会变革的影响时指出，除了政治和意识形态的特殊地位以外，工人阶级不仅是一个社会职业阶层，而且是工业社会的主要行动者。但随着工人阶级意识形态的分化，他们失去了自己在社会争论中的中心位置，作为社会中心的行动者的重要性也相对减弱，并因此引起法国社会整体的变化。图雷纳从社会学的角度出发，了解各种竞争或者对立的社会群体的行为及其对社会组织类型的形成所起的作用。他认为工人运动的形成不是由经济或者政治条件决定的，而是由工人意识形态状况决定的，后者又是由劳动关系和劳动组织的状况决定的。一旦具有关键意义的劳动关系演变完成，工人运动即随之解体。

图雷纳的方法论集中体现在他的《行动社会学》一书中。他在书中试图揭示价值体系和标准体系的根源，并把这些体系和产生它们的行动相提并论。根据图雷纳的见解，研究有含义的社会行动必须通过结构主义和功能主义的途径，至于对创造社会价值的研究，则需要"行动论"方法。如果说采取结构和功能的途径是用来研究社会体系和文化体系如何发挥功能的，那么"行动论"就是用来研究其基础的。他认为，要寻找价值的根源，"行动论"的分析应当着眼于劳动，着眼于人及其与创造之间的关系，着眼于人在交往中"对待他人"的态度（社交能力），着眼于"人类学的意识"，即着眼于人自身所经受的自然和文化之间的矛盾。总之，图雷纳把有组织的共同体的行动与整个机构联系起来进行分析，旨在弄清楚这些共同体是如何使自己存在下去的，换言之，是如何深入到行动和相互行动的内部的。

以上分别介绍了活跃在各个分支学科领域中的战后法国社会学家。下面就战后法国社会学的发展状况做一个简要的小结。

法国社会学在第二次世界大战结束后至 1968 年一直是蓬勃而稳定地发展的。这期间，社会学研究队伍的实力不断加强，涌现出许多举世闻名

的社会学家，出现了一些影响深远而广泛的理论和方法论，特别是列维 –
斯特劳斯的结构主义。由于社会学家的研究课题与现实问题紧密结合，社
会学的地位日益提高，经常被国家机关和企业领导人誉为"解围之神"
或社会科学中的尖端学科。

　　3. 当前的特点和未来的发展趋势

　　首先，在人员、机构、图书和期刊方面，法国的社会学与第二次世界
大战之前相比发生了巨大的变化。从事社会学教育和研究的机构数量和规
模明显扩大。其次，社会学研究领域逐渐细化，研究课题随之多样化，分
支学科突破了 70 种。最后，由于研究重点和方法的不同，法国出现了四
个社会学理论学派。

　　在对社会学的一些重要分支学科现状进行考察后发现，每个分支学科
的研究对象各不相同，研究成果参差不齐，发展速度快慢不一。以社会基
础牢固的政治学为例，发展势头良好，研究重点是政党、有组织团体和压
力集团。劳动社会学发展迅速，证明其有很深的研究根基。工业社会的出
现，特别是工人运动和政府的干预起到了推波助澜的作用，研究领域不断
扩大，成了典型的"不是为了发展而发展"，而是为了应对社会现实发展
起来的学科。城市社会学前景广阔，尤其是在摆脱了 70 年代的结构功能
主义影响之后。该学科的最大特点是联系实际，将研究对象从城市比较研
究转为城市问题研究，例如住房、居住环境研究等。家庭社会学的研究内
容丰富多样，社会调查开展的异常活跃，不仅分析调查家庭结构、家庭人
口以及家庭在社会生产中的作用，而且研究社会和职业阶层、女权运动对
家庭变革的影响。最近，许多家庭社会学家开始把注意力转向分析和预测
21 世纪的法国家庭状况。农村社会学的历史相对较短，但从其研究机构、
研究人员和出版的刊物数量来看，可称得上是一个实力较强的学科，只是
开设这门课程的大学还不够多。它面临的研究课题很多，其中最主要的有
法国农业和农村中的社会现象，同时还有对非洲、拉丁美洲等许多国家的
城乡关系、农业发展、农业现代化问题的调查研究。宗教社会学在 1974
年出现了一次重大的飞跃，冲破了樊篱，开始研究法国的宗教尤其是天主
教的状况，并取得了不小的成果。在整个社会学领域中，受当代危机和教
育危机影响最大的是教育社会学。该学科在人们既感到焦虑不安又不知所
措的双重压力下，艰难地进行着探索和研究。尽管近年来教育社会学的研
究队伍不断壮大，研究中心日益增多，学术成果接连不断问世，但内部的

分歧和对立始终阻碍其发展，很难创建一种站得住脚的教育社会学理论。

法国的社会学理论更新换代频繁，先从实证主义过渡到功能结构主义，而后又从理性主义过渡到结构主义，目前占主导地位的是社会冲突论和社会行动论。行动学派的领头人图雷纳认为，现在法国社会学领域存在着四种理论学派：一是以布东为首的体系与参与学派，其核心理论是实用理性主义；二是以布迪厄为代表的体系与冲突学派，主张批判的结构主义；三是以克罗齐埃为首的角色与参与学派，主要侧重策略和阿隆的国际关系分析；四是以图雷纳为核心的角色与冲突学派，重点研究行动体系和社会化运动。图雷纳认为法国社会学面临结构主义和马克思主义的"撞击"，认为四个学派之间的关系可以用表1—1来说明。

表1—1

	社会体系	社会行动
参与学派	实用主义	策略分析
代表人物	布东、布里科	阿隆、克罗齐埃
冲突学派	批判的结构主义	行动社会学
代表人物	布迪厄	图雷纳

资料来源：Guillaume，Marc，1986，L'Etat des sciences sociales en France，La Découverte，p. 139.

这些理论流派的研究侧重点不同，研究方法大相径庭。布东采用的是传统经济学的数学模式；布迪厄偏爱社会学的统计方法；阿隆和克罗齐埃借助于情境分析方法；图雷纳则通过满足环境的需要而改造和创建新的环境。尽管如此，他们均离不开"社会角色"和"社会冲突"这两个核心问题。

这四个流派都曾尝试着垄断法国的社会学，但均告失败。广大社会学家不赞成把社会学变成一个封闭的学科，希望社会学永远是一个开放的领域，任何学派都不应该有垄断思想。社会学家应具有的是话语观念，而不是团体观念。应该关注的不是垄断地位，而是搞清楚下列问题：文化发展和生活冲突是如何把社会学变成一种自我生产范畴的？生产关系和再生产关系之间是如何相互对抗又相互结合的？为什么体系的运转和体系的改变是两个既相互对立又相互补充的研究课题。

除此之外，法国社会学还面临着来自社会的挑战，社会及社会问题变得日趋复杂，社会学要研究的问题还很多。能否解决这些问题还不能定论。但有一点可以肯定，社会学对其他人文社会科学学科始终有重要的参考价值。各种社会机构、企业、报社、电台、电视台经常请社会学家评论社会或企业问题。社会学的用语、调查和分析方法在新闻界被广泛应用，被其他学科援引的现象也屡见不鲜。在国家决策、经济建设、文化与宗教的繁荣和发展方面，社会学一直发挥着重要的作用。

从未来的发展趋势看，法国社会学将越来越重视对现实社会问题的研究，社会学一般理论的研究将被放到次要位置。社会学家们将围绕当代社会问题，用比较方法分析社会变革对人类生活各方面的影响，如组织机构、劳动市场、通信方式和社交形式等。因此，诸如工业社会学、教育社会学、劳动社会学、家庭社会学、日常生活社会学、城市社会学、乡村社会学、法社会学等社会学分支学科的研究大有加强和不断发展之势，而宗教社会学和社会学史的研究领域却呈现逐渐削弱和缩小之势。

总之，法国社会学研究现状较为稳定，正在向更加系统化和更加科学化的方向发展。社会学家们的下一个研究目标是明确指出社会变革的影响和阐明确保全球一致的机制。为此，他们需要坚持开放的方针，打破各专业领域之间的界限，加强各学科间和国际间的合作，吸收和参考其他学科的经验和方法，在创建新的研究中心的同时，削弱国家和行政管理部门对社会学研究的控制。21世纪将是社会学大展宏图的好时机，相信法国的社会学会抓住这一大好时机，为人类社会的发展作出更大的贡献。

（二）政治学

与其他社会科学学科相比，法国的政治学不仅形成晚，而且很难确定谁是这一学科的真正鼻祖。它的建立靠的是无数学者的努力和科研成果的积累。它曾经历了两次制度化，第一次是1871—1900年，即法国政治科学院创建时期，第二次是1945—1955年，社会科学复兴时期。第二次世界大战之前，政治学尚未成为一门独立的学科，被夹在法学、哲学、史学、社会学和政治经济学中间，即使在1945年之后，在大学中也属于一门边缘学科。它获得实质性的飞跃发展是近二三十年的事。在此之前，政治学家们付出了许多但也取得了不少值得称道的业绩：1945年成立了全国政治科学基金会；20世纪50年代建立了法国政治学协会并创办了《法国政治学杂志》；60 年代建起了一些专题研究中心，例如法国政治生活研究中心和国际关系研究中心；70 年代开始在大学开设政治学课程，创办政治学系或专业，政治学教师资格同时获得国家的确认。政治学的这种制度化反过来促进了自身的发展使其在后来的年代里取得了丰硕的成果。

从某种角度讲，法国政治学最初的发展动力来自外部，至少参照了美国的模式。但值得注意的是，虽然近年来国际间的人员接触和学术交流显著增加，但法国政治学受外部的影响却明显减弱。

选举研究成为今日法国政治学的强项便是一个很好的例证。20 世纪初，这项研究迅速发展，如今已深深根植于地理学和社会学。法国有关选举研究的最早成果是西格弗里德于 1913 年发表的《第三共和国时期法国西部的政治概况》（1964 年再版）。几十年之后，F. 高盖尔撰写的《第三共和国时期的政党政治》和《1870 年至 1951 年法国的选举地理学》（1951）成为法国政治学形成过程中有关选举的重要参考文献。法国政治生活研究中心的研究成果，特别是朗瑟洛的论著《法国选举中的弃权现象》（1968）将法国的选举研究提高到一个新的阶段。

法国的政治学研究在其他领域也取得了不小的进展，论著、辞典和教材纷纷面世，政治思想和理论研究、政治制度研究成果斐然可观，政党和政治组织研究不断深入，国际问题和国际关系研究高潮迭起。最近几十年法国政治学取得的成果主要有：

1. 通论、辞典和教材

法国全面论述政治学的大型通论有两部，一部是布尔多的十卷本《政治学通论》（1966—1986）；另一部是格拉维茨和勒卡主编的四卷本《政治学通论》（1985）。这两部论著的内容和观点不尽相同。布尔多侧重于从哲学和法学的角度阐述他人的观点；格拉维茨和勒卡等人则是根据集体的研究成果，全面总结和介绍了法国政治学在各方面取得的成果和当前政治学专家们重点关注的领域。四卷本《政治学通论》中的各章分别为"政治科学和社会科学：政治秩序"、"当代政治制度"、"政治行动"和"国家政策"。

同其他学科一样，法国目前还没有一部包罗万象的百科全书式的政治学辞典，但专题式政治学辞典已出版了多部，其中侧重介绍政治学主要成果的有 F. 夏特莱主编的《政治著作辞典》（1989），关于政治制度的有迪阿梅尔等主编的《宪法辞典》（1992）和斯费兹主编的《传播评论辞典》

（1993）等。

在政治学教材方面，近年来法国出版了不少，但远未达到覆盖所有政治学领域的程度。在现有教材中，数量最多的是有关政治制度和政治体制的教材，而有关政治思想史的教材则明显不足，仅有图沙尔的一部《政治思想史》。尽管 J. 夏洛发表了《保卫共和国联盟，对一个政党内部权力的研究》（1967），C. 伊斯马尔发表了《第五共和国的政治党派》（1989），但 M. 迪韦尔热的《政党》（1953）仍是一部至今无人替代的论著。在政治生活研究方面，沙普萨尔的《1940—1958 年的法国政治生活》（1990）几乎是一部独一无二的作品。自 1961 年梅诺的《政治学引论》问世以来，关于政治学的启蒙教材在中断了 30 年后，于 1992 年出版了布罗的《政治社会学》，1993 年又出版了 J. 拉格鲁瓦的《政治社会学》。这两部著作的问世标志着一个新的分支学科的建立。

2. 政治思想研究

20 世纪 70 年代，法国的政治思想史同 60 年代历史学中的"事件史"一样遭到了冷遇。列维－斯特劳斯、布迪厄、福柯等著名学者都曾批评这种政治思想史过分"轻信"和过多地介绍文献资料，忽视了社会生产的主题思想，内容凌乱，缺乏系统化，所以，继图沙尔的《政治思想史》（1959）之后，出现了一段长时期的空白，直至 1989 年才出版了奥利的《新政治思想史》。

然而政治哲学却蓬勃发展，新作接连不断的问世，如 P. 克拉斯特尔的《社会对国家——政治人类学研究》（1974），C. 勒富尔的《马基雅维里著作的作用》（1986），费里与雷诺合著的三卷本《政治哲学》（1986—1992）等。他们的研究在很大程度上受到哲学和人类学新思潮的影响并形成了一股新的力量。

3. 政治制度研究

对政治制度的分析研究是法国政治学的传统之一，它与法学有着密切的联系。在法国的高等教育和教材中，法学和政治学被看做是一个不可分割的整体。此外，法国第五共和国的成立和"持久存在"为这方面的研究和成果出版创造了良好的条件。第五共和国的制度及其运行成为法国政治学研究的重点。围绕 1962 年前后以及戴高乐和密特朗执政时期的政治制度出版了一系列著作。另外，还推出了一部由迪阿梅尔与帕罗迪主编的论文集《第五共和国宪法》（1985）。

除了研究本国的政治制度外，法国的政治学家对其他国家的政治制度也表现出极大的兴趣。分析英国的主要论著有勒昌埃的《英国的政府和政治》（1989）和夏洛的《英国的政治权力》（1990）。研究美国的论著有图瓦内的《美国的政治体制》（1987）。

4. 选举和舆论研究

通过民意测验对公众舆论进行调查的做法是社会科学近几十年的创举之一，它对政治学的影响尤为突出，致使其对选举的研究从地理学的观点转变到社会学的观点和方法。民意测验的结果不仅可以从地理上验证某个选区票数有多大"变量"的假设，而且有助于了解选民的特点并跟踪其变化。特别需要指出的是，经常性的选举前的民意测验现已成为法国政治生活的组成部分和"造舆论"的要素，甚至对选民的行为产生了直接的影响。论述这种发展的论著有朗瑟洛的《法国的选举弃权论》（1968）、卡普德维尔与迪普瓦里耶合著的《左翼的法国投右翼的选票》（1988）、加克斯主编的《选举分析：法国选举研究概论》、加里古的《选举与德行：法国人是如何成为选民的》（1992）等。

此外，民意测验加速了政治学研究的"社会化"。A. 佩舍龙在这方面功不可没，他的民意调查和研究成果对政治学研究的"社会化"起到了决定性的作用。

5. 政党和政治组织研究

20 世纪 80 年代以来，有关政党和政治组织的研究大不如从前，甚至无人超越著名政治学家 M. 迪韦尔热的理论。全面论述政党的论著凤毛麟角，而大量专题性的研究也仅涉及几个主要党派，如不断演变的戴高乐派，1981 年执政的社会党和近年来引人关注的国民阵线。法国的政治学家对右派和极右派的研究日渐增多，而对左派和极左派的研究则呈下降之势。过去他们侧重研究共产党，如今却将这项研究留给了历史学家。工会运动在法国和其他西方国家的迅速衰落，加之生产工艺、服务业的巨变和经济危机，这一切不仅对工会组织及其成员产生了巨大的冲击，而且对政治学和社会学研究领域产生了极大的影响，相关成果急剧减少。

对压力集团的研究起始于 20 世纪 60 年代，今天这项研究在法国近乎销声匿迹，取而代之的是对影响欧洲组织机构发展的势力的研究。另外，值得关注的是企业成为法国政治学研究的重点。

6. 国际问题研究

显而易见，国际问题已成为当代人必须重视的问题，从全球角度考虑问题已成为一种趋势。法国的政治学家很早就突破本国国界，与其他国家的政治学家进行学术交流和合作，共同研讨重大国际问题、国际关系和影响全球发展的地区问题。法国国际研究中心的不少研究人员对其研究的国家和地区了如指掌，成为全球知名度很高的专家，例如英国问题专家夏洛著有《英国的政治权力》（1990），勒吕埃著有《英国政府与政治》；拉丁美洲问题专家鲁基耶，代表作是《拉丁美洲的军人执政国家》；非洲问题专家巴亚尔，代表作是《非洲国家的填饱肚子政策》；中国问题专家多梅纳克，代表作是《中国向何处去》；伊斯兰问题专家有吉拉尔、洛朗斯等；德国问题专家格罗塞，著有多部论著，代表作是《西方的德国》。

目前，法国对国际关系问题的研究已进入了全盛时期，重点研究的问题有各国外交政策、发达国家与发展中国家间的关系、东西方及南北半球关系、国际组织的干预等。随着苏联解体和东欧剧变，冷战结束，旧的世界格局瓦解，世界局势变得扑朔迷离，难以把握。法国的政治学家开始将注意力转移到变幻莫测的新世界以及正在形成的"新空间"和新体系方面，试图对未来世界做出正确的分析和判断。这方面的研究成果有莱伊迪的《松散的世界秩序：冷战之后的意义与作用》，巴迪与斯莫特合著的《世界的突变——国际景象的社会学分析》（1992），迪朗、莱维与勒塔耶合作发表的《世界：空间和体系》。

简而言之，政治学在法国科研中心及其相关研究机构中，是一个非常活跃的学科，尤其是政治社会学，成了许多政治学研究机构中的重点学科。

（三）经济学与人口学

第二次世界大战之后，随着社会的稳定和国家建设的到来，经济逐渐成为法国政府领导人、人文社会科学和新闻工作者关注的热点。面对社会和经济领域的深刻变化，经济学不仅要满足社会的迫切需求，而且要为未来做必要的研究，担负这两大使命的法国经济学家将研究的重点转移到国家经济发展及其在不断加剧的国际竞争中的地位方面。

纵观半个世纪的法国经济学发展史，我们发现经济学是法国所有人文社会科学学科中发展最稳定和科学性最强的学科。它有别于其他学科的最大特点是，研究手段的国际化、研究内容的繁杂化、研究课题的实用化和研究问题的通俗化。还有一个特点是，经济学家们最初喜欢在权威学术刊物（而不是书籍）上发表自己的著作，而今热衷于在网上介绍和发表自己的科研成果。

1. 当前法国经济学的特点

（1）研究手段的国际化

在所有人文社会科学学科中，经济学的研究手段和成果发表形式最具国际化特点。不少法国经济学家，包括最优秀的经济学家，都把视野投向了国外，开始用英文撰写论文，或者直接在英文刊物上发表文章，尽可能扩大影响和提高自己在国际上的知名度。但是，鉴于美国在经济学方面的主导地位，法国的科研成果被介绍到国外的仍只占少数，相反，美国的科研成果却在法国大量出版。

另外，经济学家们利用现代信息手段，在国际互联网上发表研究成果已成时尚。

（2）研究内容的繁杂化

法国开展多方面的经济学研究，涉猎范围和研究内容极为广泛、繁杂。Y. 克鲁泽等经济学家撰写的《法国重大经济问题》一书内容丰富多彩，涉及工业与农业、就业与失业、消费与收入、能源与环境、储蓄与金融、税务与物价、人口与社会保障、公司与企业、运输与第三产业、货币与经济政策以及社会分配不公平等诸多方面。

在微观经济学方面，法国侧重研究激励机制和经济代理人的决策影响企业效益的方式。

在宏观经济学方面，他们重点研究经济政策的实效性和为适应发展与就业需要而建立的国际协调机构的地位问题。另外，"欧洲市场建设"和"统一货币"也曾一度是他们研究的核心课题。

（3）研究课题的实用化

从上面列举的研究内容看，法国的经济学家重视现实问题和应用研究，一些分支学科如计量经济学、数量经济学、应用经济学的迅速发展进一步证明了这一点。

由于经济学家的服务对象主要是政府和企业，他们力争成为政府和企业的智囊团，为政府的经济决策和企业的发展出谋划策，提供理论支持。但他们同时也为社会服务，调查研究民众的消费行为和消费意愿，引导消费趋势和指导消费行为。

20 世纪 80 年代以来，法国经济学的应用性科研成果频频问世，其中较有影响的有达夫隆与韦伯等人合著的《政府部门的财政》（1984）、让纳内主编的《1967 年以来的法国经济：经历过全球动荡》（1989）、迪朗的《从计划经济到市场经济——国家对工业的干预》（1991）、马塞的《计划或以防万一》（1991）、韦斯佩里尼的《第五共和国时期的经济》（1993）等。人口学应用研究的成果主要有布朗歇的《人口经济学的模型化：人口发展对经济的影响》（1991）、布德莱的《新老年时代》（1993）、努安的《法国人口》（1992）、塔皮诺的《2020 年的法国人口》等。

2. 法国经济学和人口学代表人物

佩鲁（1903—1987）是法国应用经济学研究所的创始人，在发展研究和经济与社会现象研究方面颇有成就，著有《国家收入的评估和使用》（1947）、《国家审计》、《二十世纪的经济》（1961）、《佩鲁全集》（1992，三卷本）等。

德布鲁（1921—2004）和 M. 阿莱（1911—2009）为法国数理经济的繁荣增光添彩。1950 年，德布鲁和 K. 阿罗合作创建了"数字的一般均衡条件"的研究模式，共同发表了划时代的论文《竞争经济的均衡的存在性》（1954）。之后，德布鲁致力于一般均衡理论和价值理论的研究，连续发表了一系列论述货币、利率和通货膨胀的论著和论文。他对数理经济学研究的杰出贡献集中体现在奠基之作——《价值理论》（1959）和《价值理论：对经济均衡的公理化分析》（1984）这两部书中。1983 年他因为"对一般均衡理论"研究的卓越贡献而荣获诺贝尔经济学奖。阿莱因发表《资本税与货币改革》而荣膺 1988 年诺贝尔经济学奖。晚年，他认真分析马斯特里赫特条约，对其中的经济学推理提出了质疑。其代表作有：《关于经济学研究》（1952）、《实证抉择论的理论基础》（1955）等。

马兰沃（1923—）改进了法国的经济数量分析方法。这位法国统计及经济研究所的老所长著有大量论述微观经济、经济统计和国家审计的著作。他的代表作有：《经济统计方法》（1978）、《再论卡尔曼－莱维的失业理论》（1980）、《宏观经济学研究之路》（1991）等。

布瓦耶和米斯特拉是在政治经济学方面持批判观点的著名经济学家，调节学派的代表人物，常年参加法国应用数字经济学远景规划研究中心的研究工作，两人合作著有《积累、通货膨胀与危机》（1978）。该书论述了全球资本主义的结构性变化，现已成为法国后马克思主义学派，即调节学派的重要参考书。布瓦耶与查旺斯、戈达尔合著《经济中不可逆转的特征》（1991）。他本人著有《调节理论的批判分析》（1986）。

索维（1898—1990）以研究法国人口学而著称，原法兰西学院院士，1937—1945 年任法国经济趋势研究所所长，1945—1962 年任法国国家人口研究所所长。他著述颇丰，主要有《人口通论》（1954—1966）、《两次世界大战期间的法国经济史》（1965—1975）、《零增长》（1973）、《黑工与明天的经济》（1984）等。

迪蒙（1904—2001）集农学家、发展经济学家和生态活动家于一身，主张维护全球生态平衡，反对资源浪费，赞同发展农业和决心彻底改变发达国家与第三世界国家之间的关系。他曾参加过 1974 年的法国总统竞选，主要著作有《起点低的非洲》（1962）、《无政府主义与死亡》（1973）、《饥饿农艺学》（1974）、《独一无二的社会主义生态学》（1977）等。

梯若尔（1953—，又译泰勒尔）被誉为当代"天才经济学家"，尤以产业经济理论闻名于世。现任法国图卢兹大学产业经济研究所所长，同时在巴黎大学和美国麻省理工学院担任兼职教授，并先后在哈佛大学、斯坦福大学担任客座教授。1984 年至今担任《计量经济学》（*Econometrica*）杂志副主编。他对当代经济学的杰出贡献为世人称道，其开创性的贡献主要集中在宏观经济学、产业组织理论、博弈论、激励理论、国际金融、经济学与心理学的交叉研究等方面，并因此赢得了国际盛誉：1993 年成为美国科学院外籍荣誉院士和美国经济学会外籍荣誉会员，1998 年被推选为世界经济计量学会主席，2001 年当选为欧洲经济学会主席；同时获得了许多当之无愧的荣誉和奖励：1993 年荣获欧洲经济学会颁发的 Yajo Jahnsson 奖，1996 年和 1999 年先后荣获慕尼黑经济研究中心和产业组织协会杰出成员奖，2002 年和 2007 年先后荣获法国科研中心银质和金质奖章。[①] 他的代表作有：《产业组织理论》（1988），《博弈论》（1991，与富登伯格合著），《国际金融理论》（2002），与 J – J. 拉丰合著有《政府采购与规制中的激励理论》（1993）和《公司金融理论》（2006），以及作为世界许多国家经济学博士课程教科书的《银行的谨慎规则》（1994，与

---

① Médaille d'or 2007 du CNRS；Jean Tirole http：//www2. cnrs. fr/presse/communique/1181. htm
（2010 年 7 月 10 日）。

M. 德瓦特里庞合著）和《电信竞争》（1999，与 J－J. 拉丰合著）。

3. 主要理论流派和分支学科

将上述介绍归纳到一起，会发现法国经济学理论流派不少于四种：一是新古典经济学派，又称后凯恩斯主义流派，代表人物有布瓦耶、达维德、阿列塔和米斯拉尔；二是后马克思主义学派，代表人物有德尼、迪可罗、贝特兰、埃马纽埃尔、贝内蒂，该学派于 1954 年创办刊物《经济与政治》；三是新实证论学派，代表人物是施米茨；四是全球经济理论学派，形成于 20 世纪 50 年代末，代表人物有佩鲁、富拉斯蒂耶等。

新古典经济学是当今世界经济学的主流学派，法国在其中并不占据领先地位。然而对马克思政治经济学的研究和在论述第三世界经济以及计量经济学和发展结构的研究方面，法国在国际上占有明显优势和重要地位。产业经济学虽然产生于英国和美国，但法国已形成自己的风格和学派。在劳动经济学方面，法国更是处于领先地位。

20 世纪 50 年代末，法国引进美国的产业经济学后不久便形成了"法国产业经济学派"，研究对象和范围明显扩大，从国际经济、企业管理和企业经济、部门宏观经济扩展到工业集中化的过程、工业和金融集团的能力、资本关系等。进入 60 年代，发展和危机时期的工业结构成为法国产业经济学的新课题；70 年代重点研究如何推动工业发展和摆脱危机问题；80 年代将注意力放到工业政策上；90 年代又将注意力转回到工业的基本单位——公司和企业，探讨什么样的组织形式有利于工业的竞争和发展，以及技术进步是否是提高企业生产效益的动力等问题。至今，这一学派的发展势头未减，仍是法国经济学中一个重要的学派。

当今世界经济从高速发展陷入了危机，法国的劳动经济学随之出现了分化，其中一部分经济学家继续探讨劳动经济中出现的新问题并提出了一些新的观点和理论；另一部分经济学家则用宏观方法集中分析危机问题。但这两部分人的共同之处是，都同时研究劳动分工、劳动和就业市场的运转、就业与失业的关系这三个问题。相关研究成果不断发表在法国及国外的经济学刊物上。

（四）人类学与民族学

1. 历史与现状

法国民族学产生于 19 世纪中叶，真正成为一门独立的学科是在 20 世纪。民族学最初被称为"民俗学"（tradition populaire），后来从民族学中衍生出社会关系学。今天，法国人有采用"民族学"，也有采用"人类学"叫法的，两者的研究对象时分时合，故而混淆两种叫法实不为奇。

法国民族学的发展经历了三个阶段：19 世纪末至第二次世界大战前、法国解放至 20 世纪 70 年代和 70 年代至今。

第一阶段是法国民族学的"创业"阶段。1855 年，法国自然博物馆设立人类学讲坛；1875 年巴黎人类学学院成立；1878 年，巴黎人种志陈列馆成立。20 世纪初，民族学开始显露出发展势头。1925 年，巴黎大学民族所成立，从此确认了该学科在大学中的合法地位。1926 年，索邦大学开始招收民族学专业的学生。1929 年，在里韦（1876—1958）的组织带动下，法国学者完成了民族类文献的搜集整理工作，建立了民族学博物馆图书馆。1937 年，他又领导创建了位于巴黎埃菲尔铁塔脚下的人类博物馆。

这个时期法国的民族学仍停留在"自然主义的旅行者"从事百科全书式的调研阶段，研究对象、理论和方法尚未脱离社会学的模式。从事该项研究的多是生物学家、哲学家、社会学家、史学家或地理学家。毋庸讳言，一些学者脱颖而出，成了对后人极具影响的民族学家，如涂尔干（1859—1917）、莫斯（1873—1950）、莱维－布吕尔（1857—1939）。继他们之后涌现出了一批民族学家，比较知名的有巴塔伊、莱里、克拉弗里、佐纳邦德、塞加兰、勒维塔、奥古斯丁等。这些民族学家以涂尔干为代表，创建了至今仍在欧洲甚至世界影响极大的"社会学年鉴学派"。

20 世纪 50—70 年代是法国民族学研究和组织建设的黄金时代。这期间相继建立起非洲社会学与地理学实验室（1961）、东南亚与印第安人社会研究中心（1962）、南泰尔大学民族与比较社会学实验室（1969）。创办了多种刊物，其中知名度较高的有《人类》（1960）、《非洲研究手册》、《人文科学手册》等。推出了一系列专业丛书，如《人类大地》、《人文手册》等。出版了人类学百科全书，举办了数不清的学术讲座和成立了许多人类学教育机构。同一时期，法国还确定了民族学研究的资助、组织和评估方式。法国海外科技研究中心和法国科研中心成为民族学的主要行政管理机构和科研机构。

1950 年，列维－斯特劳斯有关莫斯的研究，为实现法国民族学的合法地位起到了决定性的作用。他的主要贡献是，开辟了"生食"社会这一新的研究领域，确立了"符号思想"的研究课题，创建了"结构分析"方法和设计出"永恒不变的研究"内容。另外，1959 年，是他在法兰西学院中为民族学争得了一席之地，使社会人类学实验室从此得到社会的认可。

60 年代是法国民族学和人类学组织和理论的成熟期。1960 年《人类》杂志问世，1961 年《乡村研究》创刊，一个新词"社会人类学"诞生，开始有了自己的理论"结构主义"。传统的民族学理论：非洲论、美洲论、大西洋论等被新的分支学科所取代，如疾病人类学、话语人类学、符号人类学、死亡人类学、"平庸实物"人类学等。但新的研究尚未发展成"主义"，唯有认识人类学除外，被正式命名为认识主义，在此之前只有列维－斯特劳斯的结构主义。

70 年代之后，法国民族学和人类学步入稳步发展阶段。1978 年，G. 阿尔塔布领导的法国人文社会科学研究院城市与工业人类学研究小组成立。1980 年，法国文化部成立了民族遗产委员会。1984 年，法国科研中心城市人类学小组组建。

今天，法国民族学和人类学发展呈现出四大特点：（1）研究范围不断扩大和研究课题日益增多。过去的研究课题大多围绕着异国风俗习惯、民族制度、家庭婚姻、亲属关系、宗教迷信和神话传说等。现在则更加重视对现代问题的研究，如城镇、工人生活、经济问题、发展中国家的工业化和城市化及其过程对传统生活方式的影响等。（2）与此形成鲜明对比的是纯属民族学研究的问题日益减少。（3）民族学和人类学分支学科和与其结合的学科不断增加，例如民族考古学、民族语言学、宗教人类学、医学人类学、发展人类学、知识体系人类学等。（4）理论界限趋淡。过去有结构主义和马克思主义人类学之分，如今这两种理论已不存在严格意义上的划分。

目前的法国人类学和民族学继续坚持实地调查的传统方法，但研究范围划分得越来越细，研究人员要想成为博学的学者并非易事，多数学者只能成为某方面或某个领域的专家。当代法国民族学和人类学的不足之处是，缺少比较研究，以及新的综合性论著和大型文献作品。

2. 民族学和人类学的主要流派

（1）社会学年鉴学派

以涂尔干为代表的法国"社会学年鉴学派"创建于 19 世纪末。涂尔干于 1895 年发表的《社会学方法论》和 1896 年创办的《社会学年鉴》是该学派成立的标志。其哲学基础是孔德的实证主义，但他的研究要比孔德的研究深刻得多。属于这一学派的著名人物还有莫斯、莱维－布吕尔和里韦。他们既是法国社会学的先驱者，又是民族学的奠基人。由此也可以看出，法国的民族学与社会学的关系由来已久，民族学的理论、方法和研究对象均来自于社会学。

涂尔干在强调要研究"社会现象"的同时又把重点放在理论研究上。他和莫斯等首先提出了"功能"和"结构"等概念。他们的理论对英美国家的民族学都有一定的影响。英国的社会人类学就是在他们的影响下形成的。

涂尔干创办的《社会学年鉴》，经过两次世界大战的两次中断后，至今仍在出版。他的继承人古尔维奇在第二次世界大战后，又创办了两本新杂志《法国社会学评论》和《国际社会学评论》（1946）。从形式上看，这一学派至今仍然存在，但影响已大不如从前。无论从理论还是观点方面讲，今天的法国已无人原封不动地继承涂尔干和莫斯的传统。

（2）社会人类学派

20 世纪 60 年代中期，围绕着"非殖民化政策和发展政策"研究，法国逐渐形成了一个新的学派——社会人类学派。该学派的带头人是社会学家巴朗迪耶（1920—）和梅西耶。他们继承了古尔维奇的理论传统，反对将"生食"社会与"熟食"社会断然分开，即反对把社会学与社会人类学完全割裂开。1965 年，担任《国际社会学手册》主编的巴朗迪耶一改往日的办刊风格，将该刊物的主要内容从探讨社会平衡、规律性、不变性和人种学的心理分析变成了对社会冲突、变革与社会现象的历史真实性、殖民和新殖民的社会状况的分析。该学派把非洲国家作为主要研究对象。巴朗迪耶在他所著的《人类学》（1974）一书中，对这一学派的研究宗旨进行了阐释。他指出，从社会学角度研究非洲国家的最终目的是为了探明现代事物的产生、传播和被社会接受的整个过程，以及对政治、经济、社会和文化的影响。

巴朗迪耶的主要研究领域是黑非洲民族和各种社会结构的动力学理论，著有多部论著，主要著作有《黑非洲当代社会学》（1955）、《中部非洲的社会动力学》（1955）、《第三世界》（1956）、《捉摸不定的非洲》（1957）、《政治人类学》（1967）、《人类逻辑学》（1974）、《异族人的历史》（1977）、《舞台上的政权》（1992）等。他因对法国人类学和社会学的突出贡献而荣获国家骑士勋章、法国科学院骑士荣誉勋章和法国科研中心勋章。﹑

（3）结构人类学派

结构人类学派形成于20世纪50年代，是当代法国社会学和人类学最具代表性的流派。该学派的创始人是杰出的人类学家、著名的社会学家列维－斯特劳斯。他最初秉承涂尔干和莫斯的理论思想，后来受拉德克利夫－布朗的影响。第二次世界大战期间，他流亡美国，又受到结构语言学的熏陶，开始将结构分析法运用于民族学研究。他创立的人类学结构主义方法后来成为法国人类学和社会学分析社会现实规律性的最重要的手段之一。他一生著述颇丰，最著名的有《亲族关系的基本结构》（1949）、《人种与历史》（1952）、《结构人类学》（1958）、《未开化的思想》（1962）、四卷本《神话学》（1964—1971）、《嫉妒的女陶工》（1985）、《猞猁的故事》（1991）等。

列维－斯特劳斯把语言学中的结构方法引进人类学，并试图制定一套公式来说明各种社会现象和文化现象之间的联系、结构和功能。他认为人的社会关系（包括各种制度和文明）都是人类根据自己的心智与先天的能力创建的，因而社会关系的文化现象都是人类心智深处的逻辑结构的一种反映。人类社会存在着三种基本的交换形式：信息交换、财物交换和妇女交换。交换需要有规则，他把这种互换原则称为"结构"，也称之为"模式"。他用这种结构来解释经验现实。但是，"结构"和"模式"这两种概念又不相同，结构是通过模式而被人理解的，模式有无意识和有意识之分，是一种理智的产物，具有启示性的作用；而结构则是一种"真实的"存在。在他看来，在人类社会的千变万化的关系下面起决定作用的是"关系结构"。但他并不研究实际存在的社会关系，而是研究实际社会关系背后隐藏着的"深层结构"及其互换规则。

列维－斯特劳斯的结构人类学受到多方面的挑战，先是哲学家阿尔都塞和人类学家戈德里耶用马克思对社会现象的分析反驳他的一些结构主义的论点，而后是一些研究非洲民族的学者指出他忽视了人类改变命运的能力。

尽管如此，列维－斯特劳斯的结构人类学仍对法国乃至世界的人类学研究具有重大而深远的影响。

在这里，我们还应提及一位法国人类学家迪蒙（1911—1998），他虽未形成自己的学派，但却是法国人类学界赫赫有名的人物，是对法国社会进行人类学研究的第一人，其研究横跨社会学和人类学两个领域。他在吸收结构主义的同时又深受马克思主义思想的影响，对非西方社会特有的综合价值准则和西方社会的价值观起源及表现进行了探讨。在用马克思主义思想重新分析社会等级现象和个人观念之后，他提出了新的"原始"社会现象的观点。他的主要著作有《种姓制度及其蕴涵》（1967）、《论个人主义》（1983）、《德国的意识形态》（1991）、《塔拉斯各龙》[①] 等。

另外，还有一位值得介绍的人物是法国"新比较神话学"的创始人迪梅奇尔（1898—1986）。1986 年初，为庆贺他 88 岁寿辰，法国学术界、出版界和新闻界纷纷撰文、开辟专栏或出书高度评价这位法国人文社会科学界的老前辈，赞扬他为人类文明研究所做出的卓越贡献。不幸的是，他于同年年末去世。列维－斯特劳斯在悼念他的文章中，把他比作打开人类精神之门的钥匙。著名哲学家德拉康帕涅赞誉他是印欧研究大师。迪梅奇尔一生致力于印欧文明研究，卷帙浩繁，发表了近 60 部著作，其中最著名的有《神话与史诗》（1968—1973）、三卷本《古印欧时期的三种社会功能的意识形态》（1968）、《印欧史诗中的典型人物：英雄、巫师与国王》（1971）、《罗马史》（1973）等。他的大部分著作被译成英文、德文、意大利文和西班牙文等多种文字。他对各民族语言的分析，对印欧人民、南美或非洲人民的神话传说、风俗习惯、宗教信仰、社会结构和文明发展的研究早已超越国界，在全世界产生了巨大的影响，他本人因此被誉为世界上屈指可数的神话比较学家之一。

三　当代法国人文社会科学特点和未来发展趋势

自第二次世界大战以来的半个多世纪，是人类社会、经济和科技发展最快的一段历史时期，特别是最近二三十年，世界发生了翻天覆地的变化，出现了三个引起世界各国关注的动向。首先是世界政治的结构变化，柏林墙倒塌，苏联解体，东西方冷战结束；其次是世界经济全球化的趋势

---

① Louis Dumont. *La Tarasque*：*essai de description d'un fait local d'un point de vue ethnographique*，Paris，Gallimard，1957.

日渐明显，"地球村"的概念日益深入人心，从全球视野思考、研究和解决世界政治、经济、环保、信息网络等方面的问题逐渐被人们所认同；最后是科学技术的发展突飞猛进，特别是计算机技术和信息网络化的发展，将整个人类带入了一个全球信息化的时代。这三个动向深刻地影响了整个人类社会，自然也影响到人文社会科学结构和人文社会科学研究的发展方向。

处于这样一种世界大背景下的法国人文社会科学，其研究政策、研究方法、研究重点和研究目的也毫无例外地发生了重大变化。但由于法国的科研体制较为复杂，机构大小不一，多则数千人少则几个人，机构的形式类别多种多样，有国家、私人和高校研究机构，还有基金会和各种学科的协会，机构的实力也差异甚大，再加上各机构成立的历史年代、学科类别、研究方式和方法不同，很难用一种标准加以归类和总结。只能从中找出一些共性的或相互关联的、对未来社会有可能产生重大影响或代表未来发展方向的学科、课题、思潮、学术流派和理论，来分析和预测 21 世纪法国人文社会科学研究的发展趋势。

纵观近半个世纪，特别是 20 世纪 90 年代以来法国人文社会科学的发展，可以发现它至少具有以下五个特点，即五大发展趋势。

（一）跨学科研究日益增长的趋势

当代政治、经济、科技的发展和变革，引发了许多新的社会问题或与社会有关的问题，如信息技术、环境保护、知识创新、经济全球化、认知的挑战、生物伦理问题等，需要人们具备新的知识结构和采用新的研究方法去解决这些问题。人文社会科学内部各学科间的相互参照和渗透，自然科学与人文社会科学的紧密结合，打破传统的学科界限，开展跨学科研究正是为了迎合这一需要。跨学科研究是一种方法和手段，而不是目的。通过跨学科研究，我们第一可以活跃课题研究，使研究人员产生更多的、新的灵感，创建像认知科学这样的新学科，或有新的发明和发现。第二有助于加强各学科间的合作，同时从其他学科那里获得理论、思想或技术方面的启发和帮助。第三有利于促进研究对象多样化，把社会向科学提出的急需解决的问题，如环境、卫生、健康、住房、城市规划等问题，作为科学研究的对象。

法国研究的跨学科性主要表现在两个方面：一是人文社会科学学科内

的学科交叉、融合与合作（最典型的学科有史学，语言学和法学），二是人文社会科学与自然科学的结合与合作，其中后一种结合与合作显得尤为重要和引人注目。文科与理科相结合有助于优势互补和解决当代重大的社会问题，例如人文社会科学与生命科学和宇宙科学联手研究人类，不仅可以把人类作为一种社会因素，同时又可以作为一种探索和改造自然的因素，共同加以研究。人文社会科学与工程学结合，通过人工智能研究，设计出能反映人的学习、推理、创造性思维活动和文字创作等智力活动的软件。人文社会科学采纳和应用生命科学技术，特别是神经科学和大脑思维图像技术，能够获得有关人的语言与思维等大脑活动的图像，并准确判断大脑中的血液流量与神经活动的关系。考古学借助计量学和工程学之力，如虎添翼，硕果累累。诸如此类的例子越来越多，难以一一列举。从宏观上分析，法国跨学科研究趋势的增长主要表现在以下五个方面。

1. 跨学科研究机构日益增多

在法国政府倡导和支持跨学科研究政策影响下，科研机构在与高校开展跨学科合作研究的同时，还与政府部门、国营和私人企业、其他研究机构，以及国外的研究机构开展跨部门、跨国家的跨学科研究。由自然科学家和社会科学家，或由人文社会科学各学科专家组成的跨学科研究机构日益增多，比较早的例子有 1999 年初，在法国领土整治与环境部领导下成立的"自然风险与技术风险跨国家和跨学科比较研究小组"。另外，还有法国科研中心为了组织、协调和发展跨学科研究而成立的一些机构，如"跨学科研究指导与协调办公室"、"科技信息代表团"、"欧洲研究小组"、"跨学科主题网站"和人文社会科学学会领导的"重点行动跨学科协调组"。

据法国科研中心人文社会科学学会秘书处统计，该学会现有混合和联合研究机构 280 个，其中多数承担了跨学科科研项目。

2. 跨学科课题和科研项目与日俱增

1999 年，法国"跨学科研究指导与协调办公室"确定并负责领导的跨学科研究课题有：（1）生命及其关键所在；（2）环境；（3）社会发展动力；（4）电信与认知；（5）物质与技术。

2000 年 5 月 16 日，法国科研中心公布的五年跨学科研究计划与 1999 年的主框架相同，仍然围绕着生命科学、信息与传播学、环境科学、社会动力学、物质与技术和天文粒子学 6 个学科和领域。与人文社会科学有关的跨学科研究主要集中在"信息与传播"、"环境"和"社会发展动力"这三个研究项目，其中，由人文社会科学学会领导的跨学科研究项目是：社会发展动力。

"创新经济的挑战"课题于 1997 年提出，由法国科研中心人文社会科学学会科学领导委员会领导，索邦大学教授昂卡瓦任主持人。参加人员有来自经济学、管理学、社会学、史学、法学等学科领域的专家，也有来自工程学和生命科学等自然科学领域的学者。另外，除了法国的研究人员外，还有其他欧洲国家的研究人员，共 100 余人参加。该课题分 4 个主课题，每个主课题下面又分设 4—8 个子课题，主要围绕以下四个方面开展研究：

（1）针对法国的具体情况，从理论上集中探讨创新和技术进步对经济发展、就业、生产力、资格评定机制和工资差异的影响，以及创新在国际竞争中的作用。

（2）具体研究与创新有关的问题：高校与企业的关系，研究机构的管理体制，职业的演变与研究人员的流动，培养博士后的重要意义，以及创新与知识传播的规模及影响和创新的社会、个人效益。

（3）从国际竞争性方面研究和评估国家的创新研究政策：津贴、经费和风险资金以及知识产权政策，进出口方面的竞争政策和研究—发展政策。

（4）深入探讨企业的创新条件，创新特点和企业在研究与发展方面的尝试。

欧洲建设的深入发展及其所面临的问题成为欧洲所有国家关注的热点，法国对此也极为关注。为了推进欧盟政治和经济的发展，人文社会科学学会组织社会心理学、社会学、人类学、地理学、法学、经济学、语言学、哲学、政治学、史学、传播学等各学科领域的研究人员，共同探讨和研究欧洲史、欧洲社会的演变、欧洲经济面临的挑战、欧洲国家和地区新的政治和法律协调形式等课题。

"信息与传播"课题既是当代也是未来相当长一段时期的重大课题。人文社会科学学会与工学部联合攻关，重点研讨"文献信息技术"，"信息化研究"和"数据库"三个方面。具体课题有"人机对话"和"传播网络"。

法国科研中心人文社会科学学会每年都与其他科研机构或高等院校、法国社会科学高等研究院、法兰西学院、司法部、教育部等国家部委签订合作项目，与大企业、跨国公司进行合作研究或受它们委托开展研究。近年来，人文社会科学学会与卫生和民政部门的机构联合进行了有关健康与社会问题的跨学科研究，与医疗和环保部门研究机构进行了"生命与环境问题"研究，与通信部门开展了认知学和信息学方面的联合攻关研究，与就业和团结协作部合作进行了"法学、地理学、社会学、经济学、心理学、语言学和科学史等各学科关系"的跨学科研究。

3. 跨学科学术报告会、研讨会盛行

跨学科研究学术报告会和讨论会在政治学、社会学、经济学、法学和人类学等社会科学学科领域内频频召开。政府机构、人文社会科学机构、自然科学机构、高等教育机构和经贸企业单位已习惯于携手和合作研讨某些重大的社会问题和与人类社会、国家或个人发展有关的问题。

自 1997 年起，各跨学科课题组频繁组织学术研讨会或国际讨论会，如"创新经济的挑战"课题组每个月组织一次研讨会，就"创新"问题展开讨论和交流；"欧洲的同一性"课题组也每隔一段时间，围绕某个作者及其成果组织召开一次学术研讨会；为深化课题研究，城市与环境跨学科研究组与国外同行召开研讨会，共同探讨未来课题投标计划。

2000 年 6 月，法国召开了两次大型的跨学科学术会议。其中一次于 6 月 22—23 日在法国波尔多举行，与会者是来自法国国内的科学家、生物学家、法学家和经济学家。他们共同就"生命科学、伦理学、经济与社会"议题展开讨论。同月 23—25 日，还是在波尔多，组织召开了 8 国国际研讨会，来自巴西、中国、印度和墨西哥等国的研究部长或科技部门的官员们围绕着大会的主题："生命科学及其与社会的关系"，展开了深入广泛的讨论。

特别值得介绍的是 2006 年至 2010 年 6 月，法国举办跨学科学术报告会、研讨无论从会议的组织形式、会议议题，还是会议的举办单位和地点均呈现出增加的态势。会议的组织形式有：多学科或跨学科（国内或国际）学术讨论会、多学科课题网站活动日、跨学科课题组研讨会等。举办单位有：联合国教科文组织、欧盟、法国科研中心、法国国家人口研究所、法国社会科学高等研究院、巴黎大学等。会议地点从首都巴黎到雷恩、卡恩、里昂、里尔、斯特拉斯堡等地方省市。会议议题包罗万象，但每年都有一定的主题，某些议题还带有延续性。

2006 年的主要议题有："非洲研究：法国的研究与认识现状"，"日常生活空间中的儿童和青年"，"城市社交界与社会生活，法国与委内瑞拉的比较暨纪念卡恩大学与苏利亚大学合作协议签订十五周年"和"景观与环境：从遗址修复到未来模式"等。

2007 年的主要议题有："知识历史"，"城市与环境研究"，"性别"，"健康与环境研究中的跨学科性"和"城市规划局，法国环境治理的工具和机构"等。

2008 年的主要议题有："面对全球的寿命延长和出生率下降的保健和社会保障：问题的关键是什么，如何解决，欧洲乃至全球应采取什么样的合作方式"，"生命的起源：自动组织与/或生物进化"，"景观与环境"和"空间方面的公平与不公平"等。

2009 年至 2010 年上半年的会议主题重点是健康、城市、气候与环境。主要议题有："加强气候变化跨学科研究"，"面对气候变化的城市"，"健康与环境和健康与工作"，"环境与健康：创新与预防"，"城市与适应气候变化"等。①

4. 学术刊物向综合性跨学科方向转变

跨学科刊物越来越受到人们的重视，其中影响较大的有《研究》、《论战》、《杰出人物》、《人文科学藏书》、《司法研究跨学科评论》、《社会科学跨学科评论》（网络版）、《经济学与统计学年鉴》等。1998 年第 49/50 期的《经济学与统计学年鉴》是一期有关创新的专刊，上面集中刊登了由法国经济与统计发展协会组织的国际讨论会会议论文 23 篇。

5. 跨学科研究成果层出不穷

1983 年，跨学科丛书《高等研究》② 面世。1999 年元月，法国科研中心出版社推出了一套共有 36 本的《创新手册丛书》。有关创新研究的系列丛书于 2000 年底陆续出版。

对社会热点问题进行跨学科研究是近年法国研究界的一大特点和趋势。1999 年至 2010 年，法国学者围绕着国家、社会、经济、教育、法

① Archives – Conférences – colloques Sciences humaines et sociales http：//www. cnrs. fr/infos-labos/conferences – colloques/shs. htm（2010 年 7 月 3 日）。

② EHESS, *Hautes études*, Gallimard/Seuil, 1983.

律、新闻媒体、人类的生存环境、生物伦理学、医学哲学、城市建设等展开了跨学科的合作研究，并发表了大量的文章和论著。其中影响较大的有：卡尼耶的《独一无二的思想与批判思想》、扎尔卡主编的《无法的社会》、韦雷主编的《可持续发展：多元观点》、德舍维涅的《电视新闻：介质与全球视角中的环境》、阿尔瓦雷 - 佩雷尔的《跨学科需要：横跨语言学、人种学和民间音乐研究的教育学》、多诺弗里奥与茹利安等主编的丛书《论能力：操作、技术和追求的目标》、潘萨尔的《生物伦理学》、米萨和佩巴尔主编的《"增强"：伦理学和改良的医学哲学》、巴库什的《鉴定城市革新》、阿特朗的《论欺诈：偷窃与谎言遍布的世界》等。

　　法国人文社会科学各学科间，社会科学与自然科学间的相互渗透、交叉和融合主要源于这样一种认识：历史的发展、科学技术的更新和当代社会中新事物、新问题的不断出现，逐渐使人们认识到：固守在某一个传统学科领域或坚持传统学科的划分并非明智之举，也不适应时代的发展。因为，"对历史的关注并不是那群被称为历史学家的人的专利，而是所有社会科学家的义务。对社会学方法的应用也不是那群被称为社会学家的人的专利，而是所有社会科学家的义务。同样，经济问题也不只是经济学家才有权研究。事实上，经济问题对于一切社会科学分析来说都是极其重要的。总之，我们不相信有什么智慧能够被垄断，也不相信有什么知识领域是专门提供给拥有特定学位的研究者的"①。

（二）应用性研究占主导地位的趋势

　　法国把科研成果的转化放在科研工作的首位，"合同研究"政策正是为了将人文社会科学研究成果转化到经济方面而制定的。实践证明，理论联系实际是人文社会科学生存的基础，应用性研究的增加不断为人文社会科学注入新的活力，使之繁荣和发展。第二次世界大战后，法国人文社会科学学科中与社会实际问题联系较密切的主要是社会学和经济学。这种情况一直延续至今。以社会学为例，不少分支学科因注重研究成果的实用性和满足社会需求而取得重大发展。近年来，随着城市规模的不断扩大和城市人口的猛增，共同生活在一起的城里人之间的关系变得越来越复杂，甚

---

①　[美] 华勒斯坦等：《开放社会科学——重建社会科学报告书》，刘锋译，三联书店1997年版。

至出现了社会关系危机和大量的城市问题。移民聚集区的社会问题变得日益尖锐，那里集中了城市中大部分的残疾人、失业者、失学者和无社会保险者，致使人们产生了越来越强烈的不安全感、人口稠密感和社会关系危机感。社会关系危机不仅造成家庭、教育体制和劳动与就业关系的改变，而且影响到公民对公共生活，特别是对政治、工会和各种协会的参与。城市社会学因此将研究对象从城市比较研究转为对住房、居住环境等都市现象的研究，力求改变城市居民的生存环境和缓解社会关系危机。法国著名社会学家勒弗夫尔领导的社会研究中心开展了"法国居民住房问题"研究，为法国政府制定和修改住房政策提供了确实可靠的依据。家庭社会学异常活跃，在新世纪到来的同时，该分支学科的研究又向前迈进了一大步，除了分析家庭结构、家庭人口、家庭在社会生产中的作用，以及社会、职业阶层、女权运动对家庭变革的影响外，又将注意力转向了2000年的法国家庭状况。劳动社会学的发展更有其深厚的社会根基，它不是为了自身的发展而发展起来的，相反，它在很大程度上是为了对社会现实给予回答。目前，它把研究的重点放在劳动市场、失业与就业培训以及一些与劳动组织有关的问题上。

社会学理论同社会学研究一样，始终朝着紧密联系社会现实的方向发展。法国最具代表性的社会学理论，无论是布东和布里科的实用主义理论或布迪厄的批判的结构主义理论，还是阿龙和克罗齐埃的策略分析或图雷纳的行动社会学，尽管研究课题不同和研究方法各异，但均围绕着"社会角色"和"社会冲突"这两个核心问题。

经济学与其他人文社会科学的共同点是：研究课题的实用化。计量经济学、数量经济学和应用经济学本着研究面向企业、社会、国家和世界的宗旨，取得了巨大的发展。产业经济学的发展势头愈来愈猛。法国在第三世界经济以及计量经济和发展结构等研究方面，在世界占有重要地位。当前法国经济学最关注的是一些与全球化有关的问题，并试图从宏观经济学角度探讨失业、教育与就业的关系；从微观经济学角度分析研究企业与雇佣劳动者之间的关系及其相互作用的形式；进一步发展和完善合同理论，激励理论，以及经济全球化和企业模式竞争背景下的效益分析。经济学研究机构亦不示弱，国家统计与经济研究所和经济与社会发展协会直接参与制定有关技术、经济和社会发展目标的国家规划工作和制定国家五年计划的工作。

民族学和人类学的纯理论和传统课题研究日趋减少，现代问题研究明显增多。

政治学更加充分地体现了"应用研究"的特点。法国的政治学家们热衷于对政治思想、政治制度、选举和舆论、政党和政治组织及当代国际问题的研究。

语言学除了传统的研究领域之外，如今又拓展出许多新的应用研究领域。另外，它因在应用研究方面普遍采用跨学科研究方法而成为法国人文社会科学中一门非常活跃的学科。1999年，法国科研中心人文社会科学学会主持的跨学科研究课题"人类、语言和各民族语言的起源"，以为现实服务为目的，开发对经济产生重大影响的"语言交流自动处理系统"和拯救许多即将消亡、然而却属于人类宝贵遗产的语种。另外，《现代法语实用语言》、《社会语言学》、《法国民间切口词典》和《法国职业行话词典》等应用性研究成果的不断问世，进一步说明为当代和现实社会服务、满足个人和国家的需求，已成为法国语言学研究的主导思想。

法学积极回答和应对社会提出的新问题，根据社会需求确定研究重点。近年来的课题主要集中在"生命法"（或称生物法）、"知识产权法"和"比较法"这三大领域。

社会心理学同样注重应用研究，经常不断地与教育部、供应部和卫生部进行合作研究，解决这些部提出的实际问题，取得了可喜的成果。

1966年出现的军事社会学，一方面研究军事问题，另一方面参与培养军事人员的工作和提高全民族，特别是青少年的国防意识，为法国的国防和部队建设做出了重大的贡献。

近年来，应用性研究不仅在法国科研中心的研究工作中占主导地位，而且在法国高等院校的研究机构和法国各大部委的研究机构中占有举足轻重的地位。以法国研究部为例，1997年以来的应用研究计划有：成立技术进步咨询委员会，召开"创新"会议，拟订"发明与研究法"草案，开展"研究与企业的关系"课题研究，在教育机构普及新信息技术，成立课题组，研究欧洲问题、都市化、交通、能源、环境与空间，以及信息、传播技术和生物技术、医药、农副产品等方面的问题。

最近几年，法国科研中心人文社会科学学会和政府机构、高等教育机构、科研机构、公共服务机构以及许多企业集团合作开展了一系列的应用研究并取得了可喜的成果。例如与工业、经济部携手开展了"劳动时间与劳动体制”和“国际司法信息中心的管理”的课题研究；与研究部合作进行了“城市规划管理法和住房法的作用”研究；与 16 个科研单位合作进行了为期 4 年的“城市土地”跨学科研究。后一个合作项目旨在发展、协调、推动和落实对城市土地的跨学科研究，从考古学、史学、城市规划学、机械学、物理与化学、生物学、地理学、地质学和社会工程学等学科的角度研讨城市土地问题，提高人们对该问题的认识。

当前法国的燃眉之急是解决失业问题。社会学家、经济学家、政治学家等通力协作，围绕这一问题进行了艰苦细致的研究，不断为政府献计献策，努力帮助国家减少失业人口，推动法国经济增长和维护社会稳定。法国政府最终采纳了社会科学家们提出的建议，开始在国内实行“计时工作制”和每周“35 小时工作制”，从某种程度上缓解了法国的就业危机。

人文社会科学分支学科研究、跨学科研究和当代重大现实问题研究课题的不断增加，以及法国国家图书馆公布的一组统计数字，可以从另一个侧面反映出应用性研究增长的趋势。法国国家图书馆公布的、按学科分类的 1992—1997 年综合类图书购书细目表（见表 1—2、表 1—3）表明，除语言文学类（32.46%）外，人文社会科学类（15.8%）和应用科学类（14.48%）的增长比率明显高过其他类图书的增长比率。在人文社会科学图书细目表中，社会学类图书呈上升趋势，政治学、经济学、法学、公共行政管理学和公共福利事业类图书同样呈增长趋势，互助、商贸、旅游、传播和家庭经济类图书也有大幅度增长。相反，人种学与民族学类图书则不断减少。据法国国家图书馆统计，1998 年购进的人文社会科学类图书较 1997 年普遍有所增长，其中社会学类图书的增长比例最大，为 2200 册，法学类为 2738 册，经济学类为 2591 册。

（三）研究的国际化发展趋势

1970 年，联合国教科文组织和法国穆东出版社联合出版了《社会科学与人文科学研究的主要趋势》[1] 一书，该书的出版是 12 个国家的人文社会科学家合作研究的结果。该项研究可称得上是一次成功的国际合作范例。该项研究成果表明，各个国家同时参与一项比较研究或就某个共同关

---

[1] UNESCO, 1970—1978, *Tendances principales de la recheche dans les sciences sociales et humaines*, UNESCO/ Mouton, Paris, p. 2632.

心的问题展开国际合作研究是颇有成效的。法国参加了此项比较研究工作，从中获益匪浅。

表 1—2　　　　　　　　　　**法国国家图书馆各学科购书细目表**　　　　　（单位：册）

年份 学科 购书比例	1992		1993		1994		1995		1996		1997	
综合	518	1.43%	731	1.9%	533	1.56%	515	1.76%	894	2.01%	495	1.0%
哲学心理学	1535	4.23%	1890	4.93%	1732	5.08%	1415	4.84%	1775	3.98%	2179	4.47%
宗教神学	1545	4.25%	1322	3.45%	1277	3.74%	978	3.34%	918	2.08%	2286	4.68%
社会科学	4768	13.13%	5010	13.06%	4193	12.3%	3517	12.03%	6067	13.63%	7710	15.8%
纯科学	1836	5.06%	1971	5.14%	1593	4.67%	1317	4.5%	1909	4.29%	2397	4.92%
应用科学	5378	14.8%	5578	14.5%	5154	15.12%	4323	14.79%	5028	11.29%	7072	14.48%
艺术体育	3396	9.35%	3308	8.63%	3240	9.5%	2978	10.18%	3985	8.96%	4620	9.46%
语言文学	11995	33.02%	13411	34.97%	11607	34.06%	9763	33.4%	19841	40.08%	15845	32.46%
史地	5356	14.74%	5130	13.38%	4748	13.98%	4419	15.12%	6114	13.79%	6212	12.75%
合计	36327	100%	38351	100%	34077	100%	29225	100%	44531	100%	48816	100%

资料来源：www.bnf.fr/Web_bnf/connaitr/rapport98/rapport98.htm.

表 1—3　　　　　　　　　　**社会科学图书细分表**　　　　　（单位：册）

年份 学科	1992	1993	1994	1995	1996	1997
社会学	478	400	317	345	508	700
统计学	75	64	54	30	13	14
政治学	677	688	554	551	925	1165
政治经济学	1168	1232	1073	830	1618	1903
法学	829	924	767	644	1094	1477
公共行政管理学	94	100	77	75	153	286
艺术与军事学	92	133	62	59	114	171
互助与社会福利事业	245	317	283	204	398	600
教育、教学与娱乐	697	708	629	500	722	853
商贸、旅游与传播	102	99	60	51	186	280
人种学与民俗学	311	345	317	228	336	261
合计	4768	5010	4193	3517	6067	7710

资料来源：www.bnf.fr/Web_bnf/connaitr/rapport98/rapport98.htm.

在此之前，法国的社会学、政治学和人类学就已奠定了牢固的跨国研究基础，成立了诸如国际社会学协会、国际政治学协会等国际合作研究组织。

今天，法国人文社会科学机构的领导人和研究人员对研究的国际化有了更深层次的认识，认为研究的国际化不只是利用国际舞台宣传法国，弘扬法国文化和扩大法国的影响，更重要的是通过了解和比较研究其他国家的文化，提高法国研究人员阐释不同文化特点的能力，从而找出差距和确定本国未来的发展方向。1999 年 6 月，法国人文社会科学发展委员会主席叙皮奥在其撰写的《法国人文社会科学发展委员会年度报告》[①] 中专门用一整章篇幅阐述了"研究的国际化"问题。他指出，"法国应鼓励研究机构，特别是人文社会科学研究机构的对外开放和走上国际舞台。否则，带有法国思想特点的世界主义最终会演变成狭隘的自我欣赏的民族主义"。在对研究的国际化概念有了正确、清醒的认识之后，法国研究部制定了一套鼓励科研开放和走向国际化的政策，进一步加速了法国研究国际化的进程。具体的政策有：

（1）在国际范围内全面系统地搜集法国人文社会科学研究的信息，建立一套系统的从数量和质量上评估人文社会科学国际化成果的标准，鼓励超前意识和建议。

（2）扩大各个学科对外开放的程度和角度。出于历史和文化原因，法国的某些人文社会科学学科，如法学的研究对象和范围一直局限在本国，很少走出国门或研究国外的东西。某些学科虽然超出了本国的范围，也仅限于研究外国的文化和语言或含有人类普遍规律的经济学。在研究的国际化发展趋势中，应从政策上鼓励和支持每一个学科走出国门，走向世界，应对国际化提出的各种问题。

（3）长期以来，法国一直采用的是由国家集中管理的国际化问题研究，发挥地方政府的作用不够。今天，除了上面的模式外，法国决定建立第二种模式，即汉萨同盟模式，以使法国上下共同努力，尽快使法国的研究进入国际网络和使法国的研究人员创建并加入世界上最好的人文社科

---

① Supiot, Alain. juin 1999, Premier rapport annuel d'activité du Conseil national du développement des sciences humaines et sociales http：//media. education. gouv. fr/file/96/7/5967. pdf （2010 年 7 月 28 日）。

学网络。

（4）鼓励法国研究人员参与国际流动。主要是帮助和鼓励青年研究人员向国外流动，同时要求每个研究人员和大学教员均具备在国外长期从事研究和任教的经历。法国确定的目标是：有国外研究或教学经历的博士后的人数比例应占教学—研究人员总数的80％。为了达到这一目标，法国政府相应出台了6项激励政策：

第一，制定预备流动政策，扩大博士后研究的国际范围和增加对外国教授和研究人员的接待费用。

第二，提高驻外研究经费。法国国家科学基金会加大了向驻外研究机构和研究人员的投入，重点支持中长期国外留学和驻外研究。资助经费分为两种，一种用于资助在国外的法国青年研究人员（在法国没有永久岗位的博士和博士后），另一种用于资助利用假期去国外参加学术活动的研究人员。

第三，改变过去的岗位管理政策，增加人员配置和休假时间，以便教师和研究人员能轮流利用假期出国或应邀出国讲学和参加学术活动。

第四，制定向有国外工作经验的研究人员或博士后倾斜的招聘和晋级政策。法国科研中心把"国外工作经验"作为人员招聘和晋级的重要条件和标准之一。

第五，提高国外法国研究人员的地位和研究津贴。过去，国内研究人员的津贴明显高于驻外研究人员的津贴，有的研究人员利用假期到国外从事研究工作甚至会因此失去研究津贴。现在法国研究部决定给国外的研究人员以优惠的待遇和更多的经费支持。同时欢迎资历高的研究人员随时回国担任青年研究人员的导师或从事教学工作。

第六，科研工作国际化。法国力争用国际标准评估法国人文社会科学研究的质量、机构与创新，强调法国与外国研究人员合作的重要性，认为合作有助于了解欧洲以外国家的文明。

在质量方面，法国非常重视对外国文化的研究，尤其是对外国宗教文化的研究。有关这方面的研究评估标准有两条：一条是理论联系实际，结合法国的情况开展研究工作和重视向中学生普及宗教教育，使青年人在了解不同宗教信仰的同时，发现信仰不同的人类共有的基本信仰结构，从而接受不同的生活方式。另一条是分析研究具体和特殊的人文社会现象，避免过分理论化的研究。

在机构方面，法国本土及领地的人文社会科学研究机构已形成网络，下一步是在欧洲其他国家和美国增建研究机构并连成网络。把驻外研究机构从某个学科的垄断机构变成跨学科的研究基地。加强这些研究机构与高等教育机构的联系与合作，更好地发挥两者之间的协同作用。支持驻外研究机构深入当地的学术生活和开展科研合作，把驻外研究机构办成文化交流的场所和法国对外宣传的窗口。提高这些机构的科研条件，促进知识创新。

在创新方面，法国人文社会科学发展委员会积极支持科研机构和科研人员在科研课题、研究领域和研究方法方面的创新，帮助他们解决与欧盟其他国家合作中遇到的困难。例如穆斯林世界研究，该项研究既涉及法国社会和欧洲，又涉及一些亚洲国家，法国的科研人员过去因只局限于法国社会，缺乏比较和参照而陷入了困境。委员会鼓励研究人员走出法国，密切与穆斯林国家的关系，开创新的合作研究空间和采取新的研究举措。

目前，法国的研究机构和高等教育机构积极寻求和扩大对外科研合作伙伴，以多种形式开展科研交流，进一步加大了对外开放的步伐。尤其是高等教育机构正在开展大规模的对外开放运动，争取在国际舞台上有所作为和有所成就。法国的国际合作研究连续获得重大发展，国际合作研究机构不断涌现，国际合作研究项目大幅度增加，合作研究的国家日益增多。

法国科研中心设有国际合作部，该部的主要任务是：对外扩展法语教学，建立境外科研中心，介绍法国文化和推广传播法语。除了在境外建立长期的科研机构外，法国科研中心还建立了远东学院等高等教育机构。同时，开展了诸如派出交流、协议交流、双向交流和合作交流等多种形式的对外交流活动。1997 年该部与美国波士顿大学签订了科学合作协议；1998 年 9 月 9 日，设计并使用"外国研究人员卡"；1999 年 2 月 1 日成立了法—越研究所（以研究水治理为主），2 月 5 日签订法美合作协议，2 月 11 日成立了"欧洲研究小组"。

截至 2010 年，法国科研中心与 60 个国家签订了 85 项合作协议，签署了 368 项国际科学合作项目，成立了 123 所欧洲和国际联合实验室、90 个欧洲和国际研究团体、22 个国际混合单位。①

多年来，法国科研中心人文社会科学学会国际关系处不断拓展交流渠

---

① Chiffres – clés　http：//www.dgdr.cnrs.fr/dfi/chiffres/2010/（2010 年 7 月 5 日）。

道和扩大合作伙伴，在与其他国家研究机构签订合作交流协议的基础上，经常不断地召开交流工作会议、学术讨论会和国际研讨会，推动国际交流和国际科研合作项目的完成。1999 年，人文社会科学学会制定了"国际科学合作计划"并建立了"欧洲联合实验室"。"国际科学合作计划"旨在资助研究人员的对外交流，参加境外学术活动和学术会议。合作研究计划一般为期三年，特殊情况为四年。"国际科学合作计划"中合作项目分为 5 类：双边合作项目，国际协作项目，国际合作项目，与欧洲国家合建研究机构和对外研究项目。"欧洲联合实验室"是一个无国界实验室，建立这种实验室的目的是为了实现与欧洲国家的广泛合作和落实"国际科学合作计划"。2000 年法国人文社会科学学会与其他国家合作新建了两个实验室，其中一个是与比利时国家科学基金会合作建立的，另一个是与德国马克斯·普朗克协会合作建立的。

为适应形势发展，2009 年人文社会科学学会的欧洲和国际合作政策再次进行调整，将重点放在：（1）充分利用法国科研中心国际关系局和欧洲事务局研建的合作工具（国际科学合作计划、欧洲合作实验室和国际合作实验室、欧洲研究小组和国际研究小组），进一步加强国际合作；（2）依靠驻外法国中心开展研究，特别是与辅助这些中心的服务单位（UPS 3283）积极合作，将驻外法国中心编织成一个联系紧密的网络；（3）以经费支持的方式协调欧洲和国际招标，协助调整科研计划；（4）在专业招标指导纲要中明确坚持协调国际科研活动和使驻外法国中心网日益稳固的原则。

2008 年人文社会科学学会的国际合作计划有 26 项，活动经费为 17.3 万欧元。2009 年新增了两项国际合作计划，经费提高到 20.1 万欧元，与 2008 年相比增长了 16%。同时，人文社会科学学会还在国外创办了 5 所法国学院：雅典法国学院、罗马法国学院、远东法国学院、马德里委拉斯凯茨（la Casa de Velàzquez）法国学院、法国东方人类学学院。

截至 2009 年，人文社会科学学会共建立了三个驻外混合研究所（UMI）、20 个辅助海外法国中心开展活动的服务与研究单位（USR）和 26 个混合单位——驻外研究所（UMIFRE）。[1]

---

[1]　La politique de l'institut des Sciences humaines et sociales　http：//www.cnrs.fr/inshs/rela-tions – internationales/centres – francais – etranger/politique. htm（2010 年 7 月 7 日）。

　　法国教育部大力推动和改进对外交流，2000 年的双边研究计划侧重支持"经双方评估和共同选定的重点研究课题"。选择的标准有 6 条：科学质量，科学和教育意义，课题方案具有创新特点，对法国和合作国有益，研究的目的明确和方法精确，研究计划涉及多边机构。完成课题的时间一般为两年或三年，特殊情况（如重要的培训）可延长至四年。

　　法国政府将科研开放和国际化作为一项重要的科研政策，投入了大量的资金。科研机构和科研人员也热烈响应，积极投身于研究的国际化运动。经过上下共同努力，法国的人文社会科学国际科研合作和交流已取得了丰硕的成果，但他们也清楚地认识到，法国的研究离真正的国际化还有一段距离，阻碍研究开放和对外交流的最大障碍是语言问题。一些研究人员经常因语言不通而拒绝参加国际交流活动。法国人文社会科学发展委员会认为，解决这个问题的唯一办法是在研究人员中普及英文，使英文成为研究人员必须掌握的一门语言。特别是人文社会科学研究人员，应将英文视为一种必备的语言工具，否则难以以直接的方式掌握第一手资料。研究人员应及早认识到外语的重要性，不仅要掌握英文，还要掌握与本学科有关的国家的语言，否则难以进行深入的高水平的学术研究。人们无法想象一位学识渊博的艺术史学家不懂意大利文，一位哲学家不懂德文，一位古代艺术家和科学史学家看不懂拉丁文和希腊文，一位伊斯兰教学者不会讲阿拉伯语。显而易见，外语是研究人员走出国门、走向世界和与同一研究领域的外国同仁交流的重要条件之一。因此，法国人文社会科学发展委员会建议，普及外语从小学开始，鼓励人们在掌握英语的同时学会另外一两种外语。鉴于许多国际研究课题都要求用英文写课题报告，有必要在目前情况下，提高翻译经费和建立学术翻译机构。

（四）　全球问题研究渐热的趋势

　　21 世纪来临之际，一个新世界正在形成，人类在进入一个全新的时代的同时，也面临着许多新的、复杂的、全球性的问题。社会科学亦不例外，面临着诸多新的挑战，要求社会科学家将注意力转向跨国家、跨行业、跨学科的新问题，关注新世界的建立，研究将对未来世界产生深刻影响的重大现实问题，如世界政治格局的改变，地区或种族冲突对世界的影响，战争与和平，东南亚金融危机对全球经济的冲击，经济全球化趋势，经济发达国家与发展中国家之间的关系，经济全球化与文化的关系，人类与环境的关系，以及人口与资源问题和生物技术、信息技术等高新技术的发展对人类社会各方面的影响等。法国有关这方面的研究计划和研究成果正在不断增多，全球问题研究正在法国掀起新的高潮。

法国社会学家对"全球化"问题的关注和研究不亚于经济学家和政治学家，只是社会学家重点探讨的是文化和生活方式的"全球化"，试图通过探讨导致"全球化"的原因，分析预测未来的社会形态。2000 年 7 月 3—7 日在加拿大魁北克省召开的第 16 届国际法语社会学家协会大会将"全球社会"列为大会的主题。大会认为，自由经济全球化和信息与通信技术革命对全球社会产生了巨大的影响。世界文化统一化的趋势将对未来产生更加深远的影响。面对这些直接关系到未来全球社会的新技术、新事物和新趋势，大会决定围绕着以下三个问题展开深入的讨论：何谓全球化？其形式是什么？有什么意义？

1. 何谓全球化

人类社会经历了无数的社会思潮，有的社会思潮主张一体化，有的倡导多元化，争论的最终结果导致了形态各异的社会。如今，多数人认为，人类社会正在向着经济和文化一体化，即全球化的方向发展。

当前研究人员的任务是，具体指出当代经济、技术、政治和文化全球化的过程，其复杂的特点和共同点，重新评估和确定国家的作用和导致这一变化的原因。最重要的是，随着传统的地方、国家和国际关系的变化及移动人口、跨国社团和国际网络的增加，应该如何重建人类的社会空间和用新的词汇解释地区与全球的关系。要回答上述问题需要先研究下面 4 个问题：经济—社会、遭到质疑的国家、区域与全球空间和新的大都市化。

2. 采取什么形式

信息技术和通信技术革命使人类的交流方式和交流场所发生了巨大的变化，人际关系和参照物也发生了深刻的变化。现在人类还无法预测这场革命对社会—经济制度和文化会产生多大的影响。因为它的涉及面之广出人意料，它悄然改变着当代世界的权利关系、政治和经济关系，使人们不得不深入分析思考一些新问题，如社会新事物、社会创新、社会冲突、社会调整、社会和解，以及国际法规和国际道德标准等。一种世界性文化，即一种全球文化模式的传播，在人们不了解其特点和其社会、宗教和种族基础之前，应先弄明白相互交错在一起的各种不同文化的调和点和冲突点，即搞清楚各种文化产生、发展和消失的原因，寻找到新的文化杂交模式的源泉。新的社会形态有待人们研究，在此之前，应先关注下列 4 个问题：社会差异与不平等，社会冲突与调整，同一的重构和文化杂交化。

3. 意义何在

当代的研究界非常重视对科技与创新紧密关系的分析，旨在阐明世界走向合理化的进程。人类试图借用信息和通信技术实现技术合理化。新技术的出现改变了人们传统的价值观、宗教信仰、原有的标准和参照物，改变了人们认识事物的方法和人类标准的行为方式，改变了人们对现实的理解和作用于现实的方法，甚至导致人们对现实与虚拟的认识模糊不清。

全球化不仅表现在经济和文化方面，而且表现在生活方式上，人类有可能建立一种全新的共同生活方式或集体生活方式，同时建立一种全新的社交形式。总之，全球化的意义可以通过理解、阐释合理化的过程，社会技术设置，保护信仰，开放的价值观等 4 个方面加以确定。

此次大会以全球为背景，分析推动社会发展的动力，阐述新的社会形态和研讨人类对新的社会现象的最新解释。

（五）科研及其管理网络化的趋势①

计算机的出现，信息高速公路的建立，信息技术日新月异的发展，使科研手段和科研管理手段发生了前所未有的革命。法国的人文社会科学机构和高等教育机构已全部实现计算机化。研究人员普遍使用电子计算机撰文、统计数据和搜集资料，在互联网络上研讨、交流学术思想和发表论文或论著已蔚然成风。大多数研究人员已离不开网络，每日必须上网查询和游览，以获取"信息营养"。科研手段的更新促进了人文社会科学研究的交流发展和普及，使科研工作日趋活跃，学术思想的传播更加快捷和更加广泛。

法国人文社会科学研究的网络化既有利于协调和组织全国的人文社会科学研究，推动其发展，也有利于向国外传播法兰西文化和法国的人文社会科学思想，还有利于弘扬和保护法国的人文社会科学文化遗产。

通过分析预测法国人文社会科学发展的五大趋势，我们发现，法国人文社会科学研究充满活力，未来的发展势头强劲。其发展动力主要源自社会需求和政府政策的大力支持，同时也源自人文社会科学研究人员的探索

---

① 此节详细内容见本书第五章：信息化时代的法国人文社会科学。

和求实精神。社会需求是人文社会科学发展的基础和动力，政府支持为人文社会科学创造了广阔的发展空间，提供了充分、可靠的保障。人文社会科学研究人员的探索和求实精神则使法国的人文社会科学研究充满了后劲与希望。

我们还发现，以上总结的法国人文社会科学的五大发展趋势，每一种趋势都不是孤立存在的，它们之间相互关联、相互交叉和相互重叠。每一种趋势中都可以发现其他趋势的影子，例如当我们分析介绍"研究的国际化发展趋势"时，不可能不涉及"跨学科研究日益增长的趋势"和"应用性研究占主导地位的趋势"。在"全球化问题研究渐热的趋势"中，既反映出"应用性研究占主导地位的趋势"，同时也充分体现了"跨学科研究日益增长的趋势"。在"应用性研究占主导地位的趋势"中，我们更多地看到的是"跨学科研究日益增长的趋势"。在其他四种趋势中，我们在每一种趋势中都可以发现"跨学科研究日益增长的趋势"的存在。透过这五大发展趋势，我们既可以得知过去法国人文社会科学发展演变的历史过程，同时又可以了解它当前的状况和判断预测它的未来。

第二章 法国人文社会科学的 科研管理与政策

　　法国科研的组织形式主要有两种，一种是全日制研究，一种是部分时间用于研究，其他时间从事教学或其他工作，包括促进科研成果转化和增值、继续教育等。实行全日制研究的单位主要有法国科研中心、法国保健与医学研究所、法国农艺学研究所、法国发展研究所、法国国家人口研究所等国立科研机构。部分时间从事研究工作的人多数是高等教育机构或是一些具有科研和教育双重功能的机构中的教师—研究人员。后一类机构主要指法国社会科学高等研究院、法国高等研究实践学院、法兰西学院、高等师范学院、工程学院等。除了研究人员、教师—研究人员之外，科研队伍中还包括工程师、技术人员和所有为科研服务的行政管理人员。

　　法国人文社会科学研究机构分为三大类：一类是以法国科研中心为主的国立研究机构，一类是高等院校中的科研机构，还有一类是私人研究机构。前两类是法国的主力研究机构，最后一类占的比例最小。政府对人文社会科学的研究管理主要体现在前两类机构，特别是法国科研中心。

一　法国人文社会科学的科研管理

（一）科研管理概况

　　法国政府对科研实行自上而下的集中管理制，对人文社会科学的管理由法国高等教育与研究部统一负责，其中包括科研经费预算、科研政策和与其他国内外科研机构或企业的协调和交流工作。该部下设规划与发展司、研究司、高等教育司、技术司、教师人事司、财政司、行政管理司和国际关系司。其中前4个司主要负责提出教育与科研政策并协调全法国的教育与研究机构的活动；教师人事司负责高等院校教师和研究人员的招聘和人事管理工作；行政管理司负责合同政策的落实和对研究合同的集中管理；国际关系司负责法国与世界其他国家教育和科研机构的交流合作工作。

为落实科研政策和进一步推动法国人文社会科学发展，2009 年 9 月 2 日，法国高等教育与研究部部长瓦莱丽·佩克莱斯（Valérie Pécresse）女士批准成立了人文科学与社会科学发展委员会（CDHSS：Conseil pour le Développement des Humanités et des Sciences Sociales）。委员会分为两个团体，其中一个团体由 22 位科技权威人士组成，这些人目前均为法国国内或国外高校的负责人；另一个团体由 5 位人文社会科学界知名人士组成。成立该委员会的目的是为了围绕人文社会科学重大发展方向、组织结构、重点课题和科研设备购置提出建议并对国家的人文社会科学政策进行解释说明；同时通过密切大学和研究机构的关系，增强法国的科研实力，扩大法国人文社会科学在国际上的影响。[①]

法国高等教育与研究部领导的科研机构，除高等院校中的研究机构外，还有法国科研中心、法国国家人口研究所等几个大型国立科研机构。这些机构和负责人由研究部任命，研究机构的设置和固定研究人员的编制也由研究部确定。

基层研究单位的领导人由研究人员和教授选举产生，他们负责本单位的科研组织、协调和管理。

研究课题通常由某个学科的权威人士设计提出，经主管部门批准后确定并列入国家科研规划。除"合同课题"外，多数课题由研究人员或教师—研究人员提出，而由科研机构的领导和上级政府部门提出的指令性课题所占比重不是很大。目前，法国的课题管理出现了自下而上和专家教授治所和治院的趋势。

研究人员和教授在承担本单位科研项目的同时，还可以参加其他单位乃至跨国家的科研课题。所得收入按规定大部分归本单位，个人最多只能提取其中的 50%。研究单位承担的"合同课题"项目收入，只能作为本

---

① Conseil pour le développement des humanités et des sciences sociales（CDHSS） http：//www. enseignementsup - recherche. gouv. fr/pid23414/conseil - pour - le - developpement - des - humanites - et - des - sciences - sociales - cdhss. html（2010 - 07 - 28）.

单位的科研经费，不得列入个人工资收入。

研究单位和研究人员的科研成果评估原由法国国家评估委员会负责，现改为由法国研究与高等教育评估署（AERES）领导，评估结果将决定研究单位的生存和研究人员的晋级。评估工作每年底进行一次。研究机构和研究人员要先通过网络将准备评估的材料和科研成果登记表发送给上级评估机构。

固定研究人员和教师的工资由法国高等教育与研究部全额下拨，课题组和临时组建的研究机构不负责支付薪水。研究人员和教授的工资标准由教育部确定，同等级的研究人员和教授的工资待遇基本相同。

为了确保科研工作和课题研究的顺利进行，1960 年初，根据布罗代尔的建议，法国高等教育与研究部组织成立了"人文科学之家"，总部设在巴黎，是独立于高校和公共研究机构之外的科研与服务机构。现在，人文科学之家已在法国许多省市和世界一些大都市扎根落户并编织成网络。创办人文科学之家的目的是为了给大学教员和研究人员提供查阅图书资料、交流信息和与国内和全世界的文献网络相链接的地方。它的有益之处归纳起来有五条：（1）打破各种知识和各研究单位之间的界线和壁垒；（2）节省基础设施方面的开支；（3）有利于研究人员加入国际网络；（4）便于接待具有博士学历和博士后资格的青年研究人员；（5）有助于扩大视野，拉近人文社会科学研究与地方行政机构，以及国立与私立机构之间的关系。但是，它同时存在着三种风险。首先是多数人文科学之家建立在省市一级，要求具有全国和全球视野实非易事；其次是它可能只适合于某些团体而将其他团体拒之门外；最后是根据一些非综合性、相互无关联的课题建立的跨学科性，有可能只是形式上的，即人为的跨学科性。[1]进入新世纪，人文科学之家在互联网建立了网站，搭建起一个交流平台。目前，加入这一网站的人文科学之家已达 22 个。[2] 人文科学之家网站的出现进一步推动了法国科研管理的社会化和网络化。

2005 年 2 月，为进一步加强对国家科研经费的管理、鼓励竞争和创

---

①　GODELIER Maurice：L'état des Sciences de l'Homme et de la Société en France et leur rôle dans la construction de l'Espace Européen de la Recherche　http：//www. ladocumentationfrancaise. fr/rapports – publics/024000211/index. shtml（2010 年 8 月 18 日）。

②　Rapport d'activités du CNRS 2009 ：Institut des Sciences Humaines et Sociales　http：//www. cnrs. fr/inshs/docs – breves – ra2009 – inshs. pd（2010 年 5 月 9 日）。

新，法国政府组织成立了法国国家科研署（ANR），以此取代法国国家科学基金和技术基金会。法国国家科研署的目标是资助基础研究和应用研究以及创新、公共领域和私营领域的合作研究。[①] 2007 年法国国家科研署的年度经费预算为 8.25 亿欧元，2009 年增加到 9.55 亿欧元。2006 年以来科研署每年资助了人文社会科学领域三个项目。2008 年的人文社会科学优先计划包括：人文社会科学领域中的复杂系统，人文社会科学的国际化，环境与健康和可持续发展。2009 年资助的人文社会科学项目是"社会中的生活空间之谜"，"创新：过程、主体、对象和背景"和"南方国家"。

　　总之，法国政府重视和不断改进科研管理和科研服务工作。2010 年，法国政府拟订了新的科研管理和科研政策改革方案，决心进一步巩固和扩大人文社会科学研究阵地，提高科研机构的独立性，支持科研创新，确定重点和"前沿"课题，普及信息技术，实现科研及其管理的信息化。

（二）法国科研中心的经费和组织管理

1. 科研经费管理

（1）预算的确定与构成

　　法国科研中心是法国高等教育与研究部领导下的法国最大的国立基础科研实体机构，是法国唯一肩负跨学科使命的多学科研究机构，其科研经费主要由该部拨给。中心的年度预算在 30 亿欧元左右，2009 年是 33.67 亿欧元，其中的 24.53 亿欧元为上级拨款，6.07 亿欧元为自筹资金。

　　原则上讲，每年的 11 月 1 日科研中心公布经过理事会批准的下一年度的经费预算方案。预算由收入和支出两部分构成。

　　收入部分包括两个方面：国家资助和中心自身的收入。属于国家资助的经费由研究部提出预算方案。中心的创收渠道主要有：（a）合同收入（与欧盟、企业、地方或国家部委签订的合同）；（b）中心直属公司（发行部门和出版社）收入；（c）来自发明创新所得的专利版权费；（d）服务部门的收入；（e）意外事故所得；（f）组织学术讨论会和开展终生教

---

① Organisation de la recherche publique en Europe：étude comparative　http：//www. amue. fr/recherche/metier/articles/article/organisation – de – la – recherche – publique – en – europe – etude – comparative/（2010 年 7 月 4 日）。

育的收入；（g）捐赠和遗赠；（h）参加中心以外的活动所得的收入。

支出部分主要包括日常支出、国家允许支出的费用和科研活动经费。另外，还有经国家批准的科研课题支出。

（2）科研经费预算的具体分类

法国科研中心的收入与支出预算分别由三部分构成，其中支出的三个部分是：（a）固定人员的工资（所占比例最大）及其他开支，合同工、临时工费用和工程博士奖学金；（b）行政设施、终生培训、社会活动和中心的预留款；（c）科研单位的基本费用和科研计划的实施，其中包括发明活动、固定的实验、大型设备和国际交流活动（见表2—1）。

表 2—1　　　　　　　　　法国科研中心预算分类细目表

支出	收入
第一部分	
固定人员（薪水和其他开支） 职务—连带责任合同 工程博士奖学金 临时雇用人员（附加费用）	国家拨给的人员经费 中心收入
第二部分	
行政管理和非分配资财 　A. 全中心的行政设施 　B. 终身培训 　C. 社会活动 总预留款	国家资助经费： 　A. 机构运转 　B. 科研计划 　C. 集体投资项目 中心收入
第三部分	
研究单位的基本费用 科研计划的实施： 　A. 发明活动 　B. 固定的实验 　C. 大型设备 　D. 国际活动	国家资助经费： 　A. 科研计划 　B. 投资 中心收入： 　A. 研究协议 　B. 参加外单位活动 　C. 发明专利版权费 　D. 服务补助金

资料来源：http：//www. sg. cnrs. fr.

（3）科研经费的用途

根据法国政府颁布的法国科研中心预算法中的规定，中心应将预算中的国家资助经费和中心本身的收入除人员支出外，重点用于科研单位、科研课题、科研设备、集体投资项目、跨学科的横向交流与合作以及与科研有关的活动，其中集体科研项目的投资比重最大。来自中心的收入，除了不需要支付人员薪酬和国际交流活动外，行政管理和科研活动的支出均在中心负担之列（见表2—2）。

1983 年 3 月法国政府制定的法律规定，法国科研中心总主任须每年就经费预算的执行分配情况写一份报告。

表 2—2　　　　　　　　　　法国科研中心经费分配表

科研中心预算 \ 国家预算		国家预算			中心收入
		日常支出	科研计划	科研投资	
法国科研中心预算	第一部分：				
	固定人员	√			
	临时工	√			
	合同工	√			√
	工程博士奖学金	√			√
	第二部分：				
	全中心行政设施		√	√	√
	终生培训	√			√
	社会活动	√	√	√	√
	总预留款		√	√	√
	第三部分：				
	科研单位的基本费用		√	√	√
	发明活动			√	√
	大型设备			√	√
	固定的实验			√	√
	国际活动		√		

资料来源：http：//www.cnrs.fr/dfi.reglementation/circulire/budget.htm.

（4）法国科研中心的经费管理模式

除去人员开支，法国科研中心将国家资助的经费和中心自筹的收入一分为四，投向实验室、横向交流、大的集体投资项目和与科研有关的活动方面。

（a）实验室的科研设备。重点为两个研究学部（自然科学部和人文社会科学学会）及下属研究机构或跨学科研究课题组添置科研设备。两个研究学部及下属研究机构的科研经费均统计在中心的预算中。

（b）横向交流，包括科技信息交流、国际交流和与企业或传播机构的交流。

（c）大的集体投资项目，主要是实验室基建费用、大型科研设备和科学统计设备。

（d）与科研有关的活动。此项开支涉及整个中心，从行政科研管理人员的终身培训到社会活动和信息管理。

（5）人文社会科学学会的经费分配与管理

法国科研中心的经费管理模式同样适用于其下属机构：10个科学学会，其中包括人文社会科学学会。下面简要介绍一下人文社会科学学会的经费分配和管理情况。

人文社会科学学会的经费主要来自中心，重点用于四个方面：一是把将近一半的经费用于支付研究人员的工资和补贴；二是用于办公和机构的运转；三是用于科研；四是基建维修基金。2010年，法国科研中心的年度预算为28.52亿欧元，人文社会科学学会的年度预算为2.86亿欧元，其中科研经费1800万欧元，实验室活动经费1100万欧元，① 其余用于支付研究人员的薪酬和科研设备。

2. 组织管理

法国科研中心的上级主管部门是法国高等教育与研究部，主管领导是研究部长。由部长领导的研究办公室负责起草科研政策和经费预算方案，同时协调与其他机构的关系。科研政策须经全国科学理事会审议，经费预算方案须报议会讨论通过。

国家对法国科研中心的使命和权限、经费管理、组织结构及其管理等有明确的法律规定。

法国科研中心的使命是：从事和推动所有有助于法国经济、社会和文

---

① Les chiffres - clés　http：//www.cnrs.fr/inshs/docs - breves/plaquette - inshs.pdf（2010年7月9日）。

化发展的研究；宣传推广科研成果；推动文化和科技信息的传播；开展科研教育工作；科研工作的重点是分析法国和世界，特别是欧洲的科学发展状况；根据上述使命评议各研究单位的研究工作和评估研究人员的科研成果。

法国科研中心的权限有：建立和确认与自己合作的高等教育机构中的科研实体，包括隶属于其他部委、国营企业、私人企业或研究机构的科研实体，并为这些实体拨款；维护和成立本中心的科研实体或临时性的研究组织，如协会或与某个协会签订期限为四年的课题组；在经费允许的范围内招聘人员和设置岗位；参加制定和落实国际科技协议的工作；作为国家级科研机构，与国家政府机构、地方政府机构或私人机构一同参与制定和实施国家科研规划的工作；可以成立分支机构并领导其工作。

法国科研中心内的最高行政领导机构是理事会，理事会主席由权威学者担任，任期三年。理事会由 4 个政府机构代表、一个大学代表、4 个法国科研中心代表、12 个法国科研中心的研究人员和劳工界的代表共 21 人组成。理事会主席的权责是负责组织拟订法国科研中心的总政策；配合上级主管部委稳定科研中心与国内外研究机构或合作机构的关系；有权处置科研中心的财产、行政服务设施和经费；有权委托他人签署理事会的文件。

理事会下设一个由法国和外国学术权威组成的评估委员会。该评估委员会至少每四年对科研中心的科研成果进行一次评估。另外，还设有一个道德委员会，该委员会有权掌握科研中心所有与伦理有关的问题或承办理事会提出的问题。

法国科研中心科学委员会是对中心的科学政策进行研究和评议的机构。该委员会拟订法国科研中心的科研政策和研究人员及其成果的评估标准供理事会参考；负责对下面的科学咨询机构解释科研政策和向理事会主席和科研中心总主任提供全中心的科研信息。科学委员会由两部分人组成，一部分是来自法国本土的科研人员，又称科学委员会内部团体；还有一部分是来自欧洲其他国家的科研人员，又称科学委员会外部团体。

法国科研中心总主任由精通科技的学者担任，任期三年。他的职责是确保理事会主席制定的政策的实施，确保理事会对科研中心的管理和决议的落实；负责审议科研中心经费预算的分配方案，是科研中心的法人代表和民事行为代表；直接领导科学委员会主任和中心秘书长。

法国科研中心秘书长由中心总主任任命，其职责是协助总主任工作，负责人事管理工作，参与预算及预算审核和签订合同等工作。

法国科研中心为了便于领导全国的科研工作，在法国各省设立了 19 个"地区代表"。这些代表由中心总主任任命。代表的职责是做好科研中心代表的工作，使所在地区的活动与科研中心保持一致。除此之外，法国科研中心还在全国委员会下设立了两个分会，每个分会各负责一个科学学会的科研工作，重点是评估研究人员的研究活动和研究实体的研究计划，同时负责磋商法国科研中心与高等教育机构或隶属于其他大型科研机构、国营企业、私人企业及研究机构等研究实体的合作研究项目。

法国科研中心下设 10 个科学（化学、生态学与环境学、物理学、核物理学与粒子物理学、生物学、人文与社会科学、数学科学、工程学与系统科学、信息科学、宇宙学）学会，负责领导 41 个学科片和 7 个跨学科片。学科片直接负责基层科研组织——研究单位的科研管理和科研评估工作。

二　法国人文社会科学的科研政策

（一）科研政策的制定与调整

法国的人文社会科学政策同自然科学政策统一被纳入国家研究政策。1954 年，法国的研究政策由法国科学研究与技术高级理事会审议，1958 年后由法国技术研究总代表团审议，1981 年改为由法国研究部审议，现在由国家科学委员会（CNS）审议，然后经法国高等教育与研究部部长批准执行。国家研究政策是指令性的，目的是为了指导、繁荣和发展研究事业，最大限度地发挥自然科学和人文社会科学研究的积极性，使之不断推动法国经济、科技、社会和文化的发展。法国的研究政策具有务实和连续性的特点，一些大的原则性的方针政策自制定之日起至今没有根本性的改变，有些政策甚至还有进一步加强之势，例如集中管理的研究政策，研究与教育并举的政策，支持和鼓励跨学科、跨机构、跨行业和跨国家的研究与合作政策，鼓励科研创新政策等。

1. 集中管理的科研政策

法国是一个科研管理体制集中型的国家，从科研机构的设立、组织构成到科研经费预算和科研计划的制定均由政府统一管理。显而易见，研究政策的变化直接关系到研究事业的发展。

法国解放后，国家进一步加强了对科研工作的控制和管理。1954 年，在孟戴斯－弗朗斯任总理时期，成立了一个科学研究与技术进步高级理事会，由化学家隆尚邦任该理事会会长。1958 年，这个理事会被法国科学与技术总代表团所取代。这两个机构有一个共同的特点，即机构领导人均由国家的高级行政官员担任，例如隆尚邦同时担任法国政府科学研究秘书处（1954 年成立）的秘书长。1981 年，法国政府为了进一步加强对科研工作的集中管理，建立了教育、研究与技术部（现改为教育、高等教育与研究部），取代了法国科学与技术研究总代表团。从那时起至今，科研工作始终由政府集中管理。法国研究部直接领导下的研究机构有法国科研中心、法国社会科学高等研究院、法国国家人口研究所、法国农学研究所、法国统计与经济研究所、法国保健与医学研究所等。

法国科研中心实行的同样是集中管理的科研体制。中心理事会是最高管理机构，理事会主席由法国部长委员会提议任命。法国科研中心总主任由中心理事会提名，经研究部部长批准任命。中心总主任有任免中心秘书长、学会主任、学术委员会主任、卫生与安全监察主任等中心高层干部的权力。

科研部门的最高领导是学会主任。学会主任的下一级领导是学科片负责人，再一级是研究所或实验室主任。这种自上而下集中管理的科研体制已经沿用了半个多世纪。自 1939 年法国科研中心成立之日起，人文社会科学政策一直是由政府制定，只是随着时间的推移，商议机构几经变换。

人文社会科学研究规划也被纳入法国研究部的管理范围。20 世纪 50 年代时，法国尚未成立研究部，科学与技术总代表团是当时研究机构的最高领导机构。科研规划的制定、经费预算方案和国家重点课题都是先经科学与技术研究总代表团下设的人口学、经济与社会分析委员会商议，然后征求法国统计与经济研究所的意见，最后由总代表团批准。当时的法国总理也时常过问社会科学研究工作，20 世纪 50 年代中期，史学家布罗代尔就是直接受法国总理之托，起草了《科学研究与技术进步报告》① 的第一章："改革社会科学的五年计划。"这份报告谈及了文学院和法学院的易名问题，建议重视社会科学教育，培养更多的社会科学人才和成立人文科

---

① 《科学研究与技术进步报告》即"隆尚邦报告"，完成于 1957 年。

学之家和人文科学研究指导委员会。

1962 年，这个总代表团又分设了 9 个委员会，其中社会科学委员会有两个，一个是斯托策尔领导的人口与社会分析委员会，另一个是皮亚捷负责的经济与发展委员会。在这个总代表团的科学与技术研究咨询委员会，即"12 人委员会"中，仅有一名社会科学界的代表。

从 1981 年至今，法国科研中心一直在法国研究部部长的领导之下，人文社会科学研究状况虽有改观，但变化不是很大。在 2009 年之前的法国科研中心的 7 个研究部 45 个委员会中，只设有一个人文社会科学部和 14 个委员会。无论从科研经费、人员编制、科研设备还是社会地位方面看，人文社会科学都与自然科学有很大差距。人文社会科学科研经费还不到自然科学的 1/10；人员仅占全中心总人数的 1/5；研究单位只占 28% 左右。

事实表明，凡是政府关注和扶持的学科，发展速度远高于其他学科，经济学的快速发展便是一个典型的例子。在政府的高度重视和大力资助下，20 世纪 60 年代经济学研究中心的数量猛增到 64 个，研究人员达到 870 名，成为人文社会科学学会中实力最强的科研队伍。几十年来，经济学研究取得了丰硕的成果，涌现出许多蜚声世界的经济学家，其中著名经济学家阿莱还于 1988 年荣获了诺贝尔经济学奖。今天，法国政府对经济学研究的投入仍有增无减。

上述数据和例子表明，法国政府通过对研究的集中管理可以做到以下几点：把握人文社会科学研究的发展方向、确定发展战略和科研规划，设立管理机构并任命领导人，控制研究经费及其分配，调整科研机构及其人员编制，设计重点课题和支持重点学科。

2. 研究与教育并举的政策

法国同德国、意大利以及其他中欧和东欧国家一样，科研主要依靠或围绕着几个大的科研机构进行。但解放初期时的法国并不是这样，占主导和统治地位的是高校中的科研机构。从 20 世纪 50 年代起，随着一批国家级研究机构的相继建立，情况发生了根本性的变化。政府制定的研究政策开始向国家研究机构倾斜，大力推动大学之外研究的发展。但法国政府非常清楚，大学永远是法国人文社会科学发展的基础和培养人才的摇篮，没有高等教育的发展，不可能有人文社会科学的发展。所以，法国政府最终采取了两条腿走路的方针。一方面大力发展和改革高等教育，另一方面支持国家研究机构的研究工作。法国政府把人文社会科学改革看做是高等教育改革和发展的一部分，两方面的改革同时进行，互动互补。事实证明，这种政策有利于双方面的发展。

20 世纪 60 年代法国人文社会科学日新月异，大学的人文社会科学教育和研究同时取得了重大进展。1968 年从事人文社会科学教育的人数与 1950 年相比增加了 5 倍。80 年代达到了 13500 人，约占法国人文社会科学研究人员总数（两万人）的 2/3。进入 90 年代，仅法国科研中心人文社会科学学会在大学任教的教师—研究人员就有 5300 人之多。

更值得关注的是，大学之外的人文社会科学研究机构的负责人多数由大学教授担任，其中比较知名的有法国组织社会学派的代表人物、巴黎政治大学教授克罗齐埃；曾任法国社会学学会主席和法国科研中心社会学研究室主任的原巴黎大学教授吉拉尔；曾任法国应用社会学学会主席的原巴黎大学教授芒德拉斯（1927—2003）；兼任社会学方法研究所所长和法国大学出版社"社会学丛书"主编的巴黎大学教授布东；原欧洲社会学中心主任、教授、法兰西学院院士布迪厄（1930—2002）等。据统计，20 世纪 80 年代全法国从事社会学、民族学和心理学这三门学科教育的教学人员中有 40% 是法国科研中心的研究人员，未参加任何研究机构的教员屈指可数。

高等教育部门的研究机构有不少挂靠在国家科研部门，特别是与法国科研中心建立了合作关系。法国政府不断推出新的政策措施，促进科研和教学、科研机构与教育机构的密切结合。但由于科研政策主要是针对国家科研机构，而不是高等教育机构制定的，所以前者发展速度较快且科研成果显著，后者则略显不足。为了平衡发展，法国政府进一步调整政策，鼓励研究人员把新的研究成果及时运用于教学实践，在推动科研发展的同时，提高教育水平。

在新近发表的"2009 年法国科研中心活动报告：人文社会科学学会"中，法国科研中心再次明确将高等教育机构及其所属研究机构列为首要合作伙伴。

3. 鼓励合作研究的科研政策

法国高等教育部门同其他科研部门之间曾经存在着较深的矛盾，特别是大学教师从感情上排斥社会上的研究人员和科研机构，对大学之外的人进行的人文社会科学研究表示反感。因此，双方的矛盾和冲突不断，从而导致了法国人文社会科学早期的发展缓慢。直到 1959 年，大学模式在法国始终占据着统治地位，科研人员的职称级别一直是根据大学的职称划分的。由此可以断言，法国的人文社会科学起始于高等教育，但随着形势的变化和社会发展的需要，法国政府认为有必要扩大和增强人文社会科学的科研力量，支持大学之外的科研机构的发展并把这两个方面视为一个整体，鼓励双方合作，共同繁荣法国的人文社会科学。

在这种鼓励合作的政策指导下，高等教育部门同法国科研中心等国家研究机构不断增进相互间的了解，冰释前嫌，最终出现了团结合作、携手并进的新气象。高等教育部门和其他研究机构，特别是与法国科研中心积极开展合作研究，联手建立混合型研究单位或签订课题合作合同。例如巴黎第十大学的民族学与比较社会学实验室就是同法国科研中心联合组建的混合型研究机构。这个实验室中的教师—研究人员有一半担任教学任务。这种教学与研究相结合的做法，促进了理论联系实际的教学内容的不断更新，促进了思想和科研成果的交流，同时也促进了双方人员的流动。大学在为科研机构输送新鲜血液的同时，可以把青年教师选送到科研机构进修或深造。科研机构的研究人员可以到大学暂时顶替青年教师的教学工作，或者因工作需要留在大学执教。截至 2009 年，法国科研中心下属 1256 个科研单位和科研服务机构中，已经有 90% 的科研单位向高校和其他科研机构开放。①

法国科研中心在与法国政府签订的 2009—2013 年目标合同中，明确表示将继续把大学作为自己的战略合作伙伴和积极的竞争对手。

除了鼓励高校与研究机构跨部门合作外，法国政府还倡导科研机构与政府部门，国营、私营企业的研究机构以及国外的学术机构开展跨部门、跨国家、跨学科研究。法国科研中心积极响应这一号召，1998 年人文社会科学学会的混合型研究机构的数量增长了 337%。相反，属于人文社会科学学会本单位的研究机构却锐减了半数以上。进入 21 世纪，混合型研究单位的增长势头逐渐减弱，与 2008 年相比，2009 年的机构调整将混合型研究单位缩减了 5%，但仍占人文社会科学学会机构总数的 80% 以上（见表 2—3）。

据法国科研中心统计，2009 年人文社会科学混合型研究机构中的人

---

① Les chiffres – clés　http：//www. dgdr. cnrs. fr/dfi/chiffres/2010/（2010 年 7 月 5 日）。

数已达 18520 人。① 混合型研究机构及其人数的猛增与法国科研中心研究重点的转移有密切的关系，表明法国科研中心的研究重点开始由传统的基础研究转为跨学科和应用性课题研究。

　　法国人文社会科学研究的课题选择，明显反映出推动跨部门、跨学科研究的政策思想。法国科研中心人文社会科学学会与法国外交部、海外贸易部、信息技术部和卫生部等多个部委每年都签订多项合作合同。20 世纪 90 年代，人文社会科学学会与上述几大部委或受其他机构委托的科研课题重点围绕以下几个方面：生命与环境、环境与社会、信息技术与社会、企业创新、科技进步与第三世界、经济全球化、欧洲问题、教育平等、权力分散等。这些研究课题涉及社会学、经济学、管理学、科学学、医学、生物学、环境科学、信息学等诸多学科。2009 年，人文社会科学学会的合作机构及其课题有：同法国研究与创新总署联合开展"残疾—衰老"课题研究，同法国工业、能源与技术委员会合作进行"健康与自律"课题研究，与法国环境和劳动卫生安全所共同开展"卫生和环境风险"课题研究。

表 2—3　　　　　2008—2010 年人文社会科学学会机构数量变化表

年份 机构	2008	2009	2009—2010 增减（%）	2008 占 总数（%）	2009 占 总数（%）
学会直属研究机构	13	15	＋15	4	4
直属研究单位（UPR）	6	7			
直属服务单位（UPS）	6	7			
直属服务—研究单位（UPSR）	1	1			
混合型研究机构	283	278	－2	82	81
混合研究单位（UMR）	230	218			
混合研究所（UMI）	3	3			
混合服务单位（UMS）	27	25			
混合服务—研究单位（UMSR）	23	27			
新兴研究小组（ERL）		1			
合同接待组（EAL）		4			

① Les chiffres – clés　http：//www.dgdr.cnrs.fr/dfi/chiffres/2010/（2010 年 7 月 5 日）。

续表

机构 ＼ 年份	2008	2009	2009—2010 增减（％）	2008 占 总数（％）	2009 占 总数（％）
临时机构	7	11	＋57	2	3
机动研究组 （FRE）	7	11			
联合机构	43	40	－7	12	12
研究联盟 （FR）	9	8			
研究团体 （GDR）	31	29			
联合研究所 （IFR）	3	3			
合计	346	344	－0.5		100％

资料来源：Rapport d'activités du CNRS 2009 ： Institut des Sciences Humaines et Sociales ht-tp：//www. cnrs. fr/inshs/docs－breves/ra2009－inshs. pd（2010 年 5 月 9 日）。

（二） 新世纪的科研政策

进入 21 世纪，为了迎合新世纪的发展和挑战，法国政府把 2000—2010 年定为法国科研发展关键性的 10 年。为了完成科研在新世纪初的重大转折，法国政府特别制定并实施了一套开放创新的科研政策，从改革科研管理体制、鼓励科研创新，实现科研队伍的年轻化，加强科研的跨学科性和流动性，密切科学与社会的关系，加强、扩大科研的对外开放和加速实现科研工作的网络化及科研管理的现代化等 6 个方面入手，进一步繁荣自然科学和人文社会科学，推动法国社会、经济和文化的发展，提高法国在国际上的地位、影响和竞争力。

1. 改进科研管理体制，鼓励科研创新

从 2005 年起，法国政府为鼓励科研创新开始对科研经费管理体制和法国科研中心的组织机构进行改革，出台了一系列的改革方案和措施。首先，成立了负责管理科研项目经费的法国国家科研署，对传统的资助方式进行改革，逐渐把资助的重点转向"计划外"项目。其次，从 2009 年初起为凝聚法国高等教育和国立研究机构的科研力量，更快地提高法国的整体科研实力，先后成立了 5 个主题联盟。再有，为了协调发展、增强各学科的科研实力和竞争力、促进跨学科研究和创新研究，法国科研中心进行了机构改革，撤销了 7 个学部，成立了 10 个学会。

（1）成立法国国家科研署，资助"规划外"项目

法国国家科研署于 2005 年 2 月成立，旨在增加各科研团体科研项目的数量，资助那些经过竞标和同行评估最终立项的课题项目。它同时还面向国家科研机构和企业，肩负着创造新知识和促进国立实验室与私企实验室相互作用与合作的双重使命。

法国国家科研署最初的资助范围仅限于国家科研规划内项目，如今这一传统做法被逐渐摈弃，法国的科研管理体制也因此发生了质的变化。截至 2010 年，由法国国家科研署出资扶持的"规划外"项目共有 4 类："空白"项目、①"青年研究人员"项目、"精英讲坛"项目和"博士后回归祖国"项目。"空白"项目和"精英讲坛"项目旨在增强创新研究和突出精英人才的作用，"青年研究人员"项目旨在鼓励青年研究人员担负起创新课题的责任，"博士后回归祖国"项目旨在吸引在国外学有成就的博士后人员能够回国效力。

表 2—4　　　2009 年人文社会科学"空白"项目表（按音序排列）

项目缩写	项目名称	项目主持人
ALGO	代数学中的演算结构	Fabio ACERBI
BIPAJE	决定人生走向的择业和改行：法国、魁北克和阿根廷三种社会背景中的质量和数量统计方法	Claire BIDART
Chine rurale	中国的联民村/电子数据库（1949—1999）	Isabelle THIREAU
CREAMYTHA-LEX	欧洲文学中亚历山大神话文学的创建（12—16 世纪初）	Catherine GAULLIER BOU-GASSAS
Droit pol	政治权利研究提纲	Carlos PIMENTEL
FAHMA	中世纪上半叶的钱币业	Marc BOMPAIRE
FORMESTH	中欧的美学形式主义	Carole MAIGNE
FRASCIRU	俄罗斯科学生活中的法国人（18—20 世纪）	francine - dominique LIECHT-ENHAN

① "空白"项目即自由申报项目，不限学科领域，旨在有利于好的选题能够脱颖而出并能够增值，同时也是为了鼓励创新和跨学科研究。Programmation 2010 de l'Agence Nationale de la Recherche　http：//www. agence - nationale - recherche. fr/fileadmin/user_ upload/documents/uploaded/2009/ANR - programmation - 2010. pdf（2010 年 7 月 10 日）。

续表

项目缩写	项目名称	项目主持人
Gödel Kurt Gödel hilosophe	从逻辑学到宇宙学	Gabriella CROCCO
HTLF	翻译法文的历史	Jean – Yves MASSON
LocNatPol	从地区到国家的必然结果：美拉尼西亚三国的政变	Laurent DOUSSET
MEDIAGEO	地理知识传播的动力与媒介	Isabelle LEFORT
MODELESPACE	根据工业革命前的土地赋税登记簿制作的法国空间模型：文章，图表和地理信息系统	Florent HAUTEFEUILLE
OrAG	高卢人的建筑装饰	Dominique TARDY
PALEOMED	地中海古代港口的地理考古研究和古环境的变化不定	Christophe MORHANGE
PRODESCARTES	《笛卡尔文集》、《笛卡尔论著》和通信的网络版计划	Vincent CARRAUD
ProMiTraSil	新石器时代巴雷姆 – 伯杜燧石热处理的过程和环境（公元前5000年下半叶至公元4000年，西地中海）	Vanessa LEA
Qualirapa	传统式群体生活：离群索居生活的质量分析与评估	Claude FISCHLER
Revloi	1789—1795 年法国大革命时期的法令	Anne SIMONIN
SYRAB	3—7 世纪古叙利亚和阿拉伯世界形成的文字和字体	Francoise BRIQUEL CHATONNET

Jacqueline Lecourtier: Programme Blanc – Edition 2009 – Sciences humaines et sociales http：//www. agence – nationale – recherche. fr/documents/aap/2009/selection/blanc – SHS – selection – 2009. pdf（2010 年 7 月 13 日）。

表 2—5　　2009 年人文社会科学"空白"项目增补表（按类别排序）

项目缩写	项目名称	项目主持人
ColdWar	冷战	Frédéric BOZO
EST – OUEST	非洲阿舍利文化年表和文献资料	Jean – Paul RAYNAL
MEMOAR	法国旧制度回忆录	Jean GARAPON
ETAMILAF	不确定的民主化空间：非洲国家与自卫队	Jérôme LAFARGUE

续表

项目缩写	项目名称	项目主持人
H. A. D. E. S. S.	古代人的饮食、保健和社会地位人类学研究	Pierre DEMOLON
Transfamille	当代社会中的家庭关系和隔代亲属关系比较研究	Laurence HERAULT
PUMP	城市政策和忽视少数派的政策：比较分析	Bernard JOUVE

Jacqueline Lecourtier：Programme Blanc – Edition 2009 – Sciences humaines et sociales　http：// www. agence – nationale – recherche. fr/documents/aap/2009/selection/blanc – SHS – selection – 2009. pdf（2010 年 7 月 13 日）。

2010 年法国国家科研署的年度经费预算为 8.4 亿欧元。从 2008 年到 2010 年短短三年时间里，法国国家科研署对"规划外"项目的资助力度明显加大，从 2008 年占总经费的 25%，到 2009 年占 35%，再到 2010 年占 50%。这样的增长幅度和速度不仅确保了科研团体的创造性研究，使其能够通过"规划外"项目充分展示自己在基础研究、应用研究或合作研究方面的创新能力，而且明显激发了他们与其他实验室，特别是与国际科研机构或与社会—经济界同行的协作精神。当然，与美国相比，这样的资助力度仍然是小巫见大巫：美国科学基金投向"空白"项目的科研津贴占 70%。[1]

2009 年，法国国家科研署资助的人文社会科学"空白"项目最初有 20 项，后又增补了 7 项，共有 27 项（见表 2—4、表 2—5）。

2007 年，法国国家科研署开始将资助范围扩大到法国以外的国家和地区，这些国家和地区包括：中国、中国台湾、日本、美国、德国、瑞士、韩国、新加坡等。2010 年还有一个值得重视的现象是，法国国家科研署开始把资助的重点放在新兴学科、跨学科、甚至"风险"课题项目上。

（2）成立科学联盟，实现强强联合

为推动法国高等教育和科学研究的发展，实现强强联合，法国从 2009 年 4 月 8 日开始，先后成立了 4 个主题联盟：法国生命科学与保健学联盟（AVIESAN：l'Alliance nationale pour les sciences de la vie et de la

---

① L'interdisciplinarité du CNRS et l'interview de Catherine Bréchignac du 2 avril　http：// science21. blogs. courrierinternational. com/archive/2008/04/06/l – interdisciplinarite – du – cnrs – et – les – declarations – de – catheri. html（2010 年 7 月 2 日）。

santé），法国能源研究协调联盟（ANCRE：l'Alliance nationale de coordina-tion de la recherche pour l'énergie），信息科学与信息技术联盟（ALLIS-TENE：l'Alliance pour les sciences et technologies de l'information），环境联盟（AllEnvi：l'Alliance pour l'environnement）。这些联盟中的每个联盟均由若干个大型国立科研机构或颇有影响的学术团体组成，例如法国生命科学与保健学联盟是由法国科研中心、法国农艺研究所、法国保健和医学研究所、法国原子能委员会、法国国家信息与自动化研究所、法国国家发展研究所、巴斯德研究所和法国大学校长联合会8个机构联合组成。

2010年6月22日，第5个主题联盟：法国人文科学、① 人文社会科学联盟（ATHENA：l'Alliance nationale des Humanités, Sciences Humaines et Sciences Sociales）宣告成立。该联盟主要由法国科研中心、法国大学联合会、法国大学校长联合会、法国人口学研究所4个机构联合组成，目的是为了改革法国的科研体制，消除各研究机构间的隔膜，加强相互间的协调与合作。

法国高等教育与研究部部长指出，法国的科研创新战略已经将人文社会科学列为法国科研发展的优先领域。她同时指出，法国人文科学、人文社会科学联盟的成立使法国科研创新战略中的每一个优先领域均有了各自的联盟。该联盟的建立将对推动法国高等教育和人文社会科学研究的发展产生决定性的作用。②

最近几年，法国所有有关科研创新体系的分析都旨在进一步凸显科研创新机构的作用，增强其独立性，最终提高法国的科研水平、科研增值能力，以及在国际上的地位和影响力。

这5个主题联盟的成立意义重大，不仅有助于协调各机构之间的关系，制定符合各联盟成员发展战略的课题规划，同时还可以协助法国国家科研署制定国家科研创新规划。各联盟成员在与相关领域中的企业保持密切关系的同时，还可以增强每个机构或部门的竞争力，共同提高科研和高等教育水平。简而言之，这5个主题联盟形成了一股推动法国科研创新发展的力量，为法国科研创新规划的实施奠定了组织基础，特别是确保了法

① 主要指古希腊文、拉丁文、古典文学的研究。
② Cinq alliances pour améliorer la réactivité du système de recherche et d'innovation http：//www. enseignementsup - recherche. gouv. fr/cid52215/athena - l - alliance - des - sciences - humaines - et - sociales. html（2010年6月30日）。

国大学、重点高等院校及其研究机构与政府在科研创新战略方针方面的协调一致。

（3）组建科学学会，推动改革和转型

2009 年是法国科研中心最值得回顾和总结的一年，这一年中心经历了一系列具有历史意义的重大事件，如举办各种庆祝活动纪念中心成立 70 周年，与法国政府签订了 2009—2013 年目标合同，完成了机构调整和改革，与其他机构一起成立了法国第一个科学联盟"法国生命科学与保健学联盟"，最新公布的法国科研政策再次明确强调了法国科研中心在国家科研中的重要地位和不可替代的龙头作用。

2009 年法国科研中心的机构改革非常值得关注，因为它是中心从科研管理型机构向科研先导型机构转变的开始。另外，这次改革的力度之大和范围之广也是近半个世纪以来中心从未经历过的。改革分为两大步骤，首先是对学科片进行了结构调整，重新确定了各学科片的职责；而后撤销了原有的 7 个学部，新组建了 10 个学会。此次中心机构改革的目的主要是为了确保中心科研规划的有效落实，提高中心在全世界的知名度，担负起国家赋予的协调全法国科研工作的使命，完成国家重大科研项目，促进学科建设和改进科研方法。新成立的 10 个学会分别是：化学学会、生态学与环境学学会、物理学学会、核物理学与粒子物理学学会、生物学学会、人文与社会科学学会、数学科学及其相互作用学会、工程学与系统科学学会、信息科学及其相互作用学会、宇宙学学会。

每个学会都肩负着各自的职责和使命，2009 年人文社会科学学会的使命和目标是：（a）发展和协调人文研究，在担当起语言或知识创造者的同时，把学会建成一个经济、社会或政治组织；（b）促进人文社会科学内部和人文社会科学与其他学科的跨学科研究；（c）为应用大型科研设备和登陆跨学科技术平台创造条件；（d）利用海外研究单位和国际合作机构网络协调法国人文社会科学小组的国际学术交流活动；（e）完成与国家科技机构、大学和法国国家科研署签订的课题项目。

2. 大力培养新人，焕发科研活力

科研发展的动力来自于长盛不衰的科研活力。因此，培养和扶持青年研究人员，给他们施展才华和大展宏图的机会，已成为法国政府的当务之急。为使研究机构年轻化和振兴科研，法国政府决心改变科研机构老化和青年博士在科研机构的大门外"排长队"现象，制定了稳定长效的机构

管理政策和真正符合实际的科学就业政策。对研究机构内的青年研究人员
给予大力扶持和培养，为他们的科研创造条件，鼓励他们开展灵活、创新
和独树一帜的课题研究。具体的做法有：（1）提高招聘计划的透明度，增
加学术机构的招聘人数和大学中的讲师岗位；（2）科研机构的人员编制
要有利于青年研究人员的成长；（3）为鼓励大学生继续深造，增加博士和
硕士奖学金；（4）帮助青年研究人员开辟新的研究领域，从法律上赋予他
们创办企业或在一段时间内到企业工作的权利；（5）建立外国博士后接待
站制度；（6）设立专项经费资助"青年研究人员"项目，为他们的创新
研究和尖端课题研究创造条件，提供优惠政策。

　　最近法国出台的 2010—2011 年人文社会科学博士后奖学金计划将现
有的（狄德罗、赫耳墨斯、埃莱尔）奖学金统一纳入 Braudel – IFER（In-
ternational Fellowships for Experienced Researchers）奖学金计划。该项计划
得到了欧盟第七框架计划中的居里行动计划、法国欧洲和对外事务部、法
国高等教育与研究部和法国科研中心人文社会科学学会的支持。根据这项
计划，法国的博士可以申请奖学金到其他国家的博士后科研流动站工作，
国外的博士同样可以申请到法国的博士后科研流动站工作，期限均为 9
个月。

　　上述政策和举措使法国的文科博士和博士后就业难问题明显得到缓
解。另外，下面一组数字说明，法国科研机构的人员编制也正朝着有利于
青年研究人员的方向改进。据 2010 年法国科研中心统计，中心现有混合
单位 1704 个，人员编制为 84015 人，其中人数最多的是博士后，有 31323
人，占 37%。中心本身的研究人员有 8953 人，占 11%。但是，这一数字
比例与人文社会科学学会相比还不够有说服力。人文社会科学学会混合研
究单位的编制人数是 18520 人，其中博士后 12206 人，占 53.9%，学会正
式研究人员 1942 人，仅占 10.4%。[①] 这些数字说明，法国政府制定的重
视培养青年研究人员的政策，正在法国科研中心，特别是其中的人文社会
科学学会得到有效落实。

　　3. 加强科研流动性，活跃科研队伍

　　为了避免研究的僵化和自我封闭，打破各学科机构间的隔绝、壁垒和

---

　① 　Rapport d'activités du CNRS 2009 ： Institut des Sciences Humaines et Sociales 　http：//
www. cnrs. fr/inshs/docs – breves/ra2009 – inshs. pd（2010 年 5 月 9 日）。

界限，加速研究课题的更新，势必要加强科研的跨学科性和流动性。在一个相互作用日渐加强的社会中，科学技术的发展越来越依赖于众多学科的相互学习和合作，依赖于比较研究和走出国门的开放研究，依赖于科研人员的流动和学术思想的交流。过去，大学在招聘教师—研究人员时强调的是学科的多样性。如今，强调的则是人员的流动性。2001 年，法国教育部决定在高校和科研机构中，成立一个针对教师—研究人员或科研人员的流动接待站，在国外建立博士后接待站；增加实验室的人员流动经费，鼓励国内的研究人员走出国门和欢迎国外的研究人员到法国进修或从事研究工作；建立激励机制，对下到企业从事课题研究的研究人员给予奖励，对向高校流动的研究人员给予晋级，对自创企业和从事第二职业的研究人员给予政策上的优惠，对辞职的研究人员发放离职补偿金；鼓励国内或国内与国外教学人员、科研人员的相互交流和流动，增加相关经费和津贴。

时至今日，这些举措收到了很好的效果，赴国外高校或驻外法国大学学习已成为法国教师—研究人员职业生涯中不可缺少的经历。

2007 年 1 月 1 日欧盟第七期研发框架计划（2007—2013，以下简称"欧盟第七框架计划"）正式启动，其中的"人员"专项计划是通过"玛丽·居里行动计划"具体实施的，该计划预算为 47.2 亿欧元，旨在继续推动欧洲研发活动，吸引更多有良好训练背景的科研人员和学者到欧洲从事研究交流，促进全球范围内科研人员的交流和流动，增强欧盟科研人员的竞争力。作为欧盟成员国的法国既是将本国的科研人员、博士和博士后选送到国外进修学习和工作的派出国，也是接待方，每年接待世界各国数万名学者、博士和博士后。仅以法国科研中心为例，年均接待外国研究人员 5000 名，还不包括被正式录用的近 2000 名研究人员和工程技术人员。

4. 提倡科研面向社会，满足社会需求

研究人员生活在时代和社会中，不能不关注和倾听社会的需求与期望。面对当代社会对科学，特别是对人文社会科学的强烈需求，法国政府对研究目的作了进一步的明确：科研为社会服务和应对时代的挑战，把科研成果的增值和产业化放在科研工作的首位。"合同研究"和"课题化研究"政策正是在这一方针指导下制定的。近年来，法国政府不断增加"合同研究"和"课题化研究"经费，明显减少按机构拨发的科研经费。随着政策的改变，应用性研究不仅在法国科研中心的研究工作中占据主导地位，而且在法国高等院校的研究机构和法国各大部委的研究机构中占有重要地位。最近五年，人文社会科学学会与教育、高等教育与研究部，文化与传播部，就业与团结协作部，外交部，司法部，经济、财政和工业部等政府机构；与索邦大学、法国东方语言与文明学院、社会科学高等研究院、高等研究实践学院等高等教育机构；与法国国家人口研究所、发展研究所、东方考古所、农艺研究所、卫生与医学研究所、专业资格研究所等国立科研机构；与法国国家图书馆、自然历史博物馆、人文科学之家等公共服务机构，以及许多企业集团合作开展了有关未来的国际竞争、经济全球化、企业创新、劳动的组织形式、城市规划与治理、环境保护、公共交通和社会公共安全等一系列的跨学科应用研究，取得了可喜的成果。

除了与政府机构、高等教育机构和其他研究机构开展合作研究外，法国科研中心人文社会科学学会还进一步密切了与企业和地方各类机构的关系。2007 年与企业签订了 36 项合同。2008 年与企业签订了 29 项合同，金额为 68 万欧元；与地方各类机构签订了 173 项合同，金额为 356.9 万欧元。同年，人文社会科学学会还签订了服务与咨询类合同 79 项，金额为 81.3 万欧元。

在提倡科研面向社会的同时，政府还不断从政策上支持科研成果的转化和增值，不断提高对"国家与地区项目合同"（CPER：contrat de projets État – région）的资助金额。2009 年，法国科研中心人文社会科学学会获得"国家与地区项目合同"的资助金额为 14.9965 万欧元。这种经费上的大力支持当年就产生了良好的效果，人文社会科学学会的下属研究单位仅在一年时间里就获得了 5 项专利。[①]

5. 加强国际合作 开放人文社会科学

人文社会科学面临着许多新的、复杂的、全球性的问题，面临着诸多新的挑战。这一切要求人文社会科学工作者将注意力转向跨国家、跨行业、跨学科的新问题，关注新世界的建立，研究对未来世界将产生深刻影响的重大现实问题，如世界政治格局的改变，地区或种族冲突对世界的影响，战争与和平，南美洲金融危机对全球经济的冲击，经济全球化趋势，经济发达国家与发展中国家之间的关系，经济全球化与文化的关系，人类与环境的关系，以及人口与资源问题和生物技术、信息技术等高新技术的

①　Rapport d'activités du CNRS 2009 ：Institut des Sciences Humaines et Sociales　http：// www. cnrs. fr/inshs/docs – breves/ra2009 – inshs. pd（2010 年 5 月 9 日）。

发展对人类社会各方面的影响等。

为支持和鼓励对上述问题的研究，法国将研究的重点向世界转移，关注当代世界重大问题和全球化问题。研究重点的转移要求法国必须采取开放的科研战略，加强和扩大国际合作。在这一战略方针指导下，法国政府制定并采取了一系列的政策措施。首先，在与世界其他国家合作时，把欧洲国家作为第一合作伙伴，建立起真正的欧洲合作制度，建议成立"欧洲科学院"和负责管理欧洲科研计划的"欧洲加强科学基金会"，加入欧洲科技合作计划。其次，调整法国在研究和教育方面的国际合作政策，进一步发挥法国研究与教育国际代办处和外交部代办司的作用，利用科技网络和因特网加强和扩大科研交流和科研合作。一方面学习、借鉴和引进国外先进的科学理论与方法，另一方面宣传和传播法兰西文化和法语，向世界贡献法国的科研成果和智慧。法国政府深信对外开放的科研战略和国际合作方针有助于人类社会的发展和世界人文社会科学的发展。

加入欧盟第七框架计划是法国国际科研合作战略的重要组成部分。欧盟第七框架计划由合作（科研合作）、思想（认识领域）、人员（人力资源）、能力（研究能力）4个专项计划构成，社会—经济学与人文科学研究也包含在各个计划之中。在合作专项计划的十大研究领域中，社会—经济学与人文科学的跨学科研究课题有4项：能源，对碳捕获和存储可能性的社会和经济评估；环境，室内环境中的健康、舒适和安全指标；生物经济，欧洲农业市场比较分析；农业，明天的农场。

思想专项计划属于基础研究，2007—2013年的预算为75.1亿欧元，其中17亿欧元用于支付社会—经济学与人文科学计划，占22.6%。社会—经济学与人文科学活动计划由7项活动组成：

活动1：知识社会中的经济增长、就业与竞争性

知识在经济中的作用，包括各种知识和能力、终身教育和培训、非物质投资，例如在欧洲的创新；国际化对欧洲创新体系的影响等。

知识社会结构的变化，包括生产力问题、服务部门的作用、人口统计学的影响，例如服务经济发展所导致的结果；全球化及其对欧盟的影响；金融在欧洲经济增长中的作用。

增强欧洲国家政策的相关性和协调性，包括宏观经济政策、就业市场、政策协调、社会政策选择模式，例如宏观经济政策与其他政策的相互作用。

活动 2：欧洲背景下的经济、社会和环境目标综合策略

社会—经济发展路线，包括把目标与应对新挑战的能力有机结合在一起的方法，例如持续发展中的交流与合作；政策评估方法和社会—经济预测等。

地区、国家和社会协调发展，包括城市发展、城市中的社会和谐、公益服务、青年人和社会排斥现象，例如建立城市持续发展社会平台；影响"后碳"（post CO_2）社会的行为者和机构。

联合行动问题，包括全球化对目标统一策略的影响和达成统一目标后管理的作用等。

活动 3：主要社会趋势及其影响

人口统计方面的变化，包括人口老化，生育能力处于低水平，例如人口统计变化的影响，包括欧盟的人口老化；影响欧洲出生率的决定性因素等。

社会趋势和生活方式，包括家庭生活，职业生活和私生活的融合，工作条件和消费结构，例如地区、国家和社会的协调一致；青年人和社会排斥现象等。

从全球角度看文化的相互作用，包括欧洲社会。

活动 4：世界中的欧洲（贸易、移民、贫困、危机等）

世界各地区间的相互作用及其影响，包括这些相互作用的演变，全球化的影响和发展的不平等，例如欧洲在全球经济管理中的作用等。

冲突、和平与人权，包括导致暴力冲突的原因，产生恐怖主义的原因和后果，冲突的逐步降级和变化，欧盟在提高人权和民主方面的作用，例如把国家、欧洲和国际等各级法规与人权保障紧密联系在一起。

欧洲在世界中的变化不定的作用，包括多边主义，作为世界强洲的欧洲和外国人眼中的欧洲等。

活动 5：欧盟公民

欧洲的参与和公民身份，包括民主占有意识，媒体作用，公民身份与权利，社会资本与教育，例如：民主"专利"和参与；欧盟公民身份的升值等。

欧洲的不同和共同之处，包括欧洲的文化共存、文化史、身份的确认、语言、艺术与宗教、媒体与大众文化，例如经历与身份；国家身份与欧洲身份的对接；创新性、文化与民主等。

活动6：社会—经济指标和科学指标

采用指标形式，包括目前应用的公共政策指标和推广精确适用的（le développement de meilleures pratiques）指标。

采用新指标的必要性，包括确定需要采用新指标的部门和政策，以及方法问题。

提供官方指标，包括分析现有的统计结果和所需要的新统计数据。

利用指标评估科研计划。

活动7：未来行动

站在长远角度研究欧洲存在的社会问题，例如老年化、移民、犯罪率居高不下、重大风险等。

探讨研究《里斯本条约》中设定的新科技领域和新兴研究领域。

欧洲主要科技集团的活力，包括它们的未来。

未来的新科技问题研究：合作与经验和成果交流平台的不断扩大。

相互学习与合作。

研究主题有：对促进欧盟研究领域整合行动的评估；2020年欧洲的研究空间，包括对未来的描绘和未来的抉择；探讨欧盟和其他经济发达地区共同存在的科技问题；大学的未来，主要取决于相互学习与合作等。

除此之外，法国参加或领导的社会—经济学和人文科学战略行动还要重点研究以下问题：

新兴需求。

支持国际合作的措施。

进一步扩大知识和信息传播的举措。

欧洲社会—经济学和人文科学的影响评估研究。

欧洲智能电网和第二代欧洲智能电网（ERA – NET plus）：社会—经济学和人文科学已开始利用欧洲智能电网开展研究和交流活动，例如创建了NORFACE（社会科学）、HERA（人文科学）和FORSOCIETY（展望）网；第二代欧洲智能电网，即扩大和深入拓展欧洲智能电网计划，特别是扩大合作伙伴和相互交流科研计划。

建立社会—经济学和人文科学欧洲观测站。①

----

① Jean – Michel BAER，Présentation du 7e PCRD　http：//www. msh – paris. fr/actualites/lettre – fmsh/02/images/jour – euro. pdf（2010年8月20日）。

　　法国政府制定的加强和扩大国际合作、开放研究和实现科研国际化的科研政策具体还有：（a）鼓励研究人员的国际流动，增加驻外研究人员的科研津贴和提高他们的地位；（b）改进对外国研究人员的接待工作，其中包括提供奖学金和改善他们的生活条件；（c）以优惠的条件吸引外国学者到法国的大学担任客座教授；（d）政府出资，帮助建立国际研究网络；（e）从科研评估的质量、科研评估机构和科研评估的创新三个方面实现科研评估的国际化。

　　2010 年 5 月，法国科研中心在其网站上公布的一组数字充分反映出法国加强和扩大国际科研合作政策所产生的重大影响和取得的实际成果。

　　截至 2010 年，法国科研中心的国际科研合作成果有：

　　（1）与世界上的 60 个国家签署了 85 项合作协议；

　　（2）中心的联合实验室每年接待外国研究人员 5000 名；

　　（3）正式录用外国研究人员 1714 名和工程技术人员 295 名；

　　（4）签订国际科研合作项目 368 项；

　　（5）建立欧洲和国际联合实验室 123 个；

　　（6）成立欧洲和国际科研组织 90 个；

　　（7）组建国际混合单位 22 个；

　　（8）选派到一些国家（布鲁塞尔、约翰内斯堡、莫斯科、北京、圣地亚哥、东京、华盛顿、河内、里约热内卢）的常驻代表 9 人。①

　　6. 科研管理现代化 开创科研新纪元

　　计算机的出现，互联网络的建立，信息技术日新月异的发展，使科研和科研管理手段发生了前所未有的革命，同时也使研究人员和管理人员的工作方法和思维方式发生了深刻的变化。在这场遍及全球的信息技术革命中，法国政府早在 20 世纪 80 年代初就已开始对法国科研中心的科研、行政管理进行"静悄悄的革命"，现已基本完成了该中心的信息系统工程，实现了办公自动化和科研及其管理的网络化。

　　（1）网络化管理：开发系统软件是关键

　　为发展网络和加强网络管理，法国科研中心成立了信息系统管理局，通过网络管理各个机构的各种信息活动，负责安装和管理信息系统所必需的技术和制定发展计划。信息系统管理局负责建设和管理的信息系统共分

---

① Les chiffres – clés http：// www. cnrs. fr/fr/organisme/chiffrescles. htm（2010 年 7 月 5 日）。

5 个方面，它们是科研和科技活动管理系统，人事与人才资源管理系统，行政管理与调整信息系统，信息共享与信息决策管理系统，预算、经费与财会管理系统。这些信息系统将各科研机构和行政管理机构相互链接，人们通过法国科研中心网站（http：// www. cnrs. fr）和秘书处网站（http：// www. sg. cnrs. fr）的搜索引擎，或直接登录法国科研中心内部网站（http：//intranet. cnrs. fr），可以搜索、下载、存储、处理和复制利用法国科研中心各方面的信息和数据。

下面简要介绍一下这 5 个管理系统及其软件的作用和功能。

科研和科技活动管理系统。通过科研和科技活动管理系统 LABINTEL，用户可以查阅到法国科研中心所有有关实验室、研究单位的科研活动情况和全体科研人员的数据。该信息管理系统的应用范围很广，包括管理科研单位及其研究人员的数据，科研活动、科研领域和科研手段，传播科技信息，报道国际合作，推动科研成果产业化的实现，管理科研机构和科研人员的科研评估活动。

人事与人才资源管理系统。该系统主要通过 ICARE 软件，对法国科研中心的人事部门、财务部门的支出，研究机构的人员编制、岗位、业务培训、医疗保险、工伤与劳动津贴，职务广告，招聘考试，人员流动等进行管理。

行政管理与调整信息系统。该系统旨在满足法国科研中心政策调整与决策和个人意见合法公开的要求。通过 Web 和查询技术，传播和共享信息，对行政法令和文件进行数字化管理。

信息共享与信息决策管理系统。旨在编辑整理信息，以便于用户查询和分析网上信息，对来自法国国内的网上实用信息进行处理，采用常用语言开展信息调查，制作行政管理与财务指数表，分析处理来自法国科研中心其他信息系统或网站的数据和信息。

预算、经费与财会管理系统。预算、经费与财会管理系统软件 GCF 主要用于法国科研中心的科研及其行政预算、统计、支出和结算。该系统的实用性软件 BFC 有助于各科研和行政管理机构用统一的财务标准进行财务统计和结算。

（2）科研计划网络化管理的意义

对科研计划实行网络化管理意义重大，主要表现在：所有的科研计划都遵循统一的指导原则和科研方针，使用统一的标准专业术语，使得科研活动协调有序，保证参考文献的质量和提高科研水平。

1991年，法国科研中心开发应用了AFNORX50-105科研计划标准管理软件。该软件为实现科研计划的网络化管理起到了至关重要的作用。应用这一软件可以做到：（a）加强对科研计划的信息化管理；（b）制定科研计划实施规则；（c）对科研计划进行具体指导和评估，避免风险和失误；（d）做好科研计划的组织工作，明确每位课题成员的任务和权限；（e）跟踪科研计划进展情况，及时指出经费、时间和合同关系方面存在的问题；（f）记录科研计划实施的全部过程；（g）总结经验，分析成功的原因和指出科研计划完成过程中遇到的困难及其解决的办法。

2001年，法国科研中心开始采用新的科研计划质量管理软件MSPROJECT，旨在对课题及其成果的质量进行监控，同时提供技术上的保障。该软件是对科研计划标准管理软件的补充和完善，其先进之处主要表现在不断提高信息处理技术，提高课题参考文献的质量和水平，确定科研计划的质量标准并为科研计划高质量的完成提供信息技术保障。

网络化管理和科研管理网络化的优势是显而易见的，一方面有利于协调和组织全国的人文社会科学研究，推动人文社会科学的发展；另一方面研究人员也从中获得了许多的实惠和好处，例如从网上可以查找、下载法国科研中心研究及其管理机构的设置情况，科研政策与方针，自然科学与人文社会科学各学科的研究内容及现状介绍，科研计划与课题项目招标和申报，学术会议、学术信息与动态，对外关系与国际交流，文献资料与学术报告等几乎所有的信息。另外，科研人员身居家中，便可以在网上直接进行科研工作或课题设计、申报职称和出国工作，进行社会调查和统计，与本地或异地的学者进行学术交流或参加国际讨论，向青少年普及传播现代科学知识和法国的人文思想，或与他们一起讨论当代问题和探讨世界的未来，向国外传播法兰西文化和法国的人文社会科学思想，弘扬和保护法国的人文社会科学文化遗产。更重要的是，科研手段的更新和管理网络化的实现促进了科研的交流、普及和发展，使科研工作日趋活跃和走向国际化，各学科的相互交叉和渗透速度明显加快，学术思想的传播更加快捷和更加广泛。

但是，因特网是一把双刃剑，它的好处和优势在被世人认同的同时，它的弊病和危害也日渐显现，不能不引起世人的关注。就网络化管理而言，不足和弊端可能有这样几点：（a）在目前因特网的安全尚无保障的情况下，网络化管理亦存在着安全问题，必须时刻防范电脑黑客和不断变异的病毒的攻击，否则有可能造成整个网络的瘫痪和网络化管理功能的丧失；（b）网络化管理缺少真实的氛围，领导人可以通过网络缩短与研究人员的距离，但缺少实际的感情上的交流，最终有可能形成一种冷冰冰的上下级关系；（c）网上招聘只见其文，不见其人，难以真正了解被招聘者的品行、性格和是否有团队精神；（d）保密性较差，泄密事件时有发生；（e）数据和信息的真实性难以保障，可信度有待进一步提高；（f）著作权经常受到威胁和侵犯，剽窃现象难以从根本上遏制。总之，需要有一套适用于世界各国的因特网管理的法律法规，因为只有在因特网健康和良性发展的情况下，网络化管理才有可能完善和发展。

第三章　法国人文社会科学的科研评估体系

一　法国国家和主要部门评估机构

科研评估在世界各工业国家均发挥着至关重要的作用，在法国亦不例外，科研评估是政府调整和制定研究与发展政策过程中不可或缺的重要环节，《法国科研规划法》[①] 把科研评估喻为贯彻落实国家新科研政策的保障和支柱，看作是确保国家科研经费合理和有效使用的手段和方法。法国开展科研评估的目的是为了提高整个国家的科研实力和竞争力，使科研达到发达国家的整体水平。法国高等教育与研究部部长在2008年再版的《法国教育与研究现状》[②] 报告中对科研评估的意义做了进一步的阐述，指出：“无论是外部评估还是内部评估，对于每所大学或研究机构而言均是一次深入变革、加强思想交锋和提高国际知名度的最佳时机。”

法国的科研政策和《法国科研规划法》[③] 的推出说明，法国不仅是一个非常重视科研评估的国家，还是一个依据法律构建科研评估体系的国家，科研评估机构自上而下地建立并具有权威性和独立性，不受国家决策机构的影响，政府仅扮演科研评估经费提供者的角色。

为了便于管理和评估，法国将国立研究机构划分为四大板块：（1）

[①]　Loi de programme pour la recherche de 2006　http：//fr. wikipedia. org/wiki/Loi_ de_ programme_ pour_ la_ recherche_ de_ 2006（2007 年 4 月 15 日）。

[②]　l'état de l'enseignement supérieur et de la recherche　http：//www. enseignementsup – recherche. gouv. fr/cid20760/l – etat – de – l – enseignement – superieur – et – de – la – recherche. html（2010 年 4 月 12 日）。

[③]　该法于 2006 年出台，是继法国 1982 年的《法国科技规划与指导法》之后出台的又一部具有重要意义的科研规划法。

具有科学、文化和专业特点的机构，其中有 85 所大学教育机构、12 所属于大学外围的学院和高等院校、14 所重点大学、14 所驻海外法国学校和 4 所高等师范学院，共有 14 万公务人员和国家行政人员；（2）9 个具有科技特点的机构，其中聚集科研人员最多的一个是法国科研中心，另一个是法国保健和医学研究所（INSERM），分别占法国科研人员总数的 70% 和 12%；（3）5 家具有工业和贸易特点的由研究部托管或共同管理的机构；（4）67 家由研究部托管或共同管理的行政机构，分别负责不同的行政管理工作，包括 30 所高等理工学院。以上机构各自均有法定的研究领域和任务，每隔四年与国家签署一份目标明确、甚至有具体指标和数字的合同，同时接受一次评估，检查上一份合同的落实和完成情况。

2006 年，法国将原本分开的国家科研机构评估体系（包括对国家研究与发展规划的评估）和高等教育系统评估体系合二为一统一建立了一个评估机构：法国研究与高等教育评估署（AERES：Agence d'évaluation de la recherche et de l'enseignement supérieur）。法国没有单独设立评估人文社会科学政策、科研机构和科研成果的国家级机构，但有不少机构部分承担起评估或监督与咨询任务。这些机构可以分为评估监督机构、内部评估机构和咨询机构三大类。具体有：负责评估监督工作的法国议会科技抉择局（OPECST：l'Office parlementaire des choix scientifiques et technologiques）；负责科研投资和监控的国家级评估机构"法国研究与高等教育评估署"（AERES）；属于行政管理类的内部评估机构，如法国科研中心中的国家科学研究委员会（CoNRS：Comité national de la recherche scientifique，详情见本章第二节）和法国高等教育与研究部下设的科学技术与教育考察团（MSTP：La Mission scientifique，technique et pédagogique）。除此之外，还有一些挂靠国家权力机关的咨询机构，如隶属于法国高等教育与研究部的研究与技术高级理事会（CSRT：le Conseil supérieur de la recherche et de la technologie）和科学与技术高级顾问委员会（HCST：Haut Conseil de la science et de la technologie）等。这一套完整的评估监督机制构成了从宏观到微观对法国科技发展目标、科技政策和国家财政投入的客观监督系统，确保了人文社会科学科研评估工作的有效运行。

（一）法国议会科技抉择局

法国议会科技抉择局是根据 1983 年 7 月 8 日颁发的法令成立的，由

18 位众议员和 18 位上议员组成，其中多数人在科技方面具有丰富的阅历，也有的人还曾担任过政府部长等要职。法国议会科技抉择局担负的使命范围很广：负责评估审查国家总的科技发展方向和为政府正确选择技术发展方向提供论证，阐明对科技问题的认识现状，确定包括人文社会科学在内的研究的重点，评估获得某些成果的可能性和确定必要的研究经费，向议会通报涉及国家长远发展的科技问题和科技政策的影响等。法国议会科技抉择局的运作经费全部由政府拨款。

　　它还有一个辅助机构：科学理事会。该理事会广纳人才，共招募了 15 位来自各学科的高水平专业人士。主要任务是从国家及其在国际范围的地位来考虑法国整体科研水平的中、长期发展与规划，是政府在科技政策方面的顾问班子。它可就特殊主题召开专家研讨会听取权威人士的意见。

（二）法国研究与高等教育评估署

　　法国研究与高等教育评估署是根据 2006 年 4 月 18 日颁布的 2006 - 450 号《法国科研规划法》，由法国高等教育与研究部部长批准成立的独立、权威的科研管理机构。它于 2007 年 3 月 21 日正式成立，负责全面评估法国的科研和高等教育，包括高校及其下属的科研和教学机构以及所有的研究机构、科学合作基金会和法国研究委员会（ANR：Agence nationale de la recherche）的职能和活动；还肩负着每年撰写一份"法国研究状况年度报告"的重任。它的成立宣告了一个新的评估时代的到来，法国历史上原有的一些诸如法国国家评估委员会（CNE）、科技与教育委员会（MSTP）和法国科研评估委员会（CNER）①等评估机构从此退出历史舞台。

　　法国研究与高等教育评估署由理事会、分部和评估委员会三个部门组成。理事会共有 25 名理事，由国内外知名教授、权威专家担任，每届任期 4 年，每两年更新半数人员。分部由三个部门构成：第一分部是负责大学机构评估的行政事务部；第二分部是负责评估科研单位的科研单位部；

---

　　①　法国研究评估委员会是根据 1985 年 12 月 23 日颁布的法令于 1989 年 5 月 9 日成立，旨在评估政府制定的研究政策的实施情况和所取得的成果，以及科技决策的法律依据和科研规划拨款的合理性。最后一次换届改选于 2003 年举行，1/2 的委员卸任。与此同时，特向法国总统呈交一份总结报告，汇报了 1997 年 4 月至 2003 年 4 月的工作，题为"法国研究：评估"。

第三分部是负责教学和大学学位（学士、硕士和博士）资格评估的教学与文凭部。各分部的领导均由政府任命。

第一分部的工作流程分为三个阶段。第一阶段是筹备阶段，包括 7 项工作：（1）任命专家委员会负责人；（2）向被评机构的领导全面咨询该机构的情况；（3）致函专家，告知其使命；（4）与被评机构签署合同，对方提供自评数据与资料；（5）专家委员会起草调查方案；（6）召开会议，明确评估目标、作用和责任；（7）确定前往被评机构访谈的日期和访谈对象。第二阶段是调查阶段，实地调查被评机构，与机构负责人见面并采访实验室主任、行政部门负责人以及教师和科研人员。第三阶段包括 5 项工作：（1）专家提交调查材料；（2）召开调查情况汇报分析会，撰写调查报告；（3）经集体讨论后起草评估报告；（4）将评估报告初稿交给被评机构并征求其意见；（5）撰写最终评估报告并附带反馈意见。最后，将评估报告交给被评机构的负责人及其上级主管部门，同时刊登在法国研究与高等教育评估署网站上。

第二分部的工作流程同样分为筹备阶段、调查阶段和撰写评估报告三个阶段，只是具体内容有所不同。第一阶段的 6 项工作分别是：（1）挑选出一些联络人，负责联系被评机构的负责人；（2）完成委员会的组建工作，其中包括任命一位负责人，招聘 2—9 位专家，每个人事评估机构推举一名代表；（3）明确委员会负责人的使命；（4）被评机构提供相关资料，即教学和科研活动总结、计划和人员编制情况；（5）召开专家委员会信息通报会，明确评估目标、作用和责任；（6）通知研究单位的领导做好后勤接待工作。第二阶段的调查重点是安排与下列人员见面座谈：单位负责人、研究小组的负责人、单位董事会和技术部门的人员。第三阶段包括 4 项工作：一是草拟一份 2—5 页的调查报告，二是集体讨论调查报告，三是征求被评机构的意见，四是撰写附带反馈意见的评估报告。最后，将评估报告交给被评机构的负责人及其上级主管部门，同时刊登在法国研究与高等教育评估署网站上。

第三分部的工作主要是：专家（根据他们的专业敏感性）评估某个大学的学士或硕士教育资格。与前两个分部不同的是，第三分部不是通过实地视察，而是通过研究数据和文字资料进行评估。为此，专家们必须掌握一份相关大学的详情资料（自评报告），一张评语鉴定卡和一个评估报告的框架。另外，每位科技代表根据专家提供的数据和资料，撰写一份评语和一份准备公布于网上的评估报告。

法国研究与高等教育评估署与过去的评估机构的明显区别在于发挥专家的作用，认为专家的科学正统性和独立性能确保评估的质量。为了组建3500人的专家队伍，除了授权组建委员会的科技代表，法国研究与高等教育评估署还根据政令邀请高校和科研机构来协助完成评估。最终名单在因特网上公布之后，这些被聘请的专家还肩负着动员其他专家参与评估的任务。

聘请外国专家是一项复杂的工作。为了保证评估的公正性，法国研究与高等教育评估署招聘了部分外国专家，占专家委员会成员的19.3%。主要集中在对科研单位的评估方面：生命科学占25.1%，自然科学占17.5%，人文社会科学占10%。

法国研究与高等教育评估署坚持聘请的每一位专家均拥有评估经验和专业实践经验，要求第一（行政）分部的专家需要具备行政管理经验，第二（研究）分部的专家应是某学科或专业领域的行家里手，第三（教育）分部的专家应是高校教学—研究人员中的精英骨干。

（三）科学技术与教育考察团

行政管理类内部评估机构主要具有四大功能：（1）评估本部门的科研发展方向；（2）内部的机构设置是否合理；（3）科研规划是否符合国家科研政策和国家的科研投入；（4）研究人员是否称职。

科学技术与教育考察团隶属于法国高等教育与研究部，是一个根据2003年4月7日公布的2003年317号法令成立的跨部门行政管理类内部评估机构，也是法国唯一财力雄厚的评估机构。它的成立既是法国高等教育与研究部内部设置的需要，也是专业人员参与评估和了解其他部门科研状况的需要。具体地讲，考察团既监督部里的会计账目，也监督和考察部里与科研管理有关的研究司、技术司、高等教育司、国际关系与国际合作司的工作情况。其主要使命是：

（1）对重点科研规划（包括国家—地区级合同）和国际科研合作项目进行鉴定；

（2）对科研机构和高校研究机构（每四年签订一次）的科研合同进行评估；

（3）对高校中的研究单位、接待组（des équipes d'accueil）和新兴课题组的工作进行评估；

（4）检查具有博导资格的高校的教育、研究工作和审议博士生津贴方案；

（5）撰写评估报告，展望科研远景。

简而言之，考察团的使命涉及所有的研究领域，包括人文社会科学。为了更好地完成使命，考察团成立了10个科学、教育和技术部，每个部由一位科学协调员和数位特派员组成，负责人由法国高等教育与研究部部长任命。同时，考察团还外聘了近2500名各学科领域的专家，其中有200多名是外国专家。这些专家都是以公开透明的方式从世界各地挑选出来的。

法国科学技术与教育考察团中全面负责人文社会科学工作的是科学、教育和技术部第六部（le DSPT 6）和第七部（le DSPT 7）。这两个部分别下设三个分部，第六部设有文学、人文科学、新人文科学三个分部；第七部设有经济学、社会学、管理学三个分部。

由于可以调动相当数量的科学工作者和专家，法国科学技术与教育考察团在法国研究政策的制定和科研成果的评估方面具有举足轻重的作用。

（四）　研究与技术高级理事会

研究与技术高级理事会属于国家权力机关中的决策咨询类评估机构，是根据1982年7月15日颁布的《法国科技规划与指导法》于1982年11月30日成立，下设两个团体，每个团体有20位成员。第一个团体由科技共同体的代表组成，第二个团体由研究、经济、社会各界及大型宗教团体和哲学派别中的著名人士组成。这两个团体的成员均由法国研究部部长任命，任期3年，可以连任一届。

研究与技术高级理事会担负的使命是：民用研究与技术开发的预算安排，尤其是《法国科技规划与指导法》列举的四类行动计划的预算分配；为研究部长准备科研与技术开发活动年度报告，以便提交议会讨论；编制国家科研与技术开发计划；提交科技研究现状与未来发展趋势的分析报告；审议科技型公共机构的创设；针对科研部门的重大改革方案提出意见和建议；每年提交一份有关法国科研和技术发展的评估报告。

二 法国科研中心的科研评估体系

(一) 法国科研中心的内部科研评估机构

法国共有 9 个国立科学技术研究机构,其中法国科研中心的评估体系最值得关注和研究,因为它无论是在评估机构的规模,还是在系统性上都排在首位。中心除了建有一个评估和咨询机构——"国家科学研究委员会"之外,还在其内部设立了一个中心科学理事会,在其下面设立了 10个学会(其中一个是人文社会科学学会)科学理事会,40 个学科片和 7个跨学科委员会。其余 8 个国立科学技术研究机构是:法国保健和医学研究所(INSERM 内设 17 个委员会和跨部门委员会)、法国发展研究所、法国国家人口研究所、法国农业与环境工程研究所、法国农学研究所(IN-RA)、法国信息与自动化研究所(INRIA)、法国交通与安全研究所和桥木土路工程中央实验室,但这些机构的内部评估机构都无法与法国科研中心相提并论。可以说,像法国科研中心国家科学研究委员会这样负责相当广泛学科领域的、独具特色的科研评估体系,不仅是上述研究机构不具有,甚至连法国高等教育系统也无法与之相比。

1. 国家科学研究委员会

国家科学研究委员会是根据 1982 年 11 月 24 日法国政府颁布的 993号法令于当年成立的法国科研中心内部评估和咨询机构,历史上曾经经历过多次改组。最初由法国国家评估委员会(CNE)领导,2006 年改为由法国研究与高等教育评估署主管。

2. 中心科学理事会

法国科研中心科学理事会由三方面人员构成,其中 11 人由中心人员直接选举产生,另外 11 人(其中 3 人属于经济界)由中心提名、法国高等教育与研究部部长任命产生,还有 8 位外国科学家由上面提到的 22 人推举,然后经法国高等教育与研究部部长任命产生。

理事会的使命是对法国科研中心贯彻落实国家科研政策的情况进行监督和对中心的科研工作进行评估。它同时在法国科研中心制定或取消某项科研规划,新建或撤销某个研究单位等重大问题上享有表决权。

法国科研中心最近的一次改革旨在成立科学总署。该署将与中心科学理事会一同监督科研评估和跟踪研究单位的科研方向。此次改革是为了将评估工作纳入法国科研中心的科研管理政策和确保评估结果的实效性，使评估确实有助于提高和改进被评机构的科研管理工作。

　　3. 学会科学理事会

　　学会科学理事会中的理事由法国科研中心领导任命，每届任期 4 年，不连任。法国科研中心现有 10 个学会，涵盖了所有的学科，如数学、物理学、粒子物理学、宇宙科学、化学、生物学、人文与社会科学、生态学与环境、信息学、工程学。各学会科学理事会分管若干个相关学科片的评估工作，人文社会科学学会理事会负责领导 11 个人文社会科学学科片，最近又新增了 4 个跨学科委员会。

　　4. 40 个学科片和 7 个跨学科委员会

　　在 40 个学科片中有 11 个学科片（见表 3—1）直接负责对人文社会科学研究单位和研究人员的评估。每个学科片有 21 名成员，其中 14 人由中心的三个同行团体推荐，选举方式因团体而议，可以是等额，也可以是差额投票选举。另外 7 人是来自科学界、经济学界、本国或外国的专家，他们是经中心领导提名后，由法国高等教育与研究部部长任命。学科片的所有委员每届任期 4 年，可连任两届。

　　学科片的主要使命是：（a）对新建、改组、撤销或重组的研究单位，以及这些研究单位的经费和人员需求发表意见和提出建议；（b）行使法国科研中心赋予的人事管理权，特别是对研究人员两年一次的评估，以及对晋级、调动和应聘人员的评估；（c）分析学科形势及其在国内外的发展前景；（d）完成包括其他（国内外）机构在内的评估或鉴定。

　　跨学科委员会中有 4 个委员会（见表 3—2）参与对人文社会科学学会研究单位和研究人员的评估。

表 3—1　　　　　　　　　　人文社会科学学科片名称一览表

学科片序号	学科片名称
27	行为，认知，大脑
31	人与环境：发展与相互作用
32	古代和中世纪的世界
33	现代和当代世界
34	语言，言语，话语

学科片序号	学科片名称
35	哲学，思想史，文本学，文学、艺术理论和历史
36	社会学：标准与规则
37	经济与管理
38	社会与文化：比较方法
39	空间、领土与社会
40	政治，权力，组织

资料来源：http：//www.cnrs.fr/comitenational/doc/guide/reglementation/ textes/050064. htm

表 3—2　　　　　人文社会科学学会跨学科委员会名称一览表

学科片序号	学科片名称
42	健康与社会
43	微电子工艺发展的社会影响
45	认知，语言和信息处理：自然和人造系统
46	环境风险与社会

资料来源：http：//www.cnrs.fr/comitenational/doc/guide/reglementation/textes/050064. htm

（二）评估对象和评估内容

法国科研中心的评估工作主要由三部分组成：对研究单位、科研人员和学科现状及发展前景的评估。

1. 对研究单位的评估

国家科学研究委员会负责对法国科研中心所有研究单位的评估工作。根据科研项目的合同规定，一般每四年中两年进行一次评估，特殊情况下四年中只进行一次评估。评估结果会直接影响到研究单位的存留或撤销，以及经费预算和人员编制的增减。各研究单位需要在相应的时间段里，向学科片递交一系列文本和电子材料，如：（a）科研工作报告和未来规划方案；（b）组织机构图和单位经费预算方案；（c）由实验室顾问起草的报告；（d）来自科学委员会或评估委员会的说明书；（e）长期培训计划；（f）如有必要，还要提交职业道德报告；（g）卫生和安全报告。同时向国家科学研究委员会提交一份工作报告。

一般讲，需要接受评估的研究单位有三种类型：一种是有待审查的单位，一种是有待革新的单位，还有一种是有待创建的单位。国家科学研究委员会针对 40 个学科片的这三类单位制定了不同的评估标准，① 重点从科研活动、开放程度和内部的组织与功能三个方面进行评估。下面以"人与环境：发展与相互作用"（31）学科片的评估标准为例，简单介绍相关方面的评估内容和评估标准。

有待审查的单位。首先要写一篇有助于本单位晋级的报告，重点陈述本单位的优势，曾遇到的问题和最近两年发表的成果。具体内容有：

（1）一份对最初科研计划的总结；

（2）在法国研究机构中的位置；

（3）单位的协同性，即保持团体活力和协调统一的能力；

（4）单位全体人员、各研究小组、科研规划内的科研成果（重点强调质量而非数量）；

（5）单位的运行方式，主要是负责人的作用，实验室的咨询记录，信息技术人员参与科研规划和小组研究工作的情况；

（6）研究人员的实际人数和参加科研小组工作的情况；

（7）现场研究活动和文献数据搜集工作；

（8）对集体有益的工作，如图书馆、数据库、学术讨论会、管理等；

（9）在科研培训、教育，特别是博士生培养方面的作用；

（10）与高校、欧盟、法国文化部、外交部、环境部、地方行政机构，以及法国国家考古学保护研究所和其他法国国立研究机构的关系；

（11）国际方面的科研接触、交流，以及在国外研究机构的短期学术访问和参加欧洲计划等；

（12）单位培训计划及其落实情况；

（13）科学的普及和传播（个人或集体）活动，对公众的开放程度；

（14）单位资财（人力和财力）的评估。

有待革新的单位。除上述评估内容外，还要补充以下 4 项内容：

（1）制定新科研计划，增加并更新课题；

（2）跨学科性；

（3）改善人力资源（包括职业）结构；

---

① Les critères d'évaluations Sections – Mandat 2004—2008　http：//www. cnrs. fr/comitenational/doc/criteres/ce_ sections_ 2004 –08. pdf（2010 年 5 月 7 日）。

（4）重新确定单位的资财。

有待创建的单位。评估的重点是：

（1）科研计划的科学意义和创新性；

（2）在法国所有研究机构中的位置；

（3）向更多学科开放；

（4）动用的人力资源与完成科研规划的需要相吻合；

（5）具备引导、活跃和协调科研计划的能力；

（6）与国际、欧洲和其他地区的科研团体的关系；

（7）与大学、法国文化部、环境部、法国国家考古学保护研究所、其他法国国立研究机构、欧盟等的关系；

（8）与法国其他合作团体、企业，以及外国科研机构的关系；

（9）科研和教育培训；

（10）科学知识的普及。

综上所述，可以把对研究单位的评估简单概括为：检查其研究方向和研究重点能否体现本单位在人文社会科学研究方面的价值和是否符合自身的使命；研究课题和未来的研究规划是否与国家研究政策协调一致；对外开放程度，主要是与相同或邻近研究领域的其他研究机构的交流和合作情况；国内外影响度；参与国家科学规划、课题项目和合同项目；创新、改进和变革能力；领导的管理能力；单位内部的协同作用；教学和培训工作；编辑出版科研成果及其社会转化、影响和传播范围；单位的组织结构、财力和人力及其附加值。简言之，对研究单位的整体实力作出最终的评估。

国家科学研究委员会40个学科片直接负责对研究单位的课题质量、科研活动、开放程度，领导的组织和管理能力，以及研究单位的内部功能进行评估。学科片的评估结论具有关键性的作用，直接关系到研究单位的建立、重组或撤销。

2. 对科研人员的评估

法国科研中心研究人员的评估工作由国家科学研究委员会负责，具体的评估工作由40个学科片操作，每个学科片只针对一个学科。评估工作通常是在研究人员的招聘、申请科研经费和晋级时进行，评估结果会影响到他们的聘用、工作前景、课题申请、晋级等。

当研究人员应聘时，国家科学研究委员会学科片对他们进行初步评估，然后向评审机构（评审委员会，科研管理机构）递交一份初试名单，评审机构只限于对这份名单中的应聘人员进行评审考试。

应聘人员一旦被法国科研中心录用，便成为中心的正式研究人员，享受国家公务员待遇，同时开始于每年的 11 月 12 日至 12 月 17 日向科学研究委员会、研究人员与实验室评估机构递交一份研究人员年度（每年的 9 月 1 日至翌年的 8 月 31 日）科研活动汇报表（电子表格），表中附有单位负责人签署的意见和签名，并附有研究人员本人的签名。每两年递交一份科研工作报告，同时接受一次评估，但是如果需要，应学会主任或学科片负责人的要求也可能随时接受评估。在每 4 年对科研单位进行评估的同时，也对研究人员进行一次全面深入的评估。这些评估均有学科片的意见纳入其中。倘若学会不赞同学科片的意见，原则上可以陈述反对的理由。学科片同样可以对研究人员的晋级、调离申请、培训和科研经费申请发表意见和看法，但是不针对个人，不负责回答个人咨询，除非研究人员遇到困难，才会得到特殊的帮助。

为了完成上面提到的对研究人员各个不同阶段的评估，学科片将评估工作委托给了评估报告执笔人并由其负责研究申报材料，组织访谈和参观实验室。之后，将评估报告提交给学科片讨论和修改，最后得出统一的评估结论。

值得一提的是，法国科研中心的研究单位并不是独立进行科研工作的，而是与法国的大学紧密合作，共同完成合同课题，但是国家科学研究委员会很少参与对中心混合研究单位的教师—研究人员的评估。无论由大学还是由法国科研中心负责对教师—研究人员的评估工作，《法国科研规划法》规定：法国的大学系统和科研机构采用统一的评估标准。

3. 对学科现状与发展前景的评估

国家科学研究委员会每 4 年对法国的科研形势以及法国科研中心 6 个学会 47 个学科和跨学科片进行一次评估，分析法国各学科研究现状及其在国内外的发展前景并在学科片分报告的基础上撰写一篇学科发展状况总报告。对学科现状与发展前景的评估旨在提高法国的研究质量，发展壮大法国的科研实力，肯定并从政策和国家财政上支持一些有助于推动社会、经济、科学技术和人类发展、有增值潜力、引领时代思想和理论潮流、开创型并能代表当代法国最高科研水准和具有国际影响力的学科，特别是跨学科和新兴学科；同时调整和淘汰一些未达标或失去活力，不符合未来世界、社会和科学技术发展趋势的学科。

法国科研中心最近一次根据评估结果进行的组织结构大调整是在 2005 年 10 月，中心把原有的 8 个学部全部推翻，重新组建了 6 个学部，其中仍然保留了人文社会科学学部。紧接其后的是 2006 年 7 月对 40 个学科片的调整，在这次调整中，人文社会科学学部由 10 个学科片变成了 11 个学科片，新增了一个"行为，认知，大脑"（27）学科片。原有的 10 个学科片除了 31、36、39 和 40 学科片的名称没有变更外，其余 6 个学科片的名称均有不同程度的变化（见表 3—3）。另外，由于研究单位多数是混合研究单位、隶属于多个机构，研究课题常常涉及多个学科，人文社会科学学部又增添了 4 个跨学科片（见表 3—2）。

（三）人文社会科学研究人员的评估标准

1. 研究人员的职称类别、应聘和晋级的基本条件

研究人员的职称类别。分为助理研究员、副研究员、研究主任和特级研究主任 4 个等级。[①] 副研究员以上，包括副研究员在内的高级职称内又细分为一、二两个级别，由低往高依次是：副研究员二级（CR2）、副研究员一级（CR1）；研究主任二级（DR2）、研究主任一级（DR1）；特级研究主任二级（DRCE2）、特级研究主任一级（DRCE1）。每个学科片对研究人员的评估通常是从副研究员二级开始。

表 3—3　　　　　　　　人文社会科学学科片新旧名称对比表

学科片序号	新学科片名称	原学科片名称
27	行为，认知，大脑	行为，认知，大脑
31	人与环境：发展与相互作用	人与环境：发展与相互作用
32	古代和中世纪的世界	古代与中世纪
33	现代和当代世界	现代社会的形成
34	语言，言语，话语	描述、语言、交流

---

① 每个级别中划分出不同的档并据此确定薪酬，研究主任级的月薪从 3000 欧元到 6100 欧元不等（2007 年 9 月评估）。除了基本工资外，每年还有按季度发放的科研津贴，数额从 650 欧元到 1275 欧元（根据所在单位和级别），如遇特殊情况，还可以申请家庭补助。http：//fr. wikipedia. org/wiki/Directeur_ de_ recherche_ au_ CNRS（2010 年 3 月 10 日）。

续表

学科片序号	新学科片名称	原学科片名称
35	哲学，思想史，文本学，文学、艺术理论和历史	哲学思想、文本学、艺术创造
36	社会学：标准与规则	社会学：标准与规则
37	经济与管理	经济与社会
38	社会与文化：比较方法	人类的统一和文化的多样性
39	空间、领土与社会	空间、领土与社会
40	政治，权力，组织	政治，权力，组织

法国科研中心每年定期向社会公开招聘一定数量的研究人员，应聘人员须通过考试并接受学科片专家的资格审定、初审和复审三次评审。

应聘的基本条件。要求助理研究员的应聘者能证明本人具备研究能力和有发表的成果。副研究员的应聘者必须发表过科研成果，同时保证研究的质量与独创性；作品中的论述精确和观点清晰；在国内外有一定的知名度；能组织和活跃科研工作；参加普及科学教育和科研增值活动。研究主任的应聘者除了上述条件外，还要求在国际科学界享有较高的声望，能够担当科研的带头人、研究室或研究小组的负责人。

晋级的基本条件。晋级必备的基本条件是资历，申请晋升时要求在原职称系列工作至少满 4 年，只有从研究主任申请晋升到特级研究主任例外，时间年限可以是一年半，但要先征求国家科学研究委员会的意见，然后经法国科研中心总主任批准方可申请。

2. 研究人员的评估标准

国家科学研究委员会不断征求各学科和跨学科片的意见，探讨和修订研究人员的评估标准并将最终确定下来的评估标准下发给各学科和跨学科片，委托他们进行评估。2010 年 2 月在法国科研中心网上公布的国家科学研究委员会"评估标准——2008—2012 年委托书"① 明确了各学科和跨学科片研究人员的评估标准。由于是根据各个学科片的学科特点制定的评估标准，2008—2012 年的评估标准多达数百条，但是万变不离其宗，各学科和跨学科片的评估总原则和核心评估指标是一致的。

① Les critères d'évaluation Sections Mandat 2008—2012 http：//www. cnrs. fr/comitenational/doc/criteres/ce_ sections_ 2008－12. pdf（2010 年 7 月 30 日）。

鉴于法国科研中心人文社会科学学会有 11 个学科片，科研人员的评估标准难以逐一列举，这里仅介绍研究人员晋升高级职称的基本标准并以"社会学：标准与规则"（36）学科片的评估标准为参照对象，比较分析这 11 个学科片的共同点和不同点。

（1）晋升高级职称的基本标准

法国科研中心科研人员如果申请晋级需要填写相关的申请表，以副研究员一级申请晋升主任研究员二级为例，申请表中设有 6 项内容，也可以说是 6 项标准，除最后一项"个人研究目标与特长"外，其他 5 项均附有注解并要求申请人详细填写，但最多不超过 4 页（A4）纸。前 5 项内容分别是：

（a）科研贡献。重点强调科研成果的创新性、科学和国际影响力，主要包括三个方面：首先列出 5 个代表作；其次是填写科研成果数量登记表（见表3—4）；最后是陈述科研计划（课题题目和简述）。

表 3—4　　　　　　　　　　科研成果数量登记表

科研成果	任现职以来	最近 10 年	最近 4 年
在经法国稿件审选委员会审批的期刊上发表的成果数量			
在经法国稿件审选委员会审批的学术讨论会论文集上发表的论文数量			
获得专利的数量			
被邀请参加国际学术会议的次数			
论著或合著的数量			

文献来源：http：//www.sg.cnrs.fr/drh/carriere/cherch/av－grade.htm（2010 年 5 月 7 日）。

（b）科学文化的教育、培训和传播。具体包括参与教学，组织讲座、专题讨论会或学术讨论会，实习生、博士生和博士后的培训指导工作，参加科普"开放日"、科普杂志或科普书籍的编写工作，与广大科学爱好者的交流会，通过报刊、广播电视等传媒宣传和普及科学知识。

（c）技术转让，与企业的关系和科研成果的增值 参加与企业签订的合同课题和创新计划、专利注册以及所有有助于扩大技术或经济影响的咨询活动。

（d）在科研管理部门中任职和承担科研管理工作 在法国或国际期刊审选委员会、集体决策机构（科学委员会、评估机构、科学计划委员会）中任职，担任研究小组或实验室的负责人。

（e）科研交流活动 包括课题、科研工作交流，以及交流活动的文字资料和保险单。

（2）社会学研究人员的阶段性考核评估标准（适用于各个级别的研究人员）①

助理研究员标准：（a）研究的质量与独创性；（b）研究成果的精确（rigoureux）和观点的清晰；（c）在国内和国际的知名度；（d）带领和组织科研；（e）参与教学和在尽可能广的范围内转化科研成果。

副研究员二级标准：（a）研究成果的质量与精确；（b）经验和理论研究的范围与关联性；（c）融入实验室生活和参加实验室的科研工作；（d）个人研究与本单位的科研规划相一致；（e）参与教育工作或科研增值工作。

副研究员一级标准：（a）研究成果的质量与精确；（b）经验和理论研究的范围与关联性；（c）融入实验室生活和参加实验室的科研工作；（d）个人研究与本单位的科研规划相一致；（e）参与并组织集体课题；（f）参与教育工作；（g）担任硕士生导师工作。

研究主任二级标准：（a）研究成果的质量、精确和观点或理论的独创性；（b）担任集体课题的主持人和团体机构的领导；（c）参与培养博士生的教学和论文指导工作；（d）担负实验室科研组织和行政管理工作。

研究主任一级标准与研究主任二级标准相同。

（3）社会学副研究员晋级的统一标准

助理研究员标准：（a）研究成果的质量和独创性；（b）已发表作品的论述精确和观点清晰；（c）在国内外有一定的影响；（d）参与组织课题和科研活动；（e）参与教学工作和在尽可能广的范围内转化科研成果。

晋升副研究员一级的标准：（a）研究成果的质量和独创性；（b）经验和理论研究的范围与关联性；（c）融入实验室生活和参加实验室的科研工作；（d）个人研究与本单位的科研规划相一致；（e）参与教学工作

---

① Section 36 : Sociologie – Normes et règles http：//www. cnrs. fr/comitenational/sections/critere/section36. htm（2010 年 7 月 30 日）。

和在尽可能广的范围内转化科研成果。

晋升研究主任一级的标准：（a）研究成果的质量、独创性和精确；（b）在理论和方法研究方面有较大的贡献，能提出和研究新的科学问题；（c）在国际上有一定的影响；（d）担任集体课题的主持人和团体机构的领导；（e）担负科研领导和博士论文指导工作；（f）参与教育工作并将科研成果转化；（g）参加国内外学术交流活动和课题项目。

晋升特级研究主任的标准：（a）研究成果的质量、独创性和精确；（b）曾在学科范式方面有创新贡献；（c）在国际上有一定的影响；（d）担任集体课题的主持人和团体机构的领导；（e）担负科研领导和博士论文指导工作；（f）参与教育工作并将科研成果转化；（g）参加国内外学术交流活动和课题项目。

3. 研究人员评估标准的分析比较

（1）评估标准的共同点

通过分析比较 11 个人文社会科学学科片的评估标准后发现，尽管各学科片的评估标准各有特色，但也存在着不少共同之处。下面 5 条评估标准就是所有学科片共有的：

（a）研究成果的质量、精确和独创性；

（b）在国内外有一定的影响；

（c）能融入团体并带领和组织科研；

（d）参与教育工作和在尽可能广的范围内转化科研成果；

（e）参加国内外学术交流活动和课题项目。

（2）评估标准的不同点

之一：评估标准的数量不同

与自然科学不同的是人文社会科学研究人员的评估标准因学科片而异，各学科片的评估标准不尽相同，有的甚至差异很大，不仅评估标准的条目数量不同，权重的排序也有很大差别。以研究人员的阶段性考核评估标准为例，多数学科片的评估标准是 5—6 条，然而"空间，领土与社会"（39）学科片却多达 9 条；"哲学，思想史，文本学，文学、艺术理论和历史"（35）学科片是 8 条；"政治，权力，组织"（40）学科片则仅有 4 条；"古代和中世纪的世界"（32）学科片甚至没有固定的评估标准。

之二：评估标准的权重排序和侧重点不同

下面仍以研究人员的阶段性考核评估标准为例，比较分析这 11 个学科片各自的特点和不同的评估标准权重排序。

"行为，认知，大脑"（27）学科片是一个跨学科片，横跨人文社会科学学会和数学、物理学、宇宙科学学会，因此对研究人员的评估标准也有别于多数人文社会科学片，特别看重研究人员的研究能力和发展潜力，强调科学研究水平的不断提高，科研计划的不断改进和创新，科研成果的不断丰富。

"人与环境：发展与相互作用"（31）学科片对研究人员的评估重点是：个人价值，课题的扩展范围，科研成果的重要性及其影响，能够融入实验室的集体生活等。

"古代和中世纪的世界"（32）学科片评估的最大特点是灵活，没有具体系统的评估标准，而是根据研究小组的类型或研究领域和研究侧重点进行评估。因此该学科片的当务之急是填补在评估标准方面的空白。

"现代和当代世界"（33）学科片则强调研究人员的学历和研究资历，特别是在国外的研究经历，表述能力，参加国内外的课题项目，科研成果的国际影响力，熟悉现代和当代史的方方面面（政治、经济、社会和文化）及其史学方法，熟悉现代和当代艺术史，熟悉各历史时期欧洲之外的国家的历史和相关研究的文字史料。

"语言，言语，话语"（34）学科片侧重评估研究人员的成果质量和数量，以及研究的问题和以往的研究工作，研究和创新能力，研究方案的意义和创新特点，有科学文化修养，有国际知名度和科研活动能力。

"哲学，思想史，文本学，文学、艺术理论和历史"（35）学科片要求研究人员要有未来研究计划，参加实验室的学术活动（专家研讨会、国际或国内学术讨论会等），参加法国研究局、欧洲研究委员会等机构的集体课题。

"社会学：标准与规则"（36）学科片非常重视研究的质量、独创性和精确，在国内和国际的知名度，参与教学、科普工作和科研成果的增值转化。

"经济与管理"（37）学科片强调研究人员的专业经验，在国外的工作经历和受到过特殊奖励，科研和课题成果要达到新颖、创新、开放、成熟、与科研战略一致和迎合社会需求。

"社会与文化：比较方法"（38）学科片的评估标准与其他人文社会

科学学科片的最大不同是强调利用人类学研究方法开展比较研究的能力、实地调研能力和开拓新研究领域和提出新问题的能力。

"空间，领土与社会"（39）学科片把研究人员的素质放在首位，要求研究人员在科研培训、课题研究方面均获得优秀评语，有较高的科学文化修养。

"政治，权力，组织"（40）学科片的评估标准侧重研究人员研究成果的科学性、研究课题的动态性、研究活动的多样性和系统连续性，另外还有所属研究机构的背景实力。

三　法国对改进人文社会科学评估体系的思考和尝试

（一）人文社会科学评估条件和评估模式的思考

人文社会科学与自然科学的差异表现在多个层面：首先是研究对象不同。自然科学研究的自然现象和技术现象具有自在性、同质性、确定性、价值中立性、客观性等特点，人文社会科学的研究对象具有主观自为性、个别性，异质性、不确定性、价值与事实的统一性和主客相关性等特点。其次是研究方法的不同。"自然科学是以实证、说明为主导的理性方法，而人文学科更多地使用内省、想象、体验、直觉等非理性方法。"再次是分析和解释的方向不同。"自然科学从多样性和特殊性走向统一性、一致性、简单性和必然性。相反，人文学科则突出独特性、意外性、复杂性和创造性。"[①] 最后是研究的目的不同。自然科学主要是在认识论框架下展开的，目的在于揭示自然界的本质与物质运动的规律，追求认识的真理性，试图规范和指导改造自然的实践活动，造福人类。人文社会科学主要是在价值论框架下展开的，目的在于通过对人类文化与社会本质、发展规律的研究，丰富人类精神世界，提升生活质量，指导改造社会的实践活动，兼具工具理性与价值理性。上述人文社会科学的特点使之成为独立的科学体系，但同时增加了对其进行评估的难度，加上下面三点，要想建立统一的人文社会科学评估模式和评估标准可谓是一件难上加难的事。

首先，在人文社会科学领域，即使是表面上看似很接近的学科，实际上研究方法、研究对象和知识生产方式也有很大不同，比较典型的例子是

---

① 《简明不列颠百科全书》第 6 卷，中国大百科全书出版社 1986 年版，第 760 页。

史前史和当代史。这是两个十分接近、同属人文科学、研究对象（分析过去的事件和行为）又有可比性的研究领域，然而研究方法却大相径庭。史前史学家喜欢多人聚集在一起开展研究工作，习惯于借助自然科学的研究方法和研究工具，把不同的科学认识集中在一起。当代史研究人员通常只有为数不多的几个人组成小组，甚至独自一个人进行研究，偶尔也欢迎临近学科，如经济学研究人员参加。除了信息技术之外，他们不需要借助任何特殊的研究工具。人文社会科学领域的这种复杂性还表现在跨学科方面，某些学科或多或少地与自然科学发生关系，如临床心理学①无论是研究对象，还是研究方法都与自然科学非常接近。

其次，是人文社会科学与真理的特殊关系，绝大部分人文社会科学是建立在经常遭到人们质疑的孔德实证主义真理观基础上的，科研成果评估不可能绕开这一理论模式，因此评估结果不可避免地招致人们的抨击和质疑。同样绕不开的还有心理、情感和社会因素，在挑选评估人员和确定评估标准问题上，都会比其他科学领域中的情感因素要多。这些因素会直接影响到评估结果的公正性和客观性。

最后，人文社会科学缺少一种国际通用语言，研究人员主要采用本国或本民族语言，研究领域和研究成果势必受其历史、社会，甚至地理背景的影响，不像自然科学那样带有普遍性，即使采用相同的原则、方法和规则。科研评估亦不例外，更多的是站在本国的角度，使用的是本国的语言，没有统一的科学术语。由于受语言的制约，科研成果很难向世界传播，也很难与其他语言或文化成果进行比较，由此构成了人文社会科学评估的本土化和区域性特征。

上述分析说明，每当涉及评估，人文社会科学的这些特点都会变成某种限制或造成某种困难。但是这些限制和困难不能成为降低评估标准和淡化评估质量的借口，而应该成为人文社会科学进一步完善和提高评估质量的动力，更加坚定遵循严格和公正评估原则的立场。

法国在完善和改进人文社会科学评估体系方面始终进行着坚持不懈的努力并取得了一定的成果，建立起覆盖全国和各学科领域的评估框架和系统的评估程序。2005 年，法国科研评估委员会（CNER）在"国家科研评估与人文社会科学的特点"报告中对法国人文社会科学评估的步骤和

---

① 在法国被列入社会科学范畴。

方法进行了阐述。报告指出，法国采用的是"垂直评估方法"。首先对法国人文社会科学研究规划进行评估，准确地讲，是对这些规划的质量进行评估；然后对大型国立研究机构进行评估，主要评估这些机构的科研活动的价值；紧接着对人文社会科学研究课题及其评价方法进行评估；最后从评价角度，对人文社会科学研究人员进行评估。

这种分级评估方法毫无例外遵循的是所有科学领域通用的总原则，即评估者要遵循客观、中立和无私的原则，整个评估过程要坚持公开透明的原则。之所以强调这一点，是因为人文社会科学领域坚持这些原则并不是很容易，需要克服很多困难，尤其是在知识宗派势力较强的单位和当评估被政治化的时候。

（二）人文社会科学科研活动特点和量化问题的研讨

长时期以来法国缺少一种高质量描述和量化人文社会科学研究人员科研活动特点的模型，为了填补这一空白，法国科研中心人文社会科学学会积极探索，集思广益，组织专家进行专题研究。2008 年 6 月，与学会科学理事会合作的课题"法国科研中心人文社会科学学会研究人员个体和集体科研活动的特点与量化：为评估做准备"完成了报告初稿，紧接着于同年 7 月发表了修订稿。该课题旨在建立一种描述和量化法国科研中心人文社会科学学会研究人员科研活动特点的实用方法和模型。

该课题报告指出："国际科研背景、新信息技术、知识进步、跨学科性的发展、学科领域的扩展和科学论题的更新等，从根本上改变了科研实践、技术环境和研究人员的工作环境。原来反映研究人员活动的表格已显得有些过时，建立新的表格已是势在必行。"[①]新建立的科研活动年度考核表是在"法国科研中心科研活动年度汇报表"[②]的基础上建立的。课题组成员认为，只需对原有表格稍加修改，便能如实、全面地反映当今人文社会科学学会的科研活动和科研成果。新表格的特点是更加清晰明了，更

---

① Dassa，M. et Sidera，I.（sous la direction de），Caractérisation et quantification de l'activité individuelle des chercheurs SHS du CNRS. Préparation à l'évaluation　http：//www.cnrs.fr/inshs/recherche/.../Classement_ des_ publications. pdf（2010 年 5 月 25 日）。

② "法国科研中心研究人员科研活动年度汇报表"是一个管理和技术表格，它以栏目的形式扼要说明研究人员的年度科研活动，包括未发表的成果（指导论文写作、科研管理工作等）。它有别于要求深入说明的评估表，评估表是法国科学研究委员会要求填写的科研活动报告。

能准确说明问题和反映人文社会科学科研活动特点，是一种可以将人文社会科学学会各分部的科研活动，按照学科领域、科研形式等分类进行全面统计衡量的工具。根据它得出的平均值进行比较分析，利用文献计量学方法快速获得结果，从而勾画出人文社会科学学会科研活动的特征。此项改革方案一旦获得批准，成为一种制度，便会成为法国科研中心人文社会科学学会的一种监测工具。

新表由履历和专业职务、研究工作、科研成果转化与增值活动、自由发表见解四部分组成。

需要注明的是，履历和专业职务包括身份，现任职务，职务变动，脱岗期，继续教育，专业资格和个人特长 7 项内容。

研究工作包括参加本单位的课题，个人的研究强项，已发表的成果（纸质和电子版），编辑工作，科研规划鉴定，文献数据产品，在其他实验室或国外担任的职务，多媒体作品，担任的集体职责，合作和参与其他机构科研项目，参加学术大会、学术讨论会和圆桌会议，获奖情况，大学任教和参加硕士生、博士生的培养组织工作等 13 项内容。

科研成果仅包括以下 11 项，不包括即将发表的、付印的或同意出版的作品。

论著。作为学术著作，其发表形式需具备国际书号。编辑、丛书和连续出版物也是非常重要的成果。教材和技术转让不在此栏目填写，另设有栏目。这种划分法与价值判断无关。

集体论著的主编或期刊专号的主编。该项表格填写的是图书或期刊封面上明确标注的某位或多位主编的姓名。载体有可能是一部著作（有国际书号）或是某个期刊（有国际期刊号）的专刊。

论著的章节。指的是学术著作（有国际书号），包括学术讨论会文集、课题成果报告、合集等。必须注明所属著作（通过或未通过稿件审选委员会审批）的名称。

论文。指的是某篇在科学期刊（有国际期刊号）上发表的各类文章，包括会议综述。为了避免混淆，例如同名不同刊，要求注上期刊的国际期刊号。对于在经过或未经过稿件审选委员会审批过的刊物上发表的文章要严格加以区分。

综述。包括书评、工作成果汇报，会议综述、论著简介、评论等所有出版物（图书或刊物）上发表的综述文章。

简介说明。关于词典、百科全书、书目编年史等工具书的简介等统一被视为有关科研成果的评介。

译著和译文。提交有代表性的译作数页，注明原文的语种并附文章目录（全部）说明。

词典。提交有代表性的译注数页，注明原文的语种并附条目说明。

博士学位论文和获博士生导师资格。

专利。重视对专利特点的描述。

未发表的学术报告。包括所有的学术报告、教学报告等，虽未公开发表，但却构成了对集体研究的一种支持。仅需核实一下作者。

涉及科研成果转化问题，该课题报告认为：凡是有国际书号的作品，无论内容是什么，均被视为转化的成果，包括展览会目录或说明书，知识丛书，如《我知道什么?》（Que sais - je ?），大型作品，中学和大学教科书等。具体包括（1）已发表的著作；（2）已发表著作中的某一章节；（3）已发表的各类文章和报刊文章；（4）已出版的教材；（5）展览会的组织工作；（6）从事或应邀参加电台广播节目（注明电台的名称，播音节目的名称，日期或时期，涉及的主题）；（7）WEB 网址、博客、维基百科 WIKIS 等的设计和维护管理；（8）集体活动的组织策划工作（详细注明活动地点、名称和性质、日期或时期，涉及的主题和主办单位）；（9）在某个研究成果转化协会中负责组织工作（要求注明协会的名称、人数和目的）；（10）与私人商业机构或私企合作转化研究成果（注明合作机构的名称和国家，同时注明课题的名称、构架和合作的范围与性质）；（11）专业鉴定与专业咨询。

毋庸置疑，无论过去、现在还是将来，技术设备和技术环境的改进都明显有助于提高人们获取新信息的数量、速度和质量，不断推动认知的发展。为鼓励人文社会科学研究人员广泛掌握和使用新技术，同时为更加全面地评估研究人员的能力，新表增设了"科研工具"一栏。研究人员可以根据自身情况选购下列各项：

（a）计算机；

（b）数字化工具、光学显微镜；

（c）电子显微镜、化学分析方法；

（d）物理分析方法、参考集或比较集；

（e）光谱测定法、图像分析；

（f）地理信息系统、专业软件（注明具体软件）；

（g）录音录像器材、转换器；

（h）大型设备、数据库；

（i）其他。

新表与旧表的最大区别是，填写的科研活动仅限一年，既不说明过去，也不预示未来，要求填表人对其科研活动进行翔实说明，确保信息的真实和完整，能够真正起到监督作用，同时还能作为参考资料供后人查阅。对于人文社会科学学会各个学科来讲，新表的特点和好处之一是资料性比较强，无论了解哪个阶段、了解或评估什么，都可以从中找到依据。作为第一阶段评估的实用工具和监测方法，它的另一个特点是可以及时发现问题，及时进行调整。概括而言，新表的最大好处是既缩减了评估费用，又密切了评估的各个环节，可以明显提高评估的效率和质量。

（三）改进人文社会科学评估体系的建议

在法国乃至欧洲和全世界，各国普遍有一种亟待改进评估体系、完善评估程序，明确评估标准和方法的迫切感，原因很简单，评估的好坏直接关系到科研的成败和进退，甚至能决定一个国家的研究实力。20 世纪 90 年代末至今，围绕这一问题，法国相继出版了一系列的论文、论著和研究报告。这些研究成果一致认为，个人、研究小组、国家研究机构和高等教育机构的科研成果评估有向多元化和系统化发展的必要。

目前，法国研究与高等教育评估署（AERES）决定在独立、合法、透明、多元和重效率 5 项评估原则基础上建立完善、高效的评估方法和公认的评估标准。必须承认，评估学尚处于初始阶段，仅限于有共同语言的机构内部。法国各评估机构和欧洲委员会都常问的同一个问题是：研究的附加值是什么？没有统一的答案。不同的学科、不同的情况和不同的研究人员有不同的答案。无论对于工业研究，还是认知研究，实际情况都是如此。但评估都是有目的的，旨在产生积极的影响，没有影响的评估是不存在的，不是产生价值，就是产生反生产的危险。因此在评估之前应该预料到有可能产生的后果，而避免评估产生不良后果的先决条件是建立合理、公正和高效的评估方法和评估标准。

1. 建议采用综合评估方法

人文社会科学研究成果评估的基本方法是同行评议和引文计量分析。

近 50 年来，法国多数机构采用的是依靠"集体的客观态度"的同行评议方法，直至 2003 年，法国科研评估委员会才首次将文献计量学作为分析质量的方法之一写进评估报告。事实上，这两种方法各有利弊，相对于引文计量分析而言，同行评议成本太高，不仅需要大量的投资，还要具备多种条件，例如要有共同参照的评估标准和共同认可的评估方式与流程。即便有公认的标准，也未必能参照执行，"一些评估机构的负责人面对分歧和无休止的争议，有时会采取武断的和前后不一的作法：协商之初一套标准，决定的关键时刻采用另一套标准。结果是，讨论发言时说一套，具体投票时行的是另一套，诸如此类现象不胜枚举。随着评估工作的深入，评委们会逐渐感觉到一股无形的力量"[①]。

为了避免评估概念化和有失公正而借助文献计量分析方法评价研究成果的做法，同样存在不妥之处，特别是对法国人文社会科学研究人员而言。从世界范围看，欧洲、特别是法国在美国研制的三大引文索引（SS-CI、A&HCI、ISSTP）中并不占优势，仅排在第九位，排在前两位的是美国和日本。必须指出，法国研究人员习惯于发表集体合著书籍和论文，这在统计被引率时比较吃亏。另外，从文献计量指标图看，法国的人文社会科学因其研究领域经常带有明显的地域特点而处于不利境地。除此之外，还有人文社会科学学科的散块状态和以严格方式划定专科范围的难题。诚然，文献索引只能在一定时间内在相对稳定的核心期刊库基础上产生作用。然而，法国的特点是人文社会科学期刊的数量虽多，但却不够稳定，难以在国际上形成较大的影响力。

事实上，法国是一个蕴含巨大研究潜力和深厚研究宝藏的国家，为了发挥这一优势，建议除了采用引文频次指标外，还要考虑重新启用 ESF 期刊图书库和法国科研中心人文社会科学学会编辑的参考文献目录库，根据重要程度给予指标权重，给某些学科加上特殊指标，如可给考古学加上"实地调研"指标。同时还应增设社会影响、科普工作、成果转让、团队精神、国内外合作等 5 项评价指标。

凡是采用文献计量评估方法的机构团体，应该恪守职业道德，合理利用建立在科学计量基础上的引文库。在正式公布评估结果之前，评估机构

---

① Dodier, N., Penser un régime d'évaluation de la recherche scientifique http：//evaluation. hypotheses. org/files/2009/05/dodier - regime - devaluation. pdf（2010 年 4 月 5 日）。

须先完成评估报告，并在报告中标明所利用的数据库和评价指标，否则评估过程应视为无效。建议在招聘研究人员、教师—研究人员时禁止使用文献计量指标，在对新兴或非新兴跨学科研究机构评估时，要慎用文献计量指标。至关重要的是要认识到文献计量方法的局限性。

专家评估只能作为一种辅助方法，因为它缺乏统一的标准，其准确程度主要取决于专家的阅历经验以及拥有知识的广度和深度。但是，较高的学术水平和丰富的实践经验，并不足以保证评估结果的客观性和公正性，有时由于专家的人品和看问题的角度不同也会导致评估结果出现偏差或有失公允。概括地讲，专家评估有可能会造成评估工具的人为性，同时还有造成科学环境混乱的危险和在强调评估工具透明的背后形成新的评估模糊区。①

由此推断，科研评估是一件非常复杂的系统工程，单独采用上述任何一种方法都难以做到客观、合理和公正，为了更好地解决"质量"和"数量"评估之间经常出现的冲突，避免出现"非正常"的评估结果，建议采用综合评估方法，把同行评估、专家评议和文献计量分析方法有机地结合在一起。

2. 建议评估工作职业化

除了采用和制定合理的评估方法和标准之外，怎样挑选评估人员，也是一个十分敏感的问题，挑选方式应该保证客观中立性。但是，在人文社会科学领域要做到这一点远比在其他科学领域要困难得多，一方面是因为思想流派的存在，另一方面是因为某些研究领域的政治化趋势。

有学者建议培养专业评估人员，在大学开设此类专业课程，不再依靠高等教育机构和研究机构的内部评估机构。由受过专业训练的评估人员负责研制、宣传（通过书本、表格和图标）和改进评估工具。把专业评估人员变成一种在特定时期被人认可的职业，同时给予法律上的承认和合理的报酬。也有的学者对这种建议不以为然，认为目前的问题不是挑选和培养专业评估人员，而是缺少一套公正评价科研成果时可以求助的评估工具。还有的学者承认评估是一种真正的职业，但认为评估工作的成败不仅取决于评估工具（表格、指标、评分制度等），还取决于评估过程的透

---

① Dodier, N., Penser un régime d'évaluation de la recherche scientifique　http：//evaluation. hypotheses. org/files/2009/05/dodier－regime－devaluation. pdf（2010 年 4 月 5 日）。

明度。

3. 其他建议

近十几年，法国有关改进人文社会科学评估体系的思考、研讨和争议不断，学者们的建言献策也从未停止，要想毫无遗漏地加以介绍几乎是不可能，因此仅将其中比较有代表性的建议归纳介绍如下：

（1）建议创建法国科研中心研究单位成果数据库，避免同一个研究人员的信息来自不同的渠道，保证载体信息（刊名、出版社、出版日期等）的准确和规范。

（2）应把所有类型的人文社会科学成果列入评估范围，如著作、集体论著或特刊的主编、著作章节或词典注释、文章、译著、视听或地图绘制作品、展品目录、数据库等。坚持把成果的质量放在首位，数量排在第二位。

（3）人文社会科学研究评估要根据对象的不同有区别地进行评估。评估标准要根据学科领域和科研类型（认知或技术）确定。同类学科之间不要直接进行比较，应通过其他学科对机构或期刊进行 A、B、C 评级。

（4）指标量要多样化：一个单位中已发表成果的研究人员所占的比例和发表成果的数量不能成为评估这个单位或研究人员的唯一标准。还要分析他们在其他方面的活动，如教学、科普、参加国际课题项目等。但应该牢记，无论在什么情况下，都不会有唯一的或最高的标准。

（5）应该向国际标准看齐。人文社会科学研究评估应该伴随和有助于对外开放，冲出国界，参与国际问题的讨论和吸取其他国家的研究方法。向法国所有的人文社会科学机构推广、搜集评估标准并将其编写成参考书供各相关机构参考。

第四章　法国的跨学科研究

一　法国的跨学科性研究及其模式

（一）与跨学科性相关的几个基本概念

在分析跨学科性问题之前，有必要先了解"什么是学科？"特别是法国学者给学科下的定义。另外，还有必要对"系统理论"，"系统概念"和"复杂系统"这些与跨学科性密切相关的概念有一定的了解。

1. 什么是"学科"

在法国，学科（discipline）一词最初指的是用来进行自我鞭策并进行自我约束的小鞭子（un petit fouet）；这种含义渐渐消失之后，学科变成了鞭策那些在思想领域进行探索的人的工具。

法国著名学者莫兰在其撰写的《关于跨学科性》① 一文中，对"什么是学科"这一问题作了回答，他认为："学科是科学知识领域内的一个组成部分，在科学范围内确定自己的研究领域和特长，迎合科学各方面的需要。尽管科学涵盖百科，但每一个学科由于有自己特定的学科界限，有自建的学术用语、研究方法和理论，所以都是独立的。19 世纪，随着现代教育的形成，各学科组织相继建立，并在 20 世纪科学研究取得重大发展的同时，得到进一步的完善；换言之，每一个学科都有一部自己的发展史，从诞生、组建，到发展或衰亡。"

法国学术界的一些权威人士认为，不能把学科与知识等同在一起，学科仅仅是为知识服务的工具，是人为之物和人为现象。不是自然之物，也

---

① Morin Edgar. 1994, Sur l'interdisciplinarité, *Bulletin Interactif du Centre International de Recherches et Études transdisciplinaires n. 2 – Juin.*

不是永恒不变的，它们从出现到获得某种程度的独立、发展和成熟，最后逐渐变得迟钝，留存下来的只是其中的一部分。关于学科的作用，法国的多数学者给予了充分的肯定，例如《法国国家科学研究中心发展规划：目标与举措》中写道："显而易见，我们从没有怀疑过学科在知识的获得、生产、传播和评估过程中的永恒的作用。学科在科学研究中发挥着重要的作用，它们构成了科学史学家们所说的'标准科学'体系。"①

2. 系统概念与系统理论

系统概念是最广为人知的概念之一。假如我们把这一概念确定为把所有的基本概念以及与周围的外部世界联系和整合在一起的纽带，立即就会发现所有的学科和技术均需要参照系统概念。所以，利用这一概念，可以为各种不同的现象奠定一块共同的基石，也可以为各种不同的学科开辟一条通往统一理论的道路。

近几十年，正是从这一基本概念出发，绝大部分跨学科研究的尝试都取得了可喜的成果。从其性质看，这些跨学科研究与近几个世纪以来人们统一认识的努力相似，都是为了把伴随认识进步而产生的分散凌乱的知识综合在一起。对此，法国科研中心理论生物学学院负责人德拉特尔（Pierre Delattre）做了较为精辟的分析，他指出："毫无疑问，科学的发展离不开这种对越来越细的分析的融合和对基本概念的综合，但是这两种趋势很少平衡发展，人类总爱走极端。思想史已清楚地显示出，长时期以来，人们一直在未经充分论证的哲学综合与分散的分析之间来回摇摆，分散的分析最后导致的是大量相互无关的经验论证。我们这个世代正是处于后一种情况。"②

法国学者已敏锐地感到进行新的综合的必要性，同时也感到面临着巨大的困难。典型的例子是，尽管分子生物学提供了大量的知识，但仍不可能解释最普遍的总体特征的存在，例如同化和生殖这类最简单的生物现象。

1925 年，奥地利理论生物学家贝特朗菲（又译作"贝塔朗菲" L. von

---

① Programmes du CNRS : objectifs et démarche   http：//www. cnrs. fr/cw/fr/prog/progsci/progsc. html.

② Interdisciplinaires（Recherches）Par Delattr，P.，Chef du groupe de biologie théorique au Commissariat à l'énergie atomique, responsable de l' Ecole de biologie théorique du CNRS.   http：//www. arfe - cursus. com/transdisciplinaire1. htm（2002 年 2 月 6 日）。

Bertalanffy）创立了一般系统论。他的研究成果为各种各样的系统研究提供了一种基础形式。他重点研究生物的"构成"问题，即生物的系统特点，关注的是如何根据分散研究的成果，确立一种涵盖一切的生物整体这一大难题。其他生物学家，如森特－哲尔吉（A. Szent－Györgyi），魏斯（P. A. Weiss）等也很早就承认，有必要把分析研究与许多涉及更高级整合的综合论述结合在一起。其他领域也同样有必要开展复杂系统研究，例如社会学早就进行了类似的研究。

尽管在这方面已有很多的研究成果问世，但今天仍不能说有一种真正的系统理论。只有一些探讨普遍性特点的系统研究和系统形式，它们之间因应用的基本概念和采用的表述方式不同而存在极大的差异。

迄今为止，从系统理论角度看，已经完成的研究工作主要有复杂系统处理问题、某些重要方程研究（l'étude de certaines grandes classes d'équations）和各种不同系统范畴的拓扑特性分析。最后一点无疑最为重要，因为它与人们描述现象时所采用的基本表述方法有密切的关系。美国电力系统专家克朗（G. Kron）在保持功率为不变量的假设下，提出了由原网络到实际网络的变换公式，奥斯特（G. F. Oster）和德瑟（C. A. Desoer）对德国物理学家克希荷夫（G. R. Kirchhoff）的电流定律与热力学不可逆过程的基本定理的关系的研究，一些学者在这条道路上已经取得了卓著的研究成果。法国数学家托姆（R. Thom 1923—2002）也同样在深入探讨拓扑学之后，从突变理论出发对生命形态发生动力学进行了分析并创建了可应用于无生命世界的形态学和生物形态学的基础形式主义。

显然，对近几十年有关系统理论的研究详加介绍是不可能的，但可以通过上述例子，说明了解系统理论研究多样性的重要意义。

3. 复杂系统

对复杂系统的认识和诠释不能只通过数学或信息学。法国的学者们正是从这层意义上谈论复杂系统的处理。

第一种情况是小系统，即通常讲的动力系统，主要概念有自动控制、引力、分岔、混沌（chaos déterministe）和信息。有人说通常由物理和化学研究的简单系统与生物学研究的复杂系统的差异正在不断缩小，这是一种不正确的说法，因为物理学和化学中也有复杂系统，简单系统同样存在于生物学中。难题是，如何把普通模型与新理论模型糅合在一起，探讨复杂系统的特殊性。

第二种情况是大复杂系统。常用的处理办法来自模型的模式及其改进，或者用图像（而不是模型），因为图像也可以说明问题，表明事物之间的关系和相互之间的影响，对了解仿真模型还可以起到中介作用。然而，很少有人研究大系统的初始模型，先分离出多层次系统中的子系统（sous - systèmes），而后建立子模型，最后把这两种东西衔接在一起。做到这一点很难，既要有系统整合的观点，同时又能带着这种观点去划分系统。其次，可以指出信息模型的特征。信息技术不仅提供了统计方法，至关重要的是，还提供了观察客观事物并使其发挥作用的方法。

法国的学者们在先有复杂性与综合性，而后出现了大系统模型化，后来又发展到研究的多学科性这一点上达成了共识，但离真正阐明这种论点还相差甚远。①

（二）法国学者论跨学科性

法国的跨学科性研究方兴未艾，有关这方面的文章和论著日渐增多，其中莫兰的研究最具代表性。莫兰是一位集社会学、哲学、方法论等多种学科知识于一身的学识渊博的学者，也有人称其为"难以归类的学者"。他撰写的《关于跨学科性》一文，分9个部分对跨学科性问题进行了较透彻和全面的论述，颇有独到之处。由于篇幅所限，这里将其归纳概括为6点，重点分析介绍他对"科学概念的流动与跨学科性发展"的研究。

1. 专业化与超专业化的利弊

莫兰认为，科学史并没有表明学科具有繁衍能力，这是因为，一方面人们锁定了专业范围，否则学科知识会变得不固定和过于宽泛；另一方面，每个学科揭示、发掘和建立了一个重要、独特的研究对象。然而伴随学科的建立也出现了研究人员超专业化的危险，同时也招致了研究对象的"物化"（chosification），甚至有可能忘记自己开发和建立的研究对象。有的学者把学科的研究对象看作是自在事物，忽略了这个研究对象与其他学科的研究对象，以及与作为宇宙一部分的客体的关联和连带性。专业术语和特有的理论在各学科之间形成了难以逾越的鸿沟和界限，阻碍了相互间

---

① Réflexion stratégique du CNRS. Rapport du Groupe de réflexion stratégique（GRS）" Traitement des systèmes complexes et interdisciplinarité " – Septembre 2001. http：//www. cnrs. fr/Strategie/DocPDF/GRSinterdisciplinarite. pdf（2003 年 4 月 25 日）。

对问题的探讨和理论观点的交流与沟通。莫兰断言，这种"超专业化精神势必将变成一种所有权精神：禁止任何外部学科涉足本知识领域"[①]。

2. 开放学科是科学发展的需要

学科开放既十分必要，也是大势所趋。在莫兰看来，现在已经到了打开门窗，放入新鲜空气的时候，甚至对一些缺乏学科乃至整个学科知识的人的幼稚的看法，也应该引起足够的重视。因为不少的科学发现不是产生于学科的内部，而是产生于学科的外部，产生于科学爱好者或者是门外汉，众所周知的达尔文便是一例。达尔文没有接受过任何生物学专业方面的教育，但这并没有妨碍他发现生物环境中的每一种现象。同样的例子还有德国气象学家韦戈纳（Alfred Wegener）[②]，他于 1912 年创立了大陆漂移理论，但直到半个世纪之后，该理论才得到地理学专家们的承认。以上两个例子正如著名法国作家普鲁斯特（Marcel Proust）所言："真正的发现之旅，并不是去寻找新大陆，而是采用一种新视角。"[③]也有的法国学者（如 Jacques Labeyrie）建议人们验证这样一条定理：凡是学科内无法解决的问题，可以到学科之外找到答案。

3. 跨学科是科学发展的动力

如果达尔文和韦戈纳的情况是特例的话，至少可以肯定地说，科学史不是一部学科建设史和学科激增史，而是一部学科分化史，是某个学科与其他学科的问题交叉重叠史，也可以说是一部概念流动史和交叉学科独立史。总之，是一部由不同学科结合而成的复杂学科形成史。退一步讲，倘若科学史是一部学科构建史，还有一部与之密切关联和不可分割的历史，那就是跨—交叉—多学科（des inter – trans – poly – disciplinarités）构建史。

20 世纪 50 年代的"生物学革命"是物理学、化学和生物学的边缘学科相互交叉、接触和渗透的产物。先是像薛定谔（Schrödinger）这样的物理学家探索生物学中的身体构造，而后是边缘学科研究人员试图通过脱氧核糖核酸的化学特性揭示遗传结构。20 世纪 50 年代，细胞生物学还称不

---

① Morin Edgar. 1994.

② 1915 年出版《大陆与海洋的起源》一书。他在书中指出，巴西的版图凸出的部分，正好和非洲西南部版图凹进去的部分相吻合，所以巴西和非洲西南部最初是一体的，后来逐渐分开。

③ Morin Edgar. , 1994.

上是一门学科，只是在法国的遗传学家莫诺（Jacob Monod）和利沃夫（Lwoff）获得诺贝尔奖之后，才在法国成为了一门正式的学科。

4. 概念流动使科学充满活力

概念与思想不同，它可以广泛传播，而且在孕育它的学科内具有很强的生命力。有些可被其他学科借用的概念，还可能开创一个新的学科领域并将其占领，即使是反其意而用之。有的法国学者（B. Mandelbrot）甚至认为，最有效和最通用的科学工具之一，就是某种概念能被一个博学多才的研究人员挪做他用。源自社会实践的信息概念，在美国数学家香农（Shannon）的理论中，被赋予了新的准确的科学含义，之后生物学在基因研究中引用了这种概念并把信息概念与来自法律术语的代码概念相结合，创建了基因密码概念。对于分子生物学来讲，如果没有遗产、编码、信息等这些产生于人类社会形态的概念，生命结构将变得难以理解。

最值得重视的是，某个学科的认识纲要被其他学科采用，例如列维－斯特劳斯如果没有邂逅结构语言学的创始人雅可布森（R. Jakobson 1896—1982），就不可能建立结构人类学。第二次世界大战中许多科学家的被流放，无形当中促进了各种理论的结合和改造，同时也促进了许多思想和观念的传播和移植。重大的历史变动（世界大战）、社会动荡和纷乱增加了人们相聚和交流的机会，打破了学科的封闭状态和保守主义，得以使科学的种子播撒在世界各地并开花结果，使新学科接连不断地涌现。

有些科学概念具有很强的生命力，究其原因是这些学科能冲破学科界限。法国的年鉴学派便是一个很好的例子，他们先是把经济学和社会学观点深深地植入史学研究，紧接着第二代年鉴学派的史学家又把人类学的观点引入其中，迪比（Duby）和勒高夫（Le Goff）关于中世纪的研究就是一个佐证。此时，接受并引用其他学科思想理论的史学已不再是严格意义上的史学，变成了汇集多种理论观点和综合多个学科领域的史学。

有些学科研究领域的复杂化过程，需要求助各种不同的学科，靠的是精通多种学科知识的研究人员的努力：最典型的例子是史前史。从英国历史学家利基（M. Leakey）在南非发现（1959）东非人（后来改属"南方古猿"）起，史前史的研究对象灵长类动物的人化过程，不仅涉及解剖学和生物技术，而且还涉及生态学（草原取代了森林）、遗传学、动物生态学（包括行为）、心理学、社会学和神话学。综观美国生物人类学家沃什伯恩（S. Washburn）和德沃尔（I. De Vore）的研究，当代的史前史一方面参考高级灵长目动物生态学的论点，另一方面援引人类学有关古代社会的研究成果，试图揭示后期的灵长目社会是如何过渡到人类社会的。今天的史前史已成为一门具有综合能力和综合学科的科学。这个例子说明，只有先确定跨学科、多学科和交叉学科的研究对象，才有可能与其他学科进行交流和合作，最终成为一门兼容性很强的学科。

类似的例子还有生态学。生态学在确立了生态龛和生态系统概念之后（1935 年由英国生态学家坦斯利［Tansley］提出），即自从系统的组织概念把各种知识（地理学、地质学、细菌学、动物学和植物学）联系在一起，生态学就确定了自己的多学科和跨学科的研究对象和研究计划。生态学不仅能应用其他学科的科研方法，而且造就了一批除了能解决生态学基本问题，还熟悉其他领域，具备综合能力的科学家。

这些散乱短小的例子旨在说明，尽管情况千差万别，但却有一个共同点，即通过传播概念、搞活观念或开拓思路，通过"越位"渗透和相互参照，通过把学科的复杂化转变成综合领域，通过创建新认识和提出新的综合性的解释，最后通过建立一种能把各种不同学科统一在一个共同的理论体系中的组织概念，达到冲破学科藩篱，实现科学研究的跨学科性目标。

5. 值得重视的元学科观点

最后需要指出的是，重要的不仅仅是跨学科和交叉学科的思想。我们应该对学科进行"生态保护"，即考虑到学科整个的背景，包括文化和社会状况，以及学科是在什么环境下提出问题，然后僵化和变形的。还应该重视元学科，所谓"元"（meta）指的是超越（dépasser）和保持（conserver）。不能完全打碎学科建立的一切，不能拆除所有的藩篱，学科应该既是开放的，同时也是封闭的。

同时还应该认识到，要想学科不封闭和避免走向衰亡，就必须跳出学科的围墙。这点可以引证 300 年前帕斯卡（Blaise Pascal）讲的话，用元学科的观点来论证学科："所有的事物既是因，也是果；既是求助者，也是助人者；既是间接的，又是直接的；一种自然的人类感觉不到的纽带把它们联系在一起，同时也使它们相互之间变得更加疏远和彼此的差异变得更大。"[1] 他劝导人们掌握活的知识和掌握能往返于局部和整体之间的知识。

---

[1]　Morin Edgar. 1994.

6. 何谓"跨学科性"

我们现在再回到跨学科、多（综合）学科和交叉学科性这个问题，这些词因多义和含混不清而没有最后确定下来。莫兰对这些词做了较形象的解释，他说，跨学科性仅仅是指各种不同的学科围绕在同一张桌子周围或出现在同一个会议，就像各国都加入联合国一样，不为别的，每个国家仅仅为了证实本国的权利和相对于其他国家的主权。但是，跨学科性同样意味着交流与合作，这些交流与合作能使跨学科性变成某种有机物（chose d'organique）。多（综合）学科性则是把具有共同研究对象和研究计划的学科组织在一起，成立一个协会。在这个协会中，有时召集专家技术人员解决这样或那样的问题，有时也努力加强学科之间的合作，共同设计课题和制定研究计划，例如灵长类动物的人化过程研究。至于交叉学科性经常指的是，一些认识能够渗透进、甚至强行进入其他学科，引起某些学科的焦虑不安。事实上，这些复杂的跨学科、多（综合）学科和交叉学科研究在科学史上起着繁殖（fécond）的作用，所以应该抓住它们的核心概念，即合作和共同的研究对象。准确地说，前者是多学科相结合，后者是制定共同的研究计划。一些人文与社会科学家认为，跨学科性的核心概念是，从一个主题或问题出发，采用开放型思维方式，设计、促进对知识的相互作用和互补性的研究。跨学科性的根本是将各方面的专家集中在一起，为实现共同的目标（研究或课题）而团结协作。①

也有些学者认为，跨学科性，即大家一起研究如何改变由于学科封闭和人为造成的知识断裂现象和如何获得交叉学科知识。

还有的学者认为，问题不在于探讨跨学科性，因为它本身就具有价值，它是人们分析具体问题、完成课题、研究某个主题或概念所必需的方法。正如莫兰所言，自从人类改变了对世界的看法，把世界看作是一些错综复杂的系统，"从此人类将物体设想为系统"②，跨学科方法显而易见就成为了一种非常必要的方法。

7. 跨学科性意义重大

最近几十年，学科开放和融合、概念流动和移植、思想交流和传播的

---

① L'approche interdisciplinaire http：//www. ulg. ac. be/geoeco/lmg/competences/chantier/contenus/cont_ interdis. html（2010 年 7 月 30 日）。

② Morin E. , 1977, *La méthode*, 1. *La Nature de la Nature*, Paris, Le Seuil. p. 100.

必要性日益明显。这主要是因为：首先，技术变得日益复杂，研究的问题不断增多，范围不断扩大，而且变得越来越难，例如环境问题使得各学科间的接触和交流明显增多；其次，研究人员在本学科内已感受到局限，迫切需要到学科之外寻找与自己的研究有关的灵感、思想和方法，由此出现了认知哲学、种群遗传学和生物化学这样的交叉学科；最后，整合知识纯粹出于人文主义的考虑，因为它是消除所有蒙昧主义最好的办法，特别是在当代知识十分分散和混杂的情况下，这样做符合时代的要求。

跨学科性正是在这样的历史背景下产生并不断追求自己远大的目标的。跨学科性的最终目的是，建立一种带有普遍性的准确的跨学科形式，用统一的语言解释到目前为止仍局限在许多大大小小学科内的理论概念、热点问题和研究成果。不言而喻，共同语言的建立将使人们希望的交流和获取其他学科的知识变得更加容易。此外，由此带来的相互沟通和理解是知识整合的主要因素之一。科学史告诉我们，相距较远的学科领域的相互交流是科技发展的源泉和动力。所有这一切说明，跨学科性意义重大。[1]

（三）　法国科研中心发展跨学科性的选择

法国科研中心是法国高等教育与研究部直接领导下的国家级科研机构，拥有一大批享誉国内外、卓越超群的学者和许多一流的科研机构、实验室。在新世纪之初，中心把"发展跨学科性"作为自己的首要任务列入发展规划，其目的是活跃学科和促进学科间的相互作用和相互渗透。

《法国科研中心发展规划：目标与举措》中阐述了这样一种观点：知识应该是互通的，理解方式应该是互补的，而不是对立的，实现这一点的前提是学科不能变成封闭的社会和孤立的研究领域。认识的发展离不开学科的存在和知识边界的开放，科研活动实际上是各个学科的专家相互交流学术观点和移植学科知识的活动，这些交流活动不断营造出畅所欲言的研讨氛围，使大家能够围绕着新问题和新观点展开协作研究。

法国科研中心作出"发展跨学科性"的决定，主要出于以下四方面

---

[1]　Interdisciplinaires（Recherches）Par Delattr，P.，Chef du groupe de biologie théorique au Commissariat à l'énergie atomique，responsable de l'Ecole de biologie théorique du CNRS.　http：//www.arfe – cursus.com/transdisciplinaire1.htm（2002 年 2 月 6 日）。

的考虑：

首先是为了搞活课题。过多地参考和引用过去的论著会遏制新的研究计划的诞生，学科间的相互作用即使不可能马上步入共同研究之路也有利于科学创新。众所周知，许多科学发现不是产生于学科内部，而是产生于学科间的相互接触。从某种角度讲，某项研究越是致力于知识结构的统一，越能证明自己研究的合理性。

其次是科学发展的需要。事实证明学科之间，无论是理论上，还是方法上都相互需要。史学家因采用社会学家的理论观点而取得重大科研成果，考古学的重大突破靠的是考古计量技术的不断完善，就像古生物学的发展离不开生命科学的分析方法和来自工程学的工具设备一样。

再次是跨学科性具有中介作用。根据社会现象确定某些认识对象或用科学术语探讨社会团体向研究人员提出的问题，均离不开跨学科研究，例如复杂的环境、卫生和城市问题，需要用多种方法进行探讨和需要各种不同观点的交叉和融合，单靠某一个学科很难解决或找到完整的答案。

最后是科学使命使然。像法国科研中心这样的基础研究机构，包括大学在内，其未来使命并不是巩固学科框架，而是推动科学技术的发展。因此，它将支持最具创新形式的跨学科实验和研究。①

简而概之，"发展跨学科性"并不是目的，从微观角度讲，是为了搞活课题，鼓励科研创新，激发人的科学灵感，活跃学科和促进学科间的相互作用、交流和渗透，实现学科的多样性和研究组织方式的多元性；从宏观角度讲，是为了满足社会需求、推动科技和知识发展，解决复杂的社会问题。

（四）跨学科性研究的三种模式

法国科研中心最重视的是跨学科性研究和跨学科思想。跨学科性概念本身因研究形式不同而出现歧义，首先是望词生义的"多学科性"（pluridisciplinarité），即把各种不同的学科集中在一起，各自用本学科的

---

① Programmes du CNRS: objectifs et démarche　http://www.cnrs.fr/cw/fr/prog/progsci/progsc. html.

研究方法，研究交叉学科问题。其次是范围较小的"跨学科性"（interdisciplinarité）研究，即用跨学科方法，通过相互交流理论、分析方法和手段，进行跨学科研究。最后是"交叉学科性"（transdisciplinarité，也有人译成"超学科性"）研究，这种研究旨在建立共同的研究对象并采用适合于这些研究对象的综合方法。在这种由不同学科构成的学术团体中，各学科的特点和作用非但没有消失，反而有加强的趋势，因为交叉学科研究需要每个学科都有自己的"硬核"，各学科也正是在交叉学科研究中，找到了证明和突出本学科特色的新方法。①

关于跨学科性的解释有多种，有的法国学者虽然也认为跨学科性有三种形式，但表达的方式却不同，认为应该把它们解释为：（1）互补性，即两个或多个学科研究同一个问题，按问题的不同方面进行分工；（2）移植性，指的是一个学科应用和引进某个学科的概念，或将这个学科的概念据为己有。这是一种有助于概念更新的知识流动；（3）融合性，主要指来自不同学科的学者创建一个新学科，生态学就是多种学科概念融合的产物。

无论把跨学科性解释为三个阶段，还是归纳为三种形式，只是表达方式上的不同而已，实质上没有什么区别。从目前法国的跨学科研究来看，也确实存在着三种跨学科性模式：

1. 邻近和互补学科的跨学科性

这种跨学科性已存在较长时间，主要是一些相互邻近的学科，至少是一些相近的主题或一些出于理论和新旧历史原因相互关联的部门之间开展的跨学科研究。如经济学与农艺学（生产本位主义系统）、分子生物学与自然史（进化）、生物学与数学（动力系统）、遗传学与统计学（数量遗传学）、地理学与社会学（人口问题）、物理学与数学（ondelettes）、经济学与法学（预防原理）等。

在这种模式的跨学科研究中，学科仍然体现出自身的重要性，只是出于跨学科性而改变其名称或身份。有时学科之间会出现暂时妥协的现象；学科的所作所为变得像是个机构：时而交流合作，时而发生边界冲突；有时又俨然是一个权力机关或代表着过去，对科学施加压力：核物理学和生

---

① L'approche interdisciplinaire http：//www. ulg. ac. be/geoeco/lmg/competences/chantier/contenus/cont_ interdis. html （2010 年 7 月 30 日）。

物学合作开展的有关环境问题的研究就是一个例证。

法国学者的最大希望是这样的跨学科研究能长盛不衰。然而以什么形式？科研人员和科研机构要承受多大的压力？特别是，它每年需要成千上万的经费做支持，而国家的科研政策又总是变化不定，各届政府总是喜欢垄断学科性，总喜欢短期内看到效果，例如有关城市问题的科研政策。

2. 目标一致的多（综合）学科性

这种多学科性模式，即根据国家（以较困难的方式）确定的目标（合同）开展跨学科研究。法国政府确定的国家级重大科研项目就属于这类跨学科研究，另外通过国际代理机构参加的国际科研项目，特别是欧洲课题项目（"创建欧洲研究空间"），也属于这类跨学科研究。最早负责落实这些多学科研究项目的领导机构是法国科技总代表团，现在则分别由法国科研中心、法国研究部、环境部、交通部、装备部、国家卫生部等直接负责领导。

法国科研中心人文社会科学学会承担的国家级重大课题项目种类繁多，如传染病防治研究、城市生态和城市规划、市镇交通、能源、海滨保护问题等。要圆满完成这些项目，首先要求研究人员必须懂得将社会问题变成科学的基本问题，同时能将全国的科研规划与局部的迫在眉睫的问题区分开；其次，要学会挑选合作者，重要的不是看合作者掌握多少种学科知识，而是看他是否具备很高的学术造诣和有高尚的人品，这两条标准缺一不可。

3. 意想不到的跨学科性

有趣的是，有时候虽没有明确的研究对象，却云集了方方面面的专家。这样的情况多次发生在法国科研中心。在某些研究中，至少开始的时候，人们是以探讨的口吻提出问题，如血吸虫问题和类晶体（les quasi cristaux）。遇到这种情况，其实从一开始就应该把多种学科集中在一起，而不是随着技术问题的提出，再逐渐地吸收其他学科参加。因为，唯有跨学科研究才能激发人的想象力和创新力。[①]

---

① Réflexion stratégique du CNRS. Rapport du Groupe de réflexion stratégique（GRS）"Traitement des systèmes complexes et interdisciplinarité" – Septembre 2001　http：//www.cnrs.fr/Strategie/DocPDF/GRSinterdisciplinarite.pdf（2003 年 4 月 25 日）。

二　21 世纪的法国跨学科研究

（一）法国政府强力支持跨学科研究

法国的跨学科研究由来已久，但真正得到政府政策上的大力支持，形成制度化、规模化和职业化却是在 20 世纪 90 年代初。

1993 年，第一个由法国研究部资助的国家级跨学科研究规划问世，确定生命科学、信息与传播学、环境科学、社会动力学、材料与技术和天文学六大学科为法国跨世纪跨学科研究的重点学科领域，同时批准了数十个课题项目。这些课题项目是政府、科研、教育机构和企业根据现实问题、社会需求和科学自身发展需要设立的，一般每隔一两年调整一次，每四五年彻底更新一次。

1993 年以来，法国政府连续三次将跨学科研究列入国家科研规划，并作为国家科研发展战略的重点。特别是进入新世纪以后，重新修订了跨学科研究发展战略，大幅度提高了重点学科领域的科研经费。

新世纪初颁布的《2002 年法国研究与发展预算》① 继续将生命科学、宇宙科学、信息科学与环境科学列为国家重点投资的学科领域。

生命科学成为政府的重点投资对象。2002 年的法国研究与发展预算总计 90.36 亿欧元，比 2001 年提高了 2.9%。其中生命科学预算高居榜首，达到 22.37 亿欧元，占总预算的近 1/4（24.8%）。

环境，能源与可持续发展问题引起特别关注。紧随生命科学之后的是对环境、能源与可持续发展问题的研究。2002 年，该问题的研究预算首次跃居第二位，达到 14.448 亿欧元，比上一年提高了 3.3%，占总预算的 16%。

空间研究优势不减。2002 年，法国研究部仍将空间开发与研究列为重点投资对象，把经费预算提高到 14.286 亿欧元，约占法国研究与发展预算的 15.8%。

信息科学的研究经费仍保持增长势头。2001 年，信息科学与信息技术经费预算的增幅最大，提高了 15.7%。2002 年虽然有所下降，但也提

---

① Le projet du budget civil de recherche et développement（BCRD）pour 2002　http：//www. recherche. gouv. fr/discours/2001/budget/bcrd. pdf（2002 年 8 月 10 日）。

高了七个百分点，即增加了 5470 万欧元。

新增经费主要投向三个方面：（1）支持建立计算机集成系统；（2）法国技术、教育与研究电信网从第二代升级到第三代，实现国家和私人研究机构与大学的联网，提高上网速度和服务质量，使用户能便捷上网；（3）2001 年，法国研究部向"信息资源与数据全球化"项目投资 214 万欧元，与教育部合作建立"数字大学"，发展远程高等教育。

（二）新世纪的法国跨学科研究课题规划

鉴于法国科研中心在法国的跨学科研究方面占有举足轻重的地位，承担了大部分国家级跨学科课题项目，是落实法国政府制定的全国科研规划的主要科研机构（在生命科学科研规划方面承担了 28.9% 的课题项目，在环境科研规划方面承担了 28.5% 的课题项目），这里重点分析介绍该机构在新世纪的跨学科研究和课题规划情况。通过对该机构的分析介绍，也许可以管中窥豹，了解到全法国的跨学科研究状况。

1997—2000 年，由法国"跨学科研究指导与协调办公室"确定并负责领导的跨学科研究领域有 5 个：生命及其核心问题、环境、社会发展动力、电信与认知和材料与技术。这 5 个领域共设立 16 项重点课题，其中半数课题项目已于 2000 年第三季度结项。

2000 年 5 月 16 日，法国科研中心公布了《2000—2004 年跨学科研究规划》。该规划与上一个跨学科研究规划的主框架基本相同，仍然围绕着 5 个学科领域，只是把"社会发展动力"换成了"物质"，同时又新增了 7 项课题：带脱氧核糖核酸的蚤（Puces à AND），生物信息学，分子与治疗对象，环境与过去的气候：历史与演变，人类、言语和语言的起源，单个的纳米物体和天体粒子。[①]

据法国科研中心科学委员会（2001 年 3 月 22 日）和机构行政管理委员会（2001 年 3 月 29 日）透露，2001 年法国科研中心对课题规划再次进行了调整，新增了 9 项新的课题：生物链的活力和反应性，蛋白质学与蛋白质工程学，小动物拍摄技术，生物医学、健康与社会，信息社会，认知与信息处理，机器人技术与人造实体，非常环境的地理微生物学，生物技

---

① Programmes du CNRS: sept nouveaux programmes pour 2000—2004 CNRS – Info, n. 386, septembre 2000.

术对农业生态系统的影响。①

2002 年，为了使各种不同的传统学科边缘产生出更多新的学科，为应对科技、社会和经济的挑战和解决当代社会问题，法国科研中心根据法国新的科技政策方针和《2002 年法国研究与技术发展预算》，在仍然坚持五大学科领域的基础上，对 2001 年的课题规划进行了又一次的调整和更新，使课题项目达到了 17 个。② 其中生命及其核心问题方面有 8 个，信息与认知方面有 3 个，环境与能源方面有 3 个，材料与纳米技术方面有 2 个，物质方面有 1 个。2009 年，人文社会科学学会开展的新课题主要围绕着欧洲一体化，都市化，就业，交通，能源，环境，空间、信息、传播和生物技术等与人的生活密切相关，或与社会、经济和技术发展有关的问题。

从以上调整中我们可以发现，2000—2004 年的跨学科课题规划与1997—2000 年相比有了很大的变化，增减了不少课题项目。其中最值得关注的是以下四个方面：

（1）技术科学成为研究热点。新技术层出不穷，科学工作者不断挑战技术极限和利用尖端技术支持商品生产和服务。在新世纪的跨学科课题规划中，我们发现技术科学的研究领域明显拓宽，有关生物技术、环境技术、信息和电子技术、化学与物理学工程和材料技术（纳米技术）的课题多得令人眼花缭乱。

（2）认知科学成为前沿学科。认知科学是一门新兴的学科，从1997—1999 年的课题规划中，我们发现，当时科研人员只是从理论上单纯地研究认知科学，但进入新世纪之后，情况发生了根本性的变化：认知科学与信息技术相结合，发展前景变得异常广阔，开辟出许多新的研究领域，如计算机视觉领域、脑认知成像领域、视感知觉领域、语言学领域、推理等高层次认知过程领域、认知神经科学等。随着新世纪的到来，法国把"认知与信息处理"、"机器人技术与人造实体"提上了跨学科研究日程。

（3）环境与能源始终是焦点问题。1997—1999 年的课题规划中，有

① Programmes du CNRS：neuf nouveaux programmes pour 2001，CNRS – Info，n. 396，septembre 2001.

② Programmes du CNRS：sept nouveaux programmes pour 2000—2004 CNRS – Info，n. 386，septembre 2000.

关环境的课题只有"环境、生命与社会"，2000—2004 年的课题规划不仅重新调整了研究的重点，而且扩展了研究的范围，新增两项课题。新课题的最大特点是环境研究与生物技术挂钩，与历史上的气候联系在一起，从不同的角度探讨导致环境变化的因素。

（4）生命科学研究异常火爆。新世纪的课题规划表明，生命科学引起法国科学界的高度重视，课题项目由 1997—1999 年的 3 个猛增到 8 个，成为法国跨学科研究中最火爆的一个学科领域。新世纪的生命科学不仅研究对象比过去显著增加，而且研究的问题更加贴近时代，贴近社会发展和人类自身生存与发展的需要。

（三）法国人文社会科学的三大跨学科研究领域

跨学科研究重点涉足的学科领域上文已做了介绍，下面分析探讨人文社会科学与自然科学相互结合最紧密、相互渗透最多、交叉范围最广和交互作用最明显，同时也是法国科研中心人文社会科学学会在其中发挥作用最突出的三个跨学科研究领域，它们是：生命科学、信息与认知科学、环境科学。

1. 生命及其核心问题

（1）生命及其核心问题之一：人类、言语和语言的起源

语言折射社会发展的轨迹。语言的发展与种族的扩增和社会变迁之间究竟存在着怎样一种对应关系？生物医学的发展对人的健康和社会发展将产生什么影响？这三者之间究竟存在着一种什么样的关系？为了探明这些问题，法国科研中心把"人类、言语和语言的起源"和"生物医学、健康与社会"列为重大科研项目。

语言的起源对于我们来说一直是一个谜，最近几十年，随着遗传学、考古学和语言学数据和文献资料的快速积累，随着分子生物学、人类种群遗传学（génétique des populations）、考古学和语言学的相互交叉和渗透，随着新的研究方法和技术手段的不断进步，有关人类和人类交际起源的探索取得重大进展，我们终于看到了解开这个"世纪之谜"的曙光。

"人类、言语和语言的起源"是法国国家级重点科研项目，法国科研中心在这项研究中发挥着举足轻重的作用。鉴于这个问题与人文社会科学关系密切，又具有很强的跨学科性，法国科研中心将该课题交给人文社会科学学会主持，以便进一步突出人文社会科学学会的作用和促进该部各学

科（语言学、生物人类学、古人类学、考古学）与生命科学部各学科
（神经学、分子遗传学、种群遗传学）的相互交叉。该项目是人文社会科
学家参加人数最多，也是内容最丰富的一个项目。它包括语言与基因、语
言与考古学或古考古学、语言与思想或大脑、语言与社会群体 4 个方面。
该项目已于 2004 年年底完成。

为了圆满完成这项庞大的课题计划，法国科研中心专门成立了一个课
题指导委员会，其成员由各学科的专家构成，其中有：种群遗传学家、人
类学家、古人类学家、人种遗传学家、遗传学家、语言学家、信息学家和
神经学家。他们分别负责指导欧洲旧石器时代的人口，语系、形态演变与
语言演变之间一致性的评估和语言的起源与考古学等 22 个子课题项目。

下面我们重点分析介绍其中 5 组课题的研究重点和研究成果。透过这
些课题，我们可以发现，法国的专家学者无论从何种角度出发，采用何种
研究方法和模式，目的都是为了探明人类的起源和语言产生的来龙去脉。

（a）语系、形态演变与语言演变之间一致性的评估：方式与方法。
法国的研究人员尝试建立一些能把相似的东西归类集中的标准和建立一种
能阐明这些类别的历史演变关系的方法。人类种群的多样性可以通过各方
面进行确定，首先是形态，其次是基因，最后还有文化和语言。一些调查
研究已经表明，人类基因的地域分布同语言的地域分布之间有着令人惊异
的相互伴随关系；在某些情况下，可以根据人们所使用的语言或所属的语
系来辨别其在遗传上所从属的种群。现在，有很多方法能测试出基因史和
种族史相吻合。今后，这种有关一致性的研究还将扩展至对现代人和古代
人的形态描述。这些研究的最终目的是想把语言交流和基因交流联系在
一起。[①]

（b）语言的起源与考古学：从语言谱系树模型到种群发展的过程。
对于人类学家、考古学家、语言学家来说，研究世界各个民族所操的各种
语言的起源及其演进、变化、传播、分布的历史过程，阐明基因、种群和
语言的相互关系无疑具有极其重要的意义。该课题并非想获得新的经验数
据，进一步证实"新综合"的可能性，而是分析思考今天和过去建立的
理论工具，特别是语言谱系树模型的合理性，回答它提出的问题。目的是

---

① Pierre Darlu, Evaluation de la congruence entre évolutions génétique, morphologique et linguistique : modèles et méthodes.　http：//www. ohll. ish - lyon. cnrs. fr/pdf/Darlu. pdf（2010 年 7 月 30 日）。

为了分析指出，文化媒介对人类群体选用语言和生活方式（技术、经济、政治）至关重要。

从考古学方面看，对于由主干向外分叉，即人类群体和语言从某个地方或某个时期起，向外扩散和传播的语言谱系树模型，考古学的课题是要证实对技术和文化进行时空诠释的有效性。

从语言学方面看，长时间以来，语言谱系树模型也存在着许多不足之处。其物种不变论与调查结果和语言学的描述毫不相符。最近，格拉斯纳（J‐J. Glassner）在他的有关最早文字的研究成果《苏美尔语的拼写》①中指出，从那个时代起，文字文献中就出现了拼写方面的差异。

考古学家和语言学家的期望是，分析源自人文科学和自然科学理论结构的比较模式和单位。对单位本身（特别是考古学）仍有许多研究工作要做。就连著名的意大利裔美国遗传学家卡瓦利‐斯福尔沙（L. L. Cavalli‐Sforza）和美国考古学家克拉克（G. A. Clark）也认为，"单位（文化、生物学）尚未用同样的方法确定其范畴，因此也不可能加以比较"②。由此看来，这方面的思考将成为该课题的重点。因为它是把古遗传学家与社会和语言研究专家的研究成果融合在一起，或者对这些成果进行有效综合的前提条件。

（c）欧亚大陆语、诺斯特拉语及其他：多学科观点（人类学、遗传学和语言学），可能扩大的比较语言学问题。该课题用多学科（语言学、遗传学和人类学）方法研究地中海南北两岸及其邻近地区的语系之间的关系和原始时期的自然语言。课题组由三个专题小组组成，分别从事下面的课题：建立《亲属关系词汇的全球词源数据库》（Base de données étymologique mondiale des termes de parenté），撰写论文论述"基因与语言族谱：用免疫学组织不一致分类 A 的遗传标记，脱氧核糖核酸 mt 和染色体 Y，比较分析讲印欧语（欧洲有法国和意大利）和西亚北非诸语言（马格里布地区有摩洛哥和阿尔及利亚，近东有叙利亚，中东有阿富汗）的种族"和"从诺斯特拉语假说到诺斯特拉学的建立"（De l'hypothèse nostratique à la construction de la nostratologie）。

与此同时，他们希望提供清晰、准确和得到整个科学界承认的知识。换言之，在课题涉及的各个方面都有所成就，建立新的完整的跨学科知

---

① Glassner, J. ‐J. , *Ecrire à Sumer*, Seuil, 2000.
② *Journal of Anthropological Research*, 1999.

识。除了理论研究外，他们还就方法论问题进行了深入探索，一方面思考把多学科科研成果整合在一起的方法，另一方面确定并用新的语言学方法对原始母语进行历时性比较语言研究，即通过对各种不同语系的比较研究，从中找出它们最早的共同特点，也就是找到语言的基础，或者说语言的起源。他们认为，假设大语系的假说成立，便可以通过以下三个方面证实大语系的存在：首先，这些共同特点的相容成分；其次，它们的语法表达方式的相同或相似特点；最后，相关年表的吻合。

总之，他们要探明的是，所有的信息和多学科的基本知识能否对欧洲语言的起源下肯定的结论。①

（d）东亚的语言与基因。该课题参考东亚语言谱系分类和基因的相同性的假说，重点研究东亚的人口迁移，东亚人的语言和基因分化过程的关系；由于地理因素只影响到东亚人的遗传外形，还要探讨与地理无关的语言和基因差异的关系；验证语言与基因的相互影响和基因与外来语的关系。②

（e）语义与句法共同演变的信息模式。最近几十年，表现语言丰富过程的信息模型取得了引人注目的发展，特别是模拟语言的产生，有助于揭示语言产生的条件和提供了验证相关理论的工具。该课题利用信息手段、软件和计算机统计方法分析探讨语言的起源。主要目的是研究语法的产生，即从无语法结构（原始语言，也有人称"母语"）向句法结构的过渡。③

在古人类学方面，人文社会科学学会和生命科学部或其他科研机构共同商议推动古人类基因研究的发展。利用这些机构在种群及其进化方面的研究优势，使生物人类学研究发生深刻的变化。

进入新世纪，人文社会科学学会集中人力和财力，准备建立一个古人类基因中心或网络。还准备成立一个研究培训机构，制定一项积极的共同商议的招聘政策，探索与其他研究中心或研究机构，在生物人类学和考古

---

① Jean – Pierre Levet, Eurasiatique nostratique et au – delà: approche pluridisciplinaire (anthropologie, genetique, linguistique). http: //www. ohll. ish – lyon. cnrs. fr/pdf/Levet. pdf （2002 年 3 月 6 日）。

② Sagart Laurent & Poloni Estella, Langues et Gènes en Asie orientale. http: //www. ohll. ish – lyon. cnrs. fr/pdf/Sagart. pdf （2002 年 3 月 6 日）。

③ Steels Luc, Modélisation informatique de la co –évolution de la sémantique et de la syntaxe. http: //www. ohll. ish – lyon. cnrs. fr/pdf/Steels. pdf （2002 年 3 月 6 日）。

学研究方面的合作模式。

（2）生命及其核心问题之二：生物医学、健康与社会

今天，生物医学、健康与社会之间的关系发生了重大变化。人的平均寿命延长，这一点显然与医学的进步有很大的关系：可以部分从医疗技术上做到。当代研究人员面临的任务是，深入思考疾病及其产生的后果给社会造成的负担，以及如何搞好个人和全民的疾病预防工作，做到上传下达，为政府和集体决策提供相关文献和数据。"生物医学、健康与社会"课题组成员采用更加全面的观点（整合的理论）分析解决社会提出的问题，在探讨社会变化机制的同时，探讨科学知识的发展及其对健康的影响。该课题研究的三大重点是：（a）如何提高人的地位问题。增强人类对生命的干预能力，"控制传宗接代"和发展生物技术，从多角度探讨生命的适应能力和人的基本概念问题。从中发现人与自然的关系并找到生物学、政治学、法学、经济学和社会学有关该问题的答案。该课题同时还涉及医疗方向的调整和治疗方式的提高、疫病的预防与控制。（b）识别和根治对健康造成威胁的因素。第一步先探讨人们对威胁健康的因素的认识和定性过程，第二步建立共同的治理模式和消除威胁的新方法。与此同时，完善医疗保障、疾病预防和卫生监督制度。（c）医疗保障、医疗护理及用途。当代科学技术的飞速发展、经济和文化的巨大变化对医学产生了深刻的影响，一些过分专业的医学理论方法已经显得有些过时，因此有必要对它们提出质疑。[①]

法国保健和医学研究所与法国科研中心人文社会科学学会联合开展"健康"问题研究，合作建立了"卫生保健学术研讨班"。前者负责研究保健与社会形势和决定保健因素的相互作用，后者则重点探讨"人口老化"问题。另外，两个机构共同负责撰写《社会保健的不平等：社会不稳定、各种风险与保健》一书。

2000年10月24日，该课题组召开讨论会，主题为"生命大事记、社会不平等与保健"。参加这次讨论会的学者们探讨了社会形势与某些保健护理（早产、残疾人护理和精神保健）的关系，影响健康的因素和生命中的重大变化（鳏居和寡居、家庭破裂和单亲家庭）对健康的影响。

2001年1月30日再次召开讨论会，主题是"就业与健康"，与会者

---

① Ce texte est extrait de CNRS – Info，n° 396，septembre 2001.

们把目光主要集中在社区，探讨就业状况问题如何影响人的健康，探明为什么造成个人焦虑的某些风险因素可以通过宏观社会背景加以改变。社会学家强调饮食习惯，但不评判"习惯的好与坏"；传染病学家则偏重指出有害于健康的不良习惯。事实上，导致疾病的原因非常复杂，既有外界因素，也有人自身的内在原因，同时还受世界观和人际关系的影响。

职业病理学阐明了健康、衰老与工作不稳定或失业之间的关系，健康与职业活动的关系，机能不全的人的劳动表现与就业难问题。

总之，健康研究是一个非常广阔的研究领域，需要经济学、管理学、社会学、法学、政治学、地理学，甚至史学和人类学的加盟。亟待探索的问题有：如何加入保健护理机构、对这类机构的政治和经济管理方式、个人的社会—经济水平与身体状况的相互作用、各种依赖（医药、毒品）所产生的社会和经济问题、人口老化以及就业对社会的影响问题。简言之，从疾病的源头：环境、生活条件、饮食等，研究整个社会对保健的需要和全民健康问题对经济和社会的影响。①

2007 年，生命及其核心问题之二：生物医学、健康与社会课题继续被列入法国研究部的重点跨学科研究课题计划。新资助的课题名为"长寿与老龄化"②，牵头单位是法国科研中心人文社会科学学会，课题的主旨是：（a）扩大人们对与人的寿命相关的分子、细胞和生理结构的基本了解，提高预防和治疗技术，推迟身体机能出现障碍和紊乱的时间或延缓免疫功能衰退的速度，最终改善老年人的生存状态；（b）随着年龄的增长，人的大脑和认知功能不断发生变化，老年痴呆问题已成为当今世界关注的重要问题，如何延缓人的衰老已提上议事日程；（c）采用新技术缓解老年人的孤独感，降低危险和伤残系数；（d）全社会都必须深刻认识到老年人问题是当今社会的头等大事，其重要程度远远超过了经济和政治。解决好这一问题不仅需要先进的医疗技术，更需要的是增进全社会对老年人以及各个年龄段的人的关爱之心，经济上加大投入力度和政策上向这方面倾斜。

2. 信息与认知

21 世纪被许多学者称为"生物科学、脑科学的百年"。对人脑认知功

---

① Orientations stratégiques du département des Sciences de l'Homme et de la Société. *La lettre du département SHS* Numéro spécial，juillet 2000.

② Longévité et vieillissement. http：//www.cnrs.fr/prg/PIR/programmes/longevite/longevite.htm（2010 年 7 月 9 日）。

能，认知结构及其神经机制进行多学科、多层次的综合研究不仅是生命科学，而且也是人文社会科学的科学使命。法国科研中心人文社会科学学会高度重视认知科学研究，为此组成了一个由三大学科构成的科研单位，全力探讨人类的认知和智力本质与规律。这三大学科是，语言学（旨在阐明语言特性和人类语言产生的根源，同时研究伴随认知发展、语言模型不断丰富的认知语言学）、精神哲学（侧重研究概念化现象和复杂逻辑问题，特别是推理）和人类学（以各种文化推进人类思维过程的方式研究问题的认知人类学）。

最近几年，人文社会科学学会同符号处理技术与自动化技术部、工程科学部、生命科学部联合开展的跨学科课题项目有："机器人学与人造实体（Robea）"和"信息处理"。

（1）机器人学与人造实体①

2001 年，"机器人学与人造实体"开始落实（a）具有话语功能的机器人，即言语与语言认知机器人；（b）儿童学习语言的认知模式；（c）具有从理解到自我完善和自行处理问题的复杂结构的机器人；（d）对两足机器人的走和跑的控制；（e）HR＋：人机交互作用；（f）对用电刺激下肢瘫痪的人的腿部运动的控制等 10 项子课题。

机器人学属于多学科研究领域，主要研究方向是，机器人和生产制造系统的智能控制与智能自动化、计算机网络系统的通信与控制、实时网络与多媒体机器人技术及应用、人机交互技术和微型机器人。"机器人学与人造实体"课题重点探讨机器人的感知、决定和行动。同时，研究如何把感知—运动机能和思考功能集于一台机器上，使其具有适应各种环境的高自主能力，能根据环境不断调整自己的行为动作；在与其他机器或人类交互作用时，能根据经验自行做出抉择；能在与周围环境的交互作用中，被动或自动地学习，并通过学习不断进行自我修正和完善。

（2）信息处理

计算机和软件的问世，催生出人工智能机之果。人工智能机试图模拟和采用人类的认知处理功能，然后在完全不受人控制的情况下，自己进行推理和产生多套专家系统。20 世纪 70—80 年代，人类对大脑的认识有了长足的进步，模拟制造出人造神经网。紧接着又发明了脑照相术（imagerie cérébrale），

---

①　Robotique et Entités Artificielles Robea.　http：//www. laas. fr/robea（2002 年 3 月 6 日）。

人工智能具有了功能分析能力，最显著的进步表现在推理技术和语言处理方面，为今天大脑的认知理解和人工智能的发展创造了新的条件。

人工智能的研究更多的是结合具体领域进行的，主要研究领域有专家系统、机器学习、模式识别、自然语言理解、自动定理证明、自动程序设计、机器人学、博弈、智能决定支持系统和人工神经网络。

"信息处理"课题是人文社会科学学会同工程科学部和符号处理技术与自动化技术部的合作项目，课题计划2—3年完成。该课题集中了法国各大科研机构的信息处理专家、神经科学家、心理学家、神经心理学家、人工智能专家、认知科学家、数学家、自动机械学家、系统学家和电子学家，重点进行人工智能研究，共同制作出有助于了解人类智力活动，如学习、推理、创造活动和语言表达等的信息软件。

该课题分三步完成，换言之，专家们借助人类大脑照相术、认知心理学、信息处理、模型化和模拟等先进技术和方法，探明三个问题：（a）认知的基本功能，其中包括感觉、控制、记忆、推理和形状的识别；（b）感觉和行动、思考和学习行为；（c）语义处理、符号处理和时态处理。

（3）信息社会

现在，人们在人类已从工业社会迈入信息社会这一点上达成了共识。这种说法已成为现实，然而信息社会只是一个笼统的概念，实际上它由多方面构成：除了信息技术之外，还包括工程、产品的设计与制作、企业的结构、信息传播在企业中的作用和信息的开发、劳动、教育、文化、艺术创作、社会关系等。因特网的发展只不过是诸多发展中的一种，但似乎正在对社会产生前所未有的强烈冲击和持久的影响。

信息社会首先以史无前例的信息爆炸形式出现，进而包罗一切的信息成了企业的"新资源"和社会变革的强大动力。这一巨大的变化使沟通变得异常重要，沟通和交流无处不在，不仅仅在推动新的通信技术和工具（移动电话、笔记本电脑等）发展的人类之间有了交流和沟通，而且在为人提供交流界面并在社会中发挥日益重要作用的通信工具之间，也存在着交流和沟通。

这意味着，人文社会科学应该在信息学和传播学中发挥巨大作用，否则有可能把信息变成背景噪声（un bruit de fond）和把信息处理变成对毫无意义的符号的简单处理。这次的跨学科研究计划，把科学和信息技术与人文社会科学紧密联系在一起。专家们预测，知识与信息或数据的相互作用将导致以下三方面的结果：（a）加强对知识和多媒体内容的管理；（b）增强人与信息系统的交互作用（信息内容和信息处理，信息链接技术，人—机的交互作用，机器人的推理、自动处理与对话，甚至可以模仿人的行为）；（c）建立信息经济和信息社会。

新近正在发生的变化还涉及法律问题。特别值得注意的是软件业的发展、信息资源的开放与数据流通有关的法律问题（数据保护、扰频等），以及著作权法和知识产权法的全面修改。①

法国法学家 I. 德朗贝特里（Isabelle de Lamberterie）女士认为：“这方面的研究除了有传统的著作权或专利权问题外，还有与文化、科技交流国际化和与因特网扩大有关的问题。法学研究人员分析的问题和领域已扩展至法律对科学发现和数据库的保护、信息管理和信息通信，探讨如何调整信息社会中的个人与集体各方面的关系，从理论上分析司法决定和法规出台的背景，以及向工作在信息传播学科领域的研究人员宣传法律知识的方式方法。”②

3. 环境与能源

最近几年，法国政府、知识界和企业界日益重视对环境与能源问题的研究，不断加深对左右过去地球环境的自然进程及其时空变化的理解和对环境与生态系统关系的理解。先后开展的相关课题有探讨古气候的国家级项目“气候变化研究”；重点围绕气候预测研究的国际合作项目“气候变化与可预测性”；对古今气候进行比较研究的“环境与过去的气候：历史与演变”；侧重研究人类活动对自然环境影响的“环境、生命与社会”；重点探讨城市的发展与环境的关系，以及如何在布基纳法索建立一个传染病或因污染致病的预报或预警系统，提高当地居民生存质量的“城市与环境、季风”课题。

下面分析介绍一下“环境与过去的气候：历史与演变”，“环境、生命与社会”和“城市与环境、季风”三项课题的意义与研究进展情况，以及法学在环境问题上的新观点。

---

① Ce texte est extrait de CNRS – Info, n°396, septembre 2001.

② Orientations stratégiques du département des Sciences de l'Homme et de la Société, *La lettre du département SHS* Numéro spécial, juillet 2000.

（1）环境与过去的气候：历史与演变

由法国科研中心宇宙科学研究所、地球动力学与气候演变研究小组等牵头，人文社会科学学会和生命科学部共同参加的"环境与过去的气候：历史与演变"课题，是近年来法国组织的规模最宏大的课题之一，课题组成员来自考古学、史学、古海洋学、古植物学、古生物学、地貌学、地理化学、地层学、沉积学、人类学、冰川学等不同的学科领域和科研机构。该课题旨在研究过去不同时代的环境变化，深入分析地质方面的重大危机，预测未来的变化趋势，把环境知识与人类行为及其变化，以及人类对变化、危机或灾难的适应能力研究整合在一起探明地球系统在历史长河中的演变问题，至今仍是一个具有挑战性的课题，课题组成员试图把地球环境的重大变化与引起变化的各种可能的内外力（forçage interne ou externe）原因紧密联系在一起，进一步探明影响地球环境的自然进程及其空间和时间变化，进一步理解环境系统与生态系统的关系，重点探析人口动力、环境和气候变化对人类迁移和人类社会发展的影响。

（2）环境、生命与社会

该课题组的最大特点是成熟和异常活跃，成熟主要表现在立项早（1978），活跃不仅表现在频繁召开学术研讨会，而且有自己的刊物［《自然、科学与社会》杂志（*NSS – Natures, Sciences, Sociétés*）］和互联网主页，特别是不断有新成果问世，例如塞尔旺（Michel Servant）和塞尔旺－维达利（Simone Servant – Vildary）主编的《热带森林生态系统的长期动力》、[1] 布拉斯科与韦尔合著的《改善环境与生态模型》、[2]《环境、生命与社会课题组通讯》2000年第17期上发表的"社会科学中的环境问题"等。[3]

一般情况下，课题组每一两年召开一次学术研讨会，主题由"环境、生命与社会"课题科研委员会确定。进入新世纪，课题组更是经常不断地举办学术讨论会。2000年2月召开了主题为"科学、技术与环境"学术讨论会。2000年11月，在巴黎召开了主题为"社会与再生资源：环境

① *Dynamique à long terme des écosystèmes forestiers intertropicaux*. Editeurs scientifiques ：Michel Servant et Simone Servant – Vildary ，434 pages（150F）– Editions de l'Unesco.

② *Advances in Environmental and Ecological Modelling*，François Blasco & Alain Weill 219 pages – Editeur Elsevier.

③ Questions de l'environnement dans les sciences sociales, Lettre n°17 du PEVS – 100 pages.

危机的时间与空间"学术讨论会。2001 年末连续召开了 6 次主题为"生态系统工程"的跨学科学术讨论会,讨论的具体问题有:改造自然系统是生态学的新责任吗?保护和重新引进动物和植物种类,怎样和为谁做这些事情?生物多样性是一种能够更好地控制大自然的概念吗?减少气候对人类生活环境的影响到何时为止和需要付出多大的代价?经过讨论,与会者认识到生态学只是打开研究之门的钥匙,真正的目标是解决由人类社会提出的问题和改善人类的生存条件。

2001 年 11 月 12—14 日,在法国里尔举办了主题为"新世纪,环境、生命与社会课题日"研讨活动。讨论的问题有:"我们有什么样的自然?我们将拥有什么样的自然?"经过三天的讨论,学者们最后得出的结论是,我们生活在一个矛盾的时代。一方面,人类从原子到地球,包括细胞和生态系统等不同层面控制着大自然;另一方面,人类社会对大自然也存在着失控现象,很难理解和解决环境与健康问题。要想探明和干预过去的动力、当代的趋势和未来的威胁与风险也并非一件容易的事情。新的威胁和风险,还有生命的存在,使人类社会日益感受到与大自然相依而存的关系。出于对大自然的不同的需要和要求,各种文化、各国人民、各种社会和利益团体都以这种或那种方式探讨环境问题。

在这种背景下,由环境问题引发的论战,不禁使人想起了"人类在大自然中的地位"这样一个古老的话题。目前,除了哲学以外,人们还从科学、技术、政治、经济和新社会的角度探讨这个问题,最终提出了可持续发展概念。毋庸置疑,可持续发展概念是一种多元主义的世界观,树立这种世界观的前提是,首先要回答诸多问题,其次认识到这些问题彼此关联、不可分割。这些问题包括:为什么今天人类对自然的需求千差万别?是随着时代的发展而演变的吗?我们应该给后人留下一种什么样的形象和看法?为了使生物圈不失去自我调控能力,哪些限制是不能超越的?过去这方面的认识有哪些是可以借鉴的?社会展望学在环境方面可能发挥什么样的作用?人类掌握了哪些保护生态的方法?如何使这些方法和这些合理的决策符合民主的要求?如何制定出行之有效的环境政策?

环境问题同样与法学关系密切,许多环境问题的治理和解决需要借助法律手段。法国法学家普里厄(Michel Prieur)指出:"在环境方面,法学重点研究自然资源的利用标准与可持续发展、局域与地区环境治理、司法管理方式的多样化、国家和私人机构对国际法建立的影响,以及对本国执行国际法的影响。环境法是完善司法原则和推动技术发展的动力，该法将对整个法律产生决定性的影响。因为它要求社会重新修正和改善社会关系，建立新的公民身份和新的政治决策方式（行政管理民主和公众参与决策的新形式），树立新的法学观念：防患于未然、共同遗产、自然资源共享、视环境为财富、新责任感等，建立新的国际法规和新的合作关系。"①

（3）城市与环境、季风跨学科研究计划

该项研究计划由两部分构成，一是"城市与环境跨学科研究计划"（PIRVE），二是"季风跨学科研究计划"。前一项课题于 2006 年 11 月立项，2007 年 11 月正式启动，2011 年 11 月结项。② 该课题旨在使人们更清楚地认识到城市社会与自然和人造景观共同发展的动力所在，重点是探明城市系统的运行和发展过程中各方面（人文、社会、政治、文化、经济、法律、物资、生态等）在空间（局部、地区、全球）和时间（短期、中期、长期）上错综复杂的相互作用现象。

"城市与环境跨学科研究计划"包含着诸多子课题，2008 年和 2009 年进行的子课题有 24 个，主要围绕着三个方面：（a）城市的新陈代谢，指的是城市中的人类社会、生存空间、技术和自然环境方面的变化；（b）城市生活环境，包括生活资源、文化遗产、自然景色、社会不平等；（c）未来的城市：面临着脆弱和持续发展问题。

2010 年将在上述课题基础上继续资助的课题有两项：一是城市自然环境的改变、影响和过程；二是城市生活环境中的生活资源、文化遗产、自然景色、社会不平等和变化。

"季风跨学科研究计划"是 2006 年由法国科研中心人文社会科学学会与布基纳法索国立科技研究中心联合立项的课题，筹备工作用了一年时间，2008 年 2 月 29 日正式启动，计划 2012 年初结项。③ 该课题主要目的是在布基纳法索首都瓦加杜古建立一个传染病或与污染有关的疾病预报或预警系统，改善当地居民的生活质量和提高当地的医疗卫生水平。

---

① Interview de M. Michel PRIEUR - Groupe 5. http：//www. legrenelle - environnement. fr/spip. php？article57（2010 年 7 月 27 日）。

② Ville, environnement, mousson. Axe Ville, environnement. http：//www. cnrs. fr/prg/PIR/programmes/ville - environnement - mousson/ville - environnement/ve. htm（2010 年 7 月 27 日）。

③ Ville, environnement, mousson. Axe Mousson. http：//www. cnrs. fr/prg/PIR/programmes/ville - environnement - mousson/mousson/mousson. htm（2010 年 7 月 27 日）。

污染预报系统是建立在诸多次系统基础上的，这些次系统包括：（a）搜集物理和化学方面的污染数据（污染程度）；（b）搜集人们针对污染源采取的社会行动数据；（c）搜集当地人（或部分人）对污染的认识以及由此导致的行为改变的数据；（d）建立污染物扩散模型，包括由于地理、城市和外部综合原因导致的大气层中的污染物扩散模型；（e）确定污染物的威胁及其程度；（f）建立污染物对人的影响指数模型；（g）建立居民行为模式（汇编）和调节系统（网状系统、循环管道等）模型，最终拟订出一套解决方案。

综上所述，我们可以发现这样几点：（1）进入新世纪，法国的跨学科研究呈现出更加兴旺的景象，与20世纪90年代相比，又上了一个新的台阶，这样的快速发展是与政府的大力支持分不开的。也就是说，在法国的跨学科研究活动中，政府的作用占主导地位；（2）法国学者及各界人士对跨学科研究的重要性的认识不断提高，随之而来的是思路和视野的明显拓宽，灵感和创新之举接连不断，新思想、新观点、新理论和新方法层出不穷；（3）在法国，人文社会科学与自然科学的联盟已司空见惯。学者们已普遍认识到，这两大科学的紧密接触和结合，既是科学自身发展的需要，也是法国乃至全球经济和人类社会发展的需要；（4）法国的跨学科研究不仅表现在跨学科（人文社会科学、自然科学内部的各学科之间，人文社会科学与自然科学之间）方面，还表现在跨机构（科研机构内和科研机构与其他机构）、跨部门和行业、跨地区和跨国家方面；（5）法国的跨学科研究还具有三大特点：开放性，主要表现为学科、机构和政策的开放；流动性，主要表现在学术概念和研究人员的流动；创新性，最引人注目的是不断有新的研究领域、新的课题项目、新的学术思想和理论、新的研究方法和新的研究成果问世。总之，法国科学研究的跨学科性明显增强，特别是在人类迈入21世纪之后，法国的跨学科研究进入了一个崭新的阶段，已从多学科研究阶段发展到跨学科研究阶段，现在正向着更高层次的交叉学科研究阶段迈进。

第五章　信息化时代的法国
人文社会科学

一　法国科研中心的信息化历程

（一）文献数字化与科研管理网络化

《数字化生存》① 一书的作者尼葛洛庞蒂这样解释：数字化生存是生存和活动于现实社会的人进行信息传播和交流的平台，不过，这个平台是借助于"数字化"构造的。虽是虚拟的，但却是真实的而非想象的，是一种"真实的"虚拟空间。数字化——这个时代特征引领我们走进了"数字化时代"。在数字化浪潮席卷全球、网络化迅猛发展的时代背景下，人文社会科学的研究和管理面临着数字化和信息化的迫切需要。正如法国科研中心超大设备（TGE）和人文社会科学网络平台负责人杜塞在"数字化时代的人文社会科学"一文中所言："数字化过程已成为当代人文社会科学研究中真正或切身感受到的头等大事之一。实现文献数字化的目的是为了进行更深层次的文献处理和开发、分类归档和建库，为后人留下科学遗产，让祖孙后代享用，让科研成果发扬光大，让人们可以远距离工作，包括退休后的研究人员……。这就是数字化的好处，也是当今所有人文社会科学实验室、研究人员和教师—研究人员正在努力实现的目标。"②

法国政府支持法国科研中心的信息化建设大致可以分为4个阶段：最初是向法国科研中心拨款购买现代办公设备，实现科研手段的现代化，即普及计算机和计算机应用技术；之后是拨巨款完成文献信息的数字化和数

---

① 〔美〕尼葛洛庞蒂：《数字化生存》，胡泳、范海燕译，海南出版社1996年版。

② Laurent Dousset：Les SHS à l'ère du numérique，La lettre de l'INSHS 08 – Février 2010　http：//www. cnrs. fr/inshs/Lettres – information – INSHS/lettre_ infoINSHS_ 08. pdf（2010 年 4 月 5 日）。

据库建设；紧接着是开发人力资源，实现科研信息化，大力开发信息系统软件、建设局域网并与法国网络链接、设立网站和网页；最后是支持法国科研中心网与因特网链接，成为全球互联网的一部分，真正实现科研信息化和对科研的网络化管理。

作为法国科研领头羊的法国科研中心，在法国政府的大力支持下，加之中心研究人员的"倘若不能走在数字化时代前列，枉称'法国科研中心'"①这样清醒的认识，早在 20 世纪 80 年代初就毅然决然地踏上了数字化之路。

法国科研中心着手做的第一件事是数据库建设。首先，中心购买了其下属的所有实验室和各研究中心的数据资料及传播权，为未来的科研中心网络建立进行必要的先期准备工作。与此同时，中心行政管理机构、19个省和地区代表团、图书馆、文献中心、实验室和各研究单位先后利用计算机硬件和软件设备，按照统一的文献处理模式，争分夺秒地进行文献资料的数字化处理、搜集、分类和计算机录入，制作图片等，以便于软件的应用和用户的查询。

20 世纪 90 年代，为实现法国科研中心图书馆功能的现代化，法国研究部为中心图书馆功能现代化投资 3300 万法郎，其中 2500 万用于图书文献的数字化处理，120 万法郎用于服务器的链接。② 现已实现图书馆"传统"功能的信息化，即图书文献收藏采购数字化、图书期刊分类电脑化、流通和典藏查阅网络化。简言之，实现了图书馆的信息存储自由化、资源共享化和网络化。法国科研中心行政管理机构、文献中心、实验室和各研究单位也先后建立了各自的数据库。

在进行文献资料数字化工作和建立数据库的同时，法国科研中心开始向管理网络化的方向努力，紧锣密鼓地进行信息系统建设和软件开发，先后招聘 IT 人员近 2000 名，建立了 650 个服务器，开发了 14 种系统软件和数据库软件。这些软件分别是：科研人员信息、交流及行政管理软件（Icare）；研究人员考试招聘软件（Videotex）；国际合作自动管理系统软

---

① 2009 年 5 月 19 日法国科研中心信息科学与技术课题组向中心总主任提交了一份有关增设信息科学与技术研究所的论证报告，题为"关于信息科学与技术在法国科研中心中的地位"。http://www.specif.org/actualite/2009/rapportCNRS – STI.pdf。

② Dagand, Gilles. 1998, Rapport d'avancement du dossier: plan d'action pour l'informatisation de la fonction documentaire. http://www.cnrs.fr/SHS/（2002 年 3 月 6 日）。

件（Intercoop）；研究单位经费预算与财务软件（Xlab）；科研机构软件（Protocole,）；科研中心财会管理软件（GCF）；现代信息系统软件（Labinte）；人事行政管理软件（Gestion des AFIP sur le Web）；科研中心秘书处行政管理软件（Web du Secretariat General）；实验室信息咨询软件（Labintel Consultation）；法国科研委员会选举人员数据库（Base des èlècteurs du Comité national BFC）；信息中心系统软件（Infocentre）；专利与许可证管理软件（Mis－Brevets）和研究人员数据库（RETIS）。在不到 10 年的时间里，法国科研中心建立起覆盖全法国、链接因特网的信息系统和科研、行政管理网络，实现了网络化管理的目标。现在，法国科研中心秘书处及其他行政机构利用这十多种系统软件，通过因特网对法国科研中心从科研编制、机构设置、经费预算、科研计划、职称评定、成果评估、工资待遇、考试招聘、对外关系与合作、科研管理、科研政策等进行管理。法国或其他国家的研究人员和网络用户可以通过 170 个不同的网站和近 2000 个网页，查阅和咨询到法国科研中心 60 多万个文件。

（二）　加速实现科研信息化

法国人文社会科学研究机构，高校及其研究机构，私人研究机构已普遍上网并先后在因特网上开设了网站。法国科研中心人文社会科学学会在法国科研中心网站中不仅设有自己的主页，而且不断更新和丰富主页面的内容和信息，不断提高上网浏览速度。1998 年年底该学会的下属机构中仅有十多个机构上网，而今已普遍进入因特网。以个人名义在因特网上设立网站的研究人员数量相当可观。几乎每个科研机构、科研人员或学术刊物都在网上设有电子信箱，实现了网上科研信息及电子文件的互通有无。

1996—1998 年，为加速科研手段现代化和科研信息化，同时在不浪费人力和物力的情况下实现信息技术共享，法国科研中心信息资讯指导委员会向人文社会科学学会提供了 250 万法郎的信息化建设经费，投资建立了 20 多个"课题技术管理中心"（CCT：Les Centres de compétence thématique）。课题技术管理中心具备较先进的计算机硬件和网络设备及相关管理人才，任务是贯彻执行国家的科研信息化政策，改进人文社会科学学会研究单位与其他部门的研究单位在信息技术方面的合作，确保研究单位对信息技术的应用，促进科研交流和为跨学科课题研究提供良好的技术支持。在各课题技术管理中心的共同努力下，多数研究单位掌握了信息与传播技术，具备了上网的条件。课题技术管理中心通过电子信箱直接在网上接收并向各科研单位发送有关学术讨论会、学术研讨会或科研培训等方面的信息。许多知名学者利用网络这一现代化工具，向青少年普及传播现代科学知识和法国的人文思想，或与他们一起讨论当代问题和探讨世界的未来。

2007 年，为进一步推动科研信息化建设的发展，法国科研中心人文社会科学学会采取了新的战略性举动：成立人文社会科学学会并推出了全新的主页面（http：//www. cnrs. fr/inshs）和网络版"人文社会科学学会通讯"。新创建的人文社会科学学会主页面的最大特点是：信息源进一步丰富和扩大，同时为人文社会科学研究机构和研究人员在网上开展课题交流与合作提供了更大的方便，特别是在跨学科课题研究方面。2009 年，该学会拟订了一项创建"多学科主题网"①（期限三年）的课题计划。2010 年伊始，已经有多家网络机构和科研机构表示愿意加入此项课题计划。多学科主题网研究课题组（RTP：Réseaux thématiques pluridisciplinaires）由人文社会科学多个学科研究单位、实验室等联合组成，是一种灵活的组织形式，其名称、组织运转方式和科研角度随课题的调整而不断变化，主要任务是：围绕某个主题或问题建立一个专题数据库或创办一个年刊；搭建多学科研究平台；确保科研信息（教育、出版物、讨论会、课题进展情况等）的传播和交流；通过网上的科研交流、课题组之间的讨论、举办学术讨论会和发表电子作品等，增进科研单位或科研人员相互间的合作；参与组织某个学科的学术活动或为某个学科研究团体的成立做舆论宣传；利用信息技术和通过组织法国一年一度的博士生研讨会，参与博士生的培养教育工作；帮助解决研究单位在改进科研组织工作中遇到的具体问题。以上仅是多学科主题网研究课题组的部分任务。一言以蔽之，课题组负责拟订科研计划，领导信息管理，组织科研活动，提出科研发展战略和为科研政策的落实提供支持。

目前该课题组正在进行的课题项目有：（a）战争研究；（b）经济史；（c）数学形式主义现象学（Phénoménologie du formalisme mathématique）；

①　Laurent Dousset：Les SHS à l'ère du numérique，La lettre de l'INSHS 08 - Février 2010　http：//www. cnrs. fr/inshs/Lettres - information - INSHS/lettre_ infoINSHS_ 08. pdf（2010 年 4 月 5 日）。

（d）人文社会科学的增值；（e）新可视范式；（f）环境史；（g）埋藏学。其中的"战争研究"、"人文社会科学的增值"、"新可视范式"课题由多学科主题网中的可视研究小组（RTP．Visual studies）负责。"环境史"专题网由环境史课题组和生态与环境研究所合作开发。下一步准备启动的课题是"人文社会科学档案"。已结项的课题只有"计量考古学"（Archéométrie）。

　　法国科研中心实现人文社会科学研究和管理的数字化、信息化、网络化过程始终没有脱离欧洲和世界信息化发展的大背景。不仅如此，中心还在欧洲的信息化建设中发挥着极为重要的作用，在法国国家科研署的领导下先后参与了"欧洲人文社会科学研究基础设施发展计划"（DARIAH）、"欧洲研究基础设施战略论坛"（SFRI）、"欧洲人文社会科学研究蓝图"（MORESS）、"欧洲研究基础设施蓝图"等多项欧洲行动计划。

　　"欧洲研究基础设施战略论坛"是应欧盟理事会的提议于2002年4月正式成立，其主要任务是：为制定欧洲研究基础设施政策提供支持，推动多边合作，进一步促进欧洲研究基础设施的利用和开发。

　　2006年10月19日，"欧洲研究基础设施战略论坛"公布了第一个"欧洲研究基础设施蓝图"，其中列出了35个研究基础设施项目，研究经费达130亿欧元。这些项目对欧洲未来10—25年间的科学和创新发展至关重要。

　　该蓝图是于2004年11月开始规划的，其目的是制定一个有利于整个欧洲研究基础设施发展的计划，通过改进研究领域的基础设施来提高欧洲科研竞争力以及培养欧洲优秀的科研人才。有1000余名专家参与了该蓝图的制定，主要围绕以下几个领域：环境科学、能源、材料科学、天文学、天文物理、核物理与粒子物理、生物医学与生命科学、人文社会科学、计算机与数据处理。

　　蓝图中，涉及社会—经济学与人文科学的基础设施项目①有6个（见表5—1），法国科研中心参加了其中的欧洲人文社会科学研究基础设施发展计划（DARIAH），并担负着组织管理、经费资助和运作模式策划的重任。事实上，该计划不直接涉及具体的研建工作，而是负责所有研究基础

①　CESSDA（Council of Eur. Social Science Data Archive）、CLARIN（Common Language Resources and Techno Infrastr. ）、DARIAH（Digital Research Infrastr. For the Arts and Human. ）、EROHS（Eur. Observatory for the Human and Soc. Sciences）、ESS（the European Social Survey）和 SHARE（Survey of Healt, Ageing and Retirement in Europe）。

设施的整体运转和组织工作，重点是把研究人员、文献资源和基础技术设施三方面整合在一起，形成一个良性循环的链条。

表5—1　欧洲研究基础设施蓝图人文社会科学研究基础设施项目一览表

项目名称	预计建设经费（百万欧元）	最早起用时间（年）	项目运行/开展经费（百万欧元/年）
欧洲社会科学数据库（CESSDA）	30	2008	6
欧洲语言资源和技术基础设施（CLARIN）	108	2008	10
欧洲人文社会科学研究基础设施（DARIAH）	10	2008	4
欧洲人文社会科学资源观测站（EROHS）	43	2008	12
欧洲社会调查（ESS）	9	2007	9
欧洲健康、老龄化和退休调查（SHARE）	50	2007	<1

资料来源：中国科学院国家科学图书馆《科学研究动态监测快报》，2006年第6期《先进工业生物研究专辑》。http://www.clas.ac.cn/xscbw/kjkb/gyswjskb/2006/200910/P020091026542771234483.pdf（2010年8月25日）。

2007年，法国科研中心成功推出了法国唯一的人文社会科学多媒体数字文献导航系统 TGE – ADONIS。[①] 研建该系统的初衷是为了与其他相关机构合作创建一种有关人文社会科学数据和文献数字化及其传播的统一的科研、组织、统计和管理方法；把数字化工作列入长期规划，实现科研和高等教育方面各种类型的多媒体数据和文献的数字化；对网上数字期刊的创办实行统一监管；链接和提供给用户最满意的网站和信息，同时保持机构与个人双方交流方式和交流过程的协调和顺畅；在程序设计和操作方法上，能够兼顾质量、经费和机构三方面的需求，推进对世界开放的比较评估政策；改进创新研究所需的信息方法和信息工具，为用户搜索和下载数据和文献提供方便。TGE – ADONIS（网址：http://www.tge – adonis.fr）的主要功能可以概括为：搜集和获取、处理和统计数据、开展合作研究、发表作品、存储人文社会科学数据和数字文献并能长久存档等。

继超大型人文社会科学研究设施 TGE – ADONIS 启用之后，2008—

---

① Le TGE Adonis en bref. http://www.tge – adonis.fr/? Le – TGE – Adonis – en – bref – Faits（2010年7月27日）。

2009 年法国又成功研制出 PROGEDO（人文社会科学数据保护与管理系统）、① CORPUS（人文社会科学资料库）、② BSN（科学数字图书馆）③ 和 ISIDORE（研究平台）4 种研究基础设施。④ 通过 TGE – ADONIS 导航系统，研究人员可以快速搜索并应用上述数据库、研究平台和数据保护与管理系统。TGE – ADONIS 的作用不容小视，它有可能把法国人文社会科学的研究水平推进到一个新的高度，从而迅速扩大和提高法国在世界的影响和地位。

二　人文社会科学与 Web2.0

（一）Web2.0 的基本定义

Web2.0 是一个新兴的网络词汇，百度网"百度名片"上的解释是：Web2.0 是相对 Web1.0 的新一代互联网的统称。Web1.0 的主要特点在于用户通过浏览器获取信息。Web2.0 则更注重用户的交互作用，用户既是网站内容的浏览者，也是网站内容的制造者。所谓网站内容的制造者是指互联网上的每一个用户不再仅仅是互联网的读者，同时也成为互联网的作者；不再仅仅是在互联网上冲浪，同时也成为波浪制造者；在模式上由单纯的"读"向"写"以及"共同建设"发展；由被动地接收互联网信息向主动创造互联网信息发展，从而更加人性化。⑤ 目前的 Web2.0 技术主要包括：博客（BLOG）、RSS、百科全书（Wiki）、网摘 、社会网络（SNS）、P2P、即时信息（IM）等。

（二）人文社会科学 2.0 引发的思考

人文社会科学 2.0 的提法应该是从 Web 2.0 引申过来的。Web 2.0 是要让所有的人都参与网络建设，然后通过软件和计算机使这些信息更易查找和浏览。如果说 Web 1.0 是以数据为核心的网，Web 2.0 是以人为出发

---

① 可登录 http：//www. reseau – quetelet. cnrs. fr 查询使用。

② 可登录 http：//www. msh – reseau. fr 查询使用。

③ 可登录 http：//www. persee. fr 查询使用。

④ 研究基础设施是帮助科学家开展科研工作的大型的、重要的研究设备、数据库或网络导航系统。

⑤ Web2.0 百科名片　http：//baike. baidu. com/view/733. htm（2010 年 1 月 19 日）。

点的互联、互动网。因此，人文社会科学2.0也是一种让所有人都来关注人文社会科学发展和参与人文社会科学研究，利用各种技术手段，发表个人学术观点、科研成果，进行互动交流的新一代网络。

围绕着新一代网络，法国政府、科研和高等教育机构展开了全面的研究和探讨。首先，在法国巴黎市政府支持下成立了 Silicon Sentier 协会，紧接着该协会创建了法国第一个网络合作研究空间 "La Cantine" 网站（http：//lacantine.org），实现了与法国各省、欧洲和世界各国的网上合作研究。在这个完全开放、既是网络枢纽和艺术家工作平台，又是科研机构、中小学校或高校的信息交流平台和竞相展示自我的地方，所有的机构和个人都可以免费加入进来。2008年10月13日，La Cantine 网开设一个题为 "Web 2.0 的社会科学" 栏目，旨在对2008年10月22日该网站举办的 "2008—2009年课题及其组织" 学术研讨会进行专题报道。各界人士可以登录该网站发表博客、评论和进行交流讨论。

同年开设探讨 "人文社会科学与Web2.0" 关系的网站还有 "当代因特网"（http：//www.internetactu.net），主要是为了给人们提供一个发表相关文章、博客、评论和电子期刊的载体。2008年该网上发表的作品和刊物主要围绕着四个方面：分析网络结构，私网与官网的关系，尊重私生活问题，新一代网络及其管理问题。

在法国，类似的网站、机构及其研究活动还有很多，其中表现最活跃的是法国科研中心欧洲人文社会科学之家（MESHS：Maison européenne des sciences de l'homme et de la société）。2010年3月8日，该机构主办的第二届 "人文社会科学之春" 活动正式启动，活动的主题是："人文社会科学2.0：目标与数字实践。" 在历时一个月的活动中，法国国内与国外的各学科领域的专家学者汇聚一堂，围绕数字技术与人文社会科学问题开展了丰富多彩的跨学科研讨活动，举办学术讲座、研讨会、圆桌会议和座谈会，重点研讨以下四方面的问题：

第一，信息技术是一种新知识的新输入方式吗？其中包括两个小问题：（a）数字技术的出现与现状；（b）介于实践与知识之间的信息技术。

最初的电子计算机使用的是由 "0" 和 "1" 组成的二进制数，二进制是计算机语言的基础。而如今，"数字化" 已经远远地超过了0和1的比特组合，不再是一种直观的、静态的符号意义。信息语言的出现和加工软件的升级，使人们不仅可以处理文件、数字和进行统计，而且可以加工处理艺术品、图像、音乐、甚至货币，从而改变了人们的生活方式，以及人与世界和知识的关系。法国科研中心社会人类学实验室主任埃朗施米德的新著《三种文字：语言、数字和编码》①回答并阐述了第一个问题。

我们每个人从小都要学习识字、算数和写作，今天除了这三种技能外，还必须掌握计算机，学会录入、链接、发送邮件、打开或重构图像。尽管现代人都有应用计算机的紧迫感，主动去学习使用它，但并不想了解其性能和运作方式。即使有人把数字技术看做是数学的衍生物，也是把它作为一种技术来应用，而不会把它作为一门知识去学习（至少不会像信息技术人员那样）。今天，人们普遍承认信息技术是传播知识的有效工具，但对它自身最终能成为一个新的知识领域仍持有疑问。

第二，技术标准、法律及其调整，其中的两个小问题是：（a）技术标准与调整或 JPEG 指的是什么？（b）针对因特网制定什么样的法律或建立什么样的知识产权经济模式？

所有的通信和传播设备均存在标准化问题，数码产品更离不开标准化。人文社会科学工作者关注的不是如何实现标准化，而是国家或私人机构在制定、传播这些标准并使之永久化的过程中发挥何种作用的问题。重点探讨联营企业的组织结构形式、调节功能和因竞争而引发的问题，例如职业道德和垄断导致的危险后果。

信息技术的发展与普及，网络新知识产权形式的大量涌现，要求全社会，特别是人文社会科学研究人员思考如何尽快完善和调整信息化时代的知识产权法问题，重新思考采用什么技术手段能使知识产权法行之有效的问题，探究虚拟空间中存在知识产权可能性的问题。

第三，文献与非物质产品，其中包括三个小问题：（a）数字化人文与人文的数字显示；（b）语义网能完全处理语言和图像吗？（c）思维模型化的历史。

人们对信息和传播技术的极度应用和过分依赖引起了人文社会科学的关注。人文社会科学研究人员开始调查和分析这些现象。但随着计算机的升级、因特网的发展，新技术逐渐进入科研领域，人文社会科学研究人员也毫无例外地被卷入信息化的洪流，信息和传播技术不仅改变了他们传统的研究方法，甚至连学术团体本身也不可避免地发生了变化。

---

① Clarisse Herrenschmidt：*Les trois écritures. Langue*, *nombre*, *code*, Paris, Gallimard, 2007.

今天，人文社会科学研究已经与科学技术密不可分，数字化人文社会科学使得文献的构成和保存，以及文献的来源等都发生了根本性的变化，新的评论方式随之产生。一些诸如文本分析软件、地理信息系统或计算系统虚拟化等新技术的应用加速了知识生产方式的改变。另外，数字化人文社会科学在知识传播方面发挥着至关重要的作用。电子出版物的出现不仅会带来巨大的经济效益，而且将产生难以估量的知识和社会效益。

目前，世界上许多国家都在探讨如何把 Web 文本文件转换成信息，再把信息转换成知识或进一步转换成智能。法国学者更多关注的是如何把信息转换成多语种知识和具体的操作方法和流程。一般而言，可以把数据定义为社会生活中一切可以被认知与感知的现象，如声音、字母、数字等；信息是客观世界各种事物特征和变化的反映；知识是对信息的感知、认识加工，是人对客观世界的理解和认知。当前的问题是面对浩瀚无涯和类别繁杂的知识，如何建立一种人们普遍接受的转换埋论。

第四，参与、互动性和 2.0 社会网，其中有两个小问题：（a）入网政策、2.0 社会网及参与内容；（b）互动软件设备的示范或演示和验证。

Web2.0 的出现将因特网上的单向变成了双向交流，人们不再是单纯地从网络上获取文化知识、政府信息，而是可以在网上创造和生产知识，决定科研和创新方向。由此引出来一个如何让人们接受一种正在生成的科学的问题。人文社会科学 2.0 网会有助于公民直接参与国家论战并在决策者和公民社会活动者之间建立一种新型关系吗？会有助于创建具有创新精神和为公民和企业谋得更大利益的公用事业部门吗？这些问题需要人文社会科学研究人员研究并解答。

随着出版、传媒和技术行业之间一种新型关系的建立，"数字聚合"打乱了传统的文化链。与此同时，在数字化进程中处于领先地位的电影、电台、电视或光盘制造业，不断变换"新数字景象"（信息格式、支撑软件或通信方式），令人目不暇接。这些新网络和新的文化传播方式（数字电视、U 盘、peer to peer 等）对传统的文化经济将构成巨大的威胁，还是有着诱人的未来？针对这一问题，最近法国人文社会科学界创建了两个新型研究机构，一个是移动终端设备新用途实验室（Laboratoire des usages d'Orange Labs），另一个是法国巴黎政治学院传媒研究室（Le Médialab de Science – Po）。

总之，科学研究和知识传播的信息化势不可当，人文社会科学不断面临着新的挑战，或者说新的机遇，需要及时调整和变革。面对 Web2.0，人文社会科学研究人员该如何对待这种新的独立的知识呢？信息技术对科研活动的影响有多大？数字技术除了对人文社会科学研究，对社会和文化活动的组织又有哪些影响？诸如此类的问题不仅需要人文社会科学界，而且需要社会各界人士的认真研究和思考。

三　法国人文社会科学网络数据库建设

（一）发展现状

随着现代化建设步伐的加快，人文社会科学文献信息用户与需求量呈不断增长的态势。人文社会科学文献的搜集、整理、开发与利用引起了各国政府、科研及管理机构、文化机构、高等院校、各级图书馆的普遍重视。目前，世界上各种用途的人文社会科学数据库不胜枚举。法国很早就认识到数据库体系建设是文献资源共享建设的基础，数据库对科学、文化发展起了重要作用，对科研及其管理信息化非常必要。法国不惜投入大量经费和人力开发研制数据库，搭建数据共享与信息交换平台。据不完全统计，20 世纪 80 年代初至今，法国已经系统地研制开发出数百个规模不等、特色不一、功能不同的人文社会科学网络数据库。这些数据库由于具有强劲的检索和查询功能，现已成为人文社会科学教育和研究工作者获取信息的重要来源和传播交流学术思想、科研成果的重要平台，同时成为人文社会科学各学科发展和扩大影响必不可少的前提和基础。今天人们普遍认识到，开发和不断完善数据库对人文社会科学的发展具有积极的意义和强大的推动作用。

2003 年，欧洲大学联合会（L'EUA The European University Association）发起了一个名为 MORESS（Mapping of Research in European Social Sciences and Humanities）运动，即制定一个"欧洲人文社会科学研究蓝图"的行动计划。该计划的主旨是提高人文社会科学研究获取信息的质量，建设一个网上编目系统，帮助搜集、存储和交流人文社会科学数据库。同时，还能够通过目录库的应用扩大对这些数据库的使用，逐步建立"主题图谱"概念，应对欧洲国家政策的巨大挑战。

法国科研中心人文科学所文献工程部（Le SID：Service d'Ingénierie Documentaire, Institut des Sciences de l'Homme）不仅积极响应 MORESS 行

动计划，立即着手将法国主要人文社会科学数据库汇集在一起，而且经过数年的艰苦工作，取得了远远超出 MORESS 原定计划的最终成果：集中了法国所有重要的人文社会科学数据库，搭建了一个网络检索平台——"卡拉姆"（Calame）法国人文社会科学数据库检索平台。在这个具有导航和链接功能的检索平台上，用户可以查找并点击网址直接进入到所要查询的数据库，搜寻、浏览和下载法国或其他国家人文社会科学研究成果、人文历史文献、艺术藏品等方面的数据、信息和资料或利用该平台从事学术研究和学术交流。

（二）"卡拉姆"数据库检索平台的构成与特点

1. "卡拉姆"数据库检索平台的构成

目前，"卡拉姆"数据库检索平台汇集了 201 个法国人文社会科学数据库，今后还会有新数据库源源不断地补充进来。

该平台提供的检索点包括：数据库名称、功能与目的、网址、创建年代、学科领域（28 个人文社会科学学科领域）、历史时期（当代、现代、中世纪、古代、史前时期）、研制机构、内容形式（文本、视频、图像、声音）、地理区域（欧洲、非洲、美洲、亚洲、大洋洲、南极洲、北极地区）。除了创建年代不够齐全和个别库的个别项目如"历史时期"和"地理范围"有缺失外，多数数据库的信息基本完整。为提高检索效率和方便使用，该平台还设有音序检索目录。用户可以通过上述 9 方面的信息（检索路径）和音序检索目录，深入和全方位了解每个数据库的情况，查询和获取所需文献信息。

从研制年代分析，这 201 个数据库的研制时间先后横跨近半个世纪，其中建立年代最早的是 20 世纪 70 年代初（1972）由法国热带地理研究中心研制的 REGARDS 数据库和法国科研中心科技信息所研制的 FRANCIS 多学科书目库；年代最近的是 2008 年法国年轮信息技术小组研制的"树木年轮——考古学数据库"。

就数据库的类型而言，可谓种类繁多，有全文检索库、图片库、视听资料库、文献目录库、百科全书库、著名历史人物数据库、重要历史事件资料库、国家档案库、博物馆藏品目录库、人口指数数据库、学位论文数据库、研究成果数据库等。

数据库的功能与目的各有不同，有学科面广、综合性强的大型数据库，如 LARA 联合网站、法国人文社会科学多媒体和数字化文化遗产目录库、CERIMES 多媒体资源库、SUDOC 法国高校图书馆数据库、法国科研中心人文社会科学图像资料库、法国人文社会科学期刊库和 FRANTEXT 法国作品汇编库；有专业性很强的数据库：碳测年数据库和法国音乐博物馆文献和藏品库，后者是法国独一无二的音乐数据库；有面向公众的公益性免费数据库，如 BVH 虚拟人文图书馆和可以免费下载全文的 LARA 联合网站，还有的数据库或是具有开放式电子图书馆功能，或是为专业科研人员提供的信息交流和工作平台，或是可以充当社会科学文献研究工具，或是一个自动检索系统。

2. "卡拉姆"数据库检索平台的特点

经过对"卡拉姆"数据库检索平台上的 201 个数据库信息的全面分析，发现它具有如下四大特点。

特点一：法国政府、人文社会科学研究和管理机构、高等教育机构普遍重视数字化、信息化建设。有 105 个机构参与了数据库的研制工作便是一个有力证明。在这 105 个机构中，法国文化与交流部的作用举足轻重，领导研制了 22 个数据库。法国科研中心直接署名的有 10 个，但是如果加上中心下属或附属单位，再加上在"多个研究机构"中统计的数字，所占比例大大超过了前者。仅这两个机构研制或参与研制的数据库就超过了 1/4。高等教育机构的作用亦不可小视，法国卡昂大学研制的数据库达 6 个之多，全部是有关当代地理学、史学的数据库。研制两个及其以上数据库的其他机构的排序情况见表 5—2。

表 5—2　　　　　　　　　　　机构参与研制数据库数量表

序号	研制机构	数量
1	法国文化与交流部	22
2	多个研制机构	16
3	法国科研中心	10
4	文本历史研究所	7
5	科学交流中心	6
6	卡昂大学 Basse – Normandie	6
7	法国教育研究所	6
8	巴黎人文科学之家	5

续表

序号	研制机构	数量
9	里昂市图书馆	4
10	欧洲社会、法律与宗教研究小组 UMR 7012	4
11	人文科学所	3
12	科技史研究中心	3
13	法国文献出版社	3
14	法国生态与持续发展部	3
15	发展研究所	3
16	阿尔萨斯地区人文科学大学跨校研究之家	2
17	巴黎文献学院	2
18	巴黎西方中世纪史研究实验室	2
19	东地中海之家 Jean Pouilloux	2
20	东亚研究所	2
21	法国国防部	2
22	法国国家图书馆	2
23	法国人口学研究所	2
24	法国外交部	2
25	法国文艺复兴研究中心	2
26	法国新法兰西时期移民研究课题组	2
27	法国装备部	2
28	法语分析与自动处理实验室	2
29	各国议会联盟	2
30	卡昂人文科学研究之家	2
31	雷恩第二大学	2
32	里昂第二大学	2
33	里昂政治研究所	2
34	数据库：文集、语言实验室 UMR 6039	2

特点二：学科覆盖面广，历史和现实问题并重。"卡拉姆"数据库检索平台中涉及的学科领域，按数据库的数量依次排序是：历史学、社会学、艺术与艺术史、经济学、文学、政治学、地理学、法学、文化遗产与博物馆学、考古学、语言学、社会人类学与人种学、教育学、宗教学、环

境研究、音乐学与舞台艺术、建筑学、史学、人口学、心理学、哲学、信息与传播学、管理学、古典文学、生物人类学、方法与统计学、性别研究、科学社会学。排在首位的是历史学，其次是社会学，第三位是艺术与艺术史，经济学和文学分别排在第四位和第五位。

在表5—2中，文本历史研究所研制的数据库的数量排在第四位，而在表5—3"各学科领域频次表"中，历史学则高居榜首。可见历史悠久的法国是一个非常重视本国历史的国家，不惜投入重金和大量人力，将历史学研究及其成果数字化和网络化。在这项浩繁的历史学数字化的工程中，文本历史研究所勇挑重任，历经数年的不懈努力，最终取得了今日的成果。该所研制的编年软件、日历自动检索系统、历史名人库、"法国重要手稿索引"库、手稿常用法语词汇库和9—18世纪的法国和意大利教堂文件汇编等，用途极为广泛，功能和作用日渐显现。目前法国的史学工作者不仅可以利用编年软件和日历自动检索系统，高效率地检索、利用历史学文献和撰写编年史；而且可以利用原始资料文献库，将自己从繁重重复的文字资料搜集整理工作中解放出来，集中精力从事更为复杂和抽象的理论分析和研究。从当代历史学的发展看，无论是在法国还是在其他国家，信息化在推动历史学研究深入发展方面无疑起着越来越重要的作用，甚至正在从根本上改变历史学的研究方法。

当代问题始终是世界各国政府关注的焦点，法国政府更是把解决当代问题放在重要地位。在最近的半个世纪，法国着力推动人文社会科学，尤其是社会学研究的数字化和信息化。从表5—2中可以看出，在这201个网络数据库中，社会学占有相当的比例，达43个。每个数据库都有各自不同的侧重点，但是，当我们把这些数据库汇总在一起时，一幅当代热点问题全景图便映入眼帘。最能印证这一点的数据库有：法国人文社会科学多媒体和数字化文化遗产目录库，法国文献资料、情报及社会福利事业研究中心—社会博物馆数据库，法国就业、社会团结和住房部文献目录库，城市—学校—同化数据库，"世界人口流动"文献服务器，国际人口流动和世界各民族关系文献简介和目录库，法国发展研究所文献数据库，法国饮料科研所文献库，毒物社会学研究数据库，妇女和性别研究书目库，心理、生理缺陷和社会不适应症等研究文献库，当代西欧伊斯兰和穆斯林现状书目库，人文社会科学30多种学科研究成果库，FRANCIS多学科书目库，多媒体资源库，专家资源库等。

从表5—3看，同样受到法国政府和科研机构高度重视的还有艺术与艺术史，排序紧次于社会学，居第三位。经过调查后发现，完全归入该学科的数据库有16个，其中属于国家级的有9个，属于地区或省市级的有7个。主要有：藏有上亿张反映法国各阶层生活的照片—名片史数据库、虚拟人文图书馆、法国博物馆研究室收藏的架上画文献库、法国彩色装饰画图片库、法国国家图书馆细密画库、法国博物馆摄影作品库、法国国家图书馆中世纪手稿库、法国巴黎文献学院版画库、里昂市图书馆版画库、里昂市图书馆彩色装饰画图片库等。对法国艺术与艺术史感兴趣的人士，只需登录上述这些数据库的网站，便可获知法国艺术发展史的来龙去脉。

另外一个受到高度重视的学科是经济学，数据库的数目也非常可观，有30个。其中比较有特色的是：金融体制研究书目库、法国发展研究所文献数据库、法语国家会计史数据库、法国高校经济学和管理学学位论文数据库、法国农业资源研究数据库、法国新城信息文献库、法国农艺研究所数据库。也有一些属于交叉学科型数据库，例如政治学、经济学和社会学参考文献库，法国人口与发展中心目录库和法国文献资料、情报及社会福利事业研究中心——社会博物馆数据库。这些数据库涉及的地理范围首先是欧洲，其次是非洲，最后是美洲和亚洲。

还有一个不能不提到的学科是文化遗产与博物馆学。法国是一个拥有悠久灿烂历史文化并对文化遗产保护管理拥有丰富经验的国家。早在1840年，法国就颁布了梅里美《历史性建筑法案》，这也是世界上最早的一部文物遗产保护法。其后法国又连续颁布了一系列的相关法律法规。法国政府在不同时期采取的各种举措也充分证明，在文化遗产保护方面，法国一直走在世界的前列。例如，历史上法国曾于1903年和1960年先后开展了两次文化遗产总目普查运动。在1960年的大普查运动中，法国政府提出了科学性、系统性及标准化三项原则，借助计算机完成普查工作，为后来的自动化处理技术的应用奠定了基础。

在"卡拉姆"数据库检索平台中，我们可以看到，文化遗产与博物馆学的受重视程度相当高，相关数据库多达28个。其中比较典型的数据库有：20世纪法国千座古迹文献库，卢浮宫展品库，法国唯一一个永久性博物馆数据库"Muséofile"，法国最完整的文化遗产保护、保存和修复处理目录库，法国人文社会科学多媒体和数字化文化遗产目录库，法国建筑与文化遗产文献库，法国博物馆藏品目录库，电子文化资源目录库，19—20 世纪艺术史库等。这些数据库中有 16 个由法国文化与交流部领导研制，占 57%。由此可以断言，法国政府在文化遗产保护方面起着至关重要的作用，为保护文化遗产和实现文化遗产的数字化可谓不遗余力。

特点三：重视当代问题研究。从上文"特点二"中关于社会学数据库的排位情况，已经充分说明了法国政府和科研机构对当代现实问题的关注程度，表 5—4"历史时期频次表"进一步验证了这一论点。在所有的历史时期中，出现频次最高的是当代，有 165 次，占 82%。

表 5—3　　　　　　　　　　　各学科领域频次表①

序号	学科领域	频次
1	历史学	77
2	社会学	43
3	艺术与艺术史	37
4	经济学	30
5	文学	29
6	文化遗产与博物馆学	28
7	政治学	28
8	法学	28
9	地理学	28
10	考古学	27
11	语言学	24
12	社会人类学与人种学	24
13	教育学	23
14	宗教学	20
15	环境研究	20
16	音乐、音乐学与舞台艺术	19
17	建筑学	19

①　在"卡拉姆"检索平台的学科分类中，将历史学、哲学和科学社会学统归为一个学科领域，故表有 27 个学科领域。

续表

序号	学科领域	频次
18	史学、哲学和科学社会学	17
19	人口学	16
20	心理学	15
21	哲学	14
22	信息与传播学	14
23	管理学	12
24	古典作品研究	10
25	生物人类学	8
26	方法与统计学	8
27	性别研究	7

首当其冲的是环境问题。法国生态与持续发展部早在 1978 年就创建了 Basias 抵制污染网，法国因此成为欧洲最早建立此类网站的国家之一。围绕这个问题研制的数据库还有：社会科学环境研究数据库、环保数据库和法国生态与持续发展部研制的"Aria"数据库。后者主要搜集已经或行将影响公众健康或安全、农业生产、自然和环境的灾难性事件。

史学类数据库把当代欧洲史列为重点研发对象，相关数据库有：西欧 8 国研究苏联和东欧数据库、法国荣誉勋章获得者数据库、诺曼底战役照片库、第二次世界大战广告数据库和法国康城纪念馆数据库。

教育学类数据库明显将当代教育摆在首位，如教育优先区数据库、教育与信息传播技术数据库、动画片制作工具数据库、1960 年至今法国教育创新研究成果库等。

法学研究历来与现实紧密联系在一起，这一学科领域的数据库也充分体现了这一点，例如，为欧盟国家的法学和宗教社会学研究创建的判例文本库，1789 年以来法国宪法非官方数据库，国际商法数据库，中文和法文双语中国法学文集库，法国知识产权研究所文献库，法国、欧洲和世界法学论文库等。

社会学和经济学数据库上文已作介绍，这里不再赘述。

表 5—4 历史时期频次表

序号	历史时期	频次
1	当代	165
2	现代	62
3	中世纪	51
4	古代	31
5	史前时期	25

特点四：从数据库涉及的地理区域看，欧洲遥遥领先，多数数据库都把欧洲列为重点地区。无论从学科领域还是从综合型数据库统计分析，欧洲都占绝对优势，数据库数量高达 183 个，占总数的 91%，可见重视程度非同一般，对亚洲的关注程度超过了美洲，却略低于非洲（见表 5—5）。在有关亚洲的数据库中，中国名列榜首。就针对某个国家研制的数据库而言，除法国本国之外，中国的数量也是没有其他国家可比，共有三个数据库，其中一个是与中国历史有关的中国酷刑研究多语种数据库；另外两个分别是关于现代中国的"印象上海"数据库和中法文双语中国法学文集库。

表 5—5 世界各大洲和地区频次表

序号	地理区域	频次
1	欧洲	183
2	非洲	56
3	亚洲	50
4	美洲	46
5	大洋洲	32
6	南极洲	3
7	北极地区	3

还有一点虽然称不上是特点，但也值得一提，即数据库的内容形式以文本为主。迄今为止，与世界上的多数数据库一样，法国人文社会科学数据库中占据主导地位的内容形式同样是文本，占 97.5%。视频声像所占

比例微乎其微（见表5—6）。

表5—6　　　　　　　　　　数据库内容形式频次表

序号	内容形式	频次
1	文本	196
2	图像	60
3	视频	5
4	声音	4

（三）"卡拉姆"数据库检索平台的启示

法国人文社会科学信息化建设起步早，发展迅速，"卡拉姆"数据库检索平台的问世便是一个佐证。通过对"卡拉姆"数据库检索平台的调研和对法国大量人文社会科学网络数据库的梳理分析，得出以下四点启示：

1. 群策群力，共同实现人文社会科学信息化

法国从上到下，从政府机构到民间学会，从国家科研机构到地方研究机构，从大学到各级博物馆、档案馆，从科研管理人员到普通科研人员都非常重视，积极投身于人文社会科学信息化运动。"卡拉姆"数据库检索平台的建立是数百个法国机构，众多人经过数年，甚至数十年的努力研发的结果和集体智慧的结晶。

万事开头难，如果没有先期的数字化这项琐碎繁杂和费时费力的基础工作，不经过众人的群策群力，就不会有后来的数量可观的数据库，更不会有今天的数据库网络化。

2. 联合攻关，注重相互协调与合作

在"卡拉姆"数据库检索平台中，多家机构联合创建的数据库有16个，占7.96%。单纯从数量上看所占比例不是很高，但从机构研制数量的排序表（表5—2）上看，位居第二位。跨机构研制数据库通常是出于多学科或跨学科研究的需要，例如由法国高等教育与研究部资助领导研制的 Canal－U 就是一个多学科视频网站，旨在向高等院校的学生、教师和广大受众播放人文社会科学教育视听节目，节目内容几乎覆盖所有的人文社会科学学科；声像百科全书库同样属于综合性多学科数据库；法国国家

遗产与领土数字图像库则是典型的跨学科研究产物，涉及地理学、文化遗产与博物馆学、史学、城市规划和环境研究等多个学科领域，非得多个研究机构联合攻关和多个学科的研究人员通力合作才能完成。

法国在注意政府部门、科研机构、高等教育机构联合攻关的同时，也注意充分发挥各行业协会的协调作用。事实表明，法国各人文社会科学学会、协会、联合会等组织研制的数据库也不在少数，其中较大型的数据库有：法国地区卫生观察研究所联合会研制的法国地区卫生指标库，法国精神病学联合会研制的精神病学最新研究成果索引库，法国语言学协会研制的法国语言学研究年鉴库，音响学—音乐研究及协作学会研制的音响学—音乐研究及协作学会数据库和拿破仑基金会创建的拿破仑基金会网站。

3. 资源共享，不断扩大数据库的检索效率和功能

早在 20 世纪 80 年代，法国就注意到数据库建设中的整体性问题，同时认识到规模是对用户产生吸引力的重要条件之一。今天，法国早已越过了数据库自建自用的封闭阶段，实现了数据库的联网使用和资源共享。

在发展初期，法国有关机构就将数据库上网并与其他机构或其他国家的数据库联网。这样做的意义在于，可以大幅度提高数据库的检索效率和功能。在"卡拉姆"数据库检索平台上的这类数据库有三个：一个是可与全世界 500 个图书网站链接的 Web 网图书史资源库（Ressources en histoire du livre sur le Web）。用户可以通过数百个网站，全面系统地了解当代世界各国图书、著作和绘图技术发展史；另一个是 mémSIC 文献服务器，可查阅法国及欧洲其他国家信息学及传播学博士学位论文；还有一个是国际人口流动和世界各民族关系文献简介和目录库（RMISIS），可与世界 20 多个国家或私人文献中心网站链接，目前拥有文献简介 2.2 万篇。

在发展的第二个阶段是将数据库的规模逐渐扩大，着重研制综合性大型数据库。这类数据库的特点是，不仅数据量大，而且学科覆盖面广，能够满足各个学科专业人员的不同需求。目前可在网上查询的这类数据库有：人文社会科学 30 多种学科研究成果库（HAL‒SHS），法国高校图书馆和 2900 个文献中心收藏的人文社会科学期刊和书目库（SUDOC：Système Universitaire de Documentation），法国人文社会科学多媒体和数字化文化遗产目录库（Patrimoine numérique），法国最完整的文化遗产保护、保存和修复处理目录库（BCIN：Base de données bibliographiques du Réseau d'information sur la conservation）等。

4. 动态的数据库，维护、扩充、更新数据成常项工作

数据库网络化已成趋势，但与此同时还要注意对数据库的维护和更新。数据库建成后要不断地丰富、充实、更新数据和内容，改进检索系统和技术，提高检索效率和查全率，增强其实用性和针对性。法国人文社会科学数据库建设之所以能有今天的繁荣局面，很大程度上取决于对数据库的动态管理，在不断扩充更新数据中，增添数据库的活力和吸引力。这方面比较突出的数据库有：广告数据库，巴黎艺术及民间传统博物馆明信片数据库，法国发展研究所建立的照片档案馆（Indigo）数据库。后一个数据库每年以 3000 张的速度扩充。另外还有法国科研中心人文社会科学图像资料库，法国热带地理研究中心研制的"REGARDS"数据库，以及国际人口流动和世界各民族关系文献简介和目录库（RMISIS），分别以年均 1500 幅、1000 条和 1000 篇的速度更新数据。

毋庸置疑，法国人文社会科学数字化和信息化迅速发展的原因有多种，既有深层次的历史原因：拥有悠久的人文历史，丰富的文化遗产和人文资源，无数享誉世界的人文学者，以及许多曾经影响人类和世界发展的人文思想和学科流派。同时也有当代多方面的原因：一是政府的大力扶持和巨额投入；二是众多机构和文献工作者、科研与技术人员的共同参与和努力；三是得益于当代科学技术，特别是信息技术的发展。

参考文献

1. ANR：Corpus et outils de la recherche en sciences humaines et sociales. http：//www. agence – nationale – recherche. fr/documents/aap/2007/ aap–corpus–2007. pdf（2010 年 9 月 2 日）。

2. Archambault, E. et Vignola Gagné, E. , 2004, L'utilisation de la bibliométrie dans les sciences sociales et les humanités, Science Metrix.

3. Archives–Conférences–colloques Sciences humaines et sociales. http：// www. cnrs. fr/infoslabos/conferences–colloques/shs. htm（2010 年 7 月 3 日）。

4. Aron, R. , 1963, *Dix_ huit leçons sur la société industrielle*, *Gallimard*, *Paris*.

5. BAER, J. – M. , Présentation du 7e PCRD. http：//www. msh – paris. fr/actualites/lettre – fmsh/02/images/jour – euro. pdf（2010 年 8 月 20 日）。

6. Bertaux, D. , Peut – on construire des indicateurs de notoriété des centres de sociologie? *socio – logos*, n°3, 2008.

7. Bezbakh, P. , 1997, *Histoire de la France*, Larousse, 570P.

8. Bocquet – Appel, J – P. , Démographie du paléolithique supérieur en Europe. http：//www. ohll. ish – lyon. cnrs. fr/pdf/Bocquet – Appel. pdf（2010 年 7 月 5 日）。

9. Bonte, P. ; Izard, M. , 1991, *Dictionnaire de l'ethnologie et de l'anthropologie*, PUF, pp. 289 – 298.

10. Brigitte, A. , Pour une meilleure évaluation de la recherche publique en sciences humaines et sociales（SHS） – Tome 1 ：synthèse et recommandations. FRANCE. Comité national d'évaluation de la recherche 01/08/2006 .

11. Carrefour des sciences , *Actes du Colloque du Comité National de la Recherche Scientifique Interdisciplinarité*, 1990, Introduction par François Kourilsky, Éditions du CNRS.

12. Cinq alliances pour améliorer la réactivité du système de recherche et l'innovation. http：//www. enseignementsup – recherche. gouv. fr/cid52215/ athena – l – alliance – des – sciences – humaines – et – sociales. html（2010 年 6 月 30 日）。

13. CNER, La recherche publique française：une évaluation（Rapport au président de la république）. http：//www. cner. gouv. fr/fr/pdf/rpr. pdf （2010 年 5 月 25 日）。

14. Cohen, P. et Le Deaut, J – Y. , le 22 juillet 1999, Priorités à la recherche : 60 propositions pour la synergie entre recherche et enseignement supérieur, la mobilité et les échanges, l'évaluation et l'autonomie des jeunes, Paris. http：//lesrapports. ladocumentationfrancaise. fr/（2000 年 6 月 9 日）。

15. Contrat d'objectifs 2009 –2013 du CNRS avec l'Etat. http：//www. cnrs. fr/fr/une/docs/Contrat – CNRS – Etat – 2009 – 2013. pdf（2010 年 7 月 3 日）。

16. Crozet, Y. , 1997, *Les grandes questions de l'économie française*, Nathan, p. 352.

17. Crozier, M. , 1970, *La société bloquée*, Le Seuil, Paris.

18. Dagand, G. , 1998, Rapport d'avancement du dossier：plan d'action pour l'informatisation de la fonction documentaire. http：//www. cnrs. fr/SHS/ （2002 年 3 月 6 日）。

19. Darlu, P. , Evaluation de la congruence entre évolutions génétique, morphologique et linguistique : modèles et méthodes. http：//www. ohll. ish – lyon. cnrs. fr/pdf/Darlu. pdf（2010 年 7 月 30 日）。

20. Dassa, M. et Sidera, I. （sous la direction de）, Caractérisation et quantification de l'activité individuelle des chercheurs SHS du CNRS. Préparation à l'évaluation. http：//www. cnrs. fr/inshs/recherche/... / Classement_ des_ publications. pdf（2010 年 5 月 25 日）。

21. Dassa, M. , Journal Base. Une comparaison des bases de données scientifiques internationales en sciences humaines et sociales（SHS）, *Cybergeo*, n°484, 2010.

22. Delattre, P. , Interdisciplinaires (recherches). http：//www. arfe - cursus. com/transdisciplinaire1. htm (2003 年 2 月 26 日)。

23. Dodier, N. , Penser un régime d'évaluation de la recherche scientifique. http：//evaluation. hypotheses. org/files/2009/05/dodier - regime - de-valuation. pdf (2010 年 4 月 5 日)。

24. Dousset, L. , Les SHS à l'ère du numérique, *La lettre de l'INSHS* 08 - Février 2010. http：//www. cnrs. fr/inshs/Lettres - information - INSHS/lettre_ infoINSHS_ 08. pdf (2010 年 4 月 5 日)。

25. Drouard, A. , 1983, *Le développement des sciences sociales en France au tournant des années soixante*, Editions du CHRS, p. 187.

26. Dutour, O. , 1995, Le peuplement moderne d'Afrique septentrionale et ses relations avec celui du Proche Orient. *Paléorient*, Vol. 21/2, pp. 97 - 109, CNRS Editions.

27. Glassner, J - J. , 2000, *Ecrire à Sumer*, Seuil.

28. Guillaume, Marc, 1986, *L'Etat des sciences sociales en France*, La Découverte, p. 587.

29. Herrenschmidt, C. , 2007, *Les trois écritures*, Paris, Gallimard.

30. Horizon 2020, Plan stratégique du CNRS. http：//www. cnrs. fr/fr/or-ganisme/docs/Plan_ Strategique_ CNRS_ CA_ 080701. pdf (2010 年 7 月 5 日)。

31. Kosmopoulos, C. ; Pumain D. , 2008, Révolution numérique et évaluation bibliométrique dans les sciences humaines et sociales, *Revue européenne des sciences sociales* (Cahiers Vilfredo Pareto), Vol. XLVI, n°141, pp. 73 - 86.

32. La politique de l'institut des Sciences humaines et sociales. http：//www. cnrs. fr/inshs/relations - internationales/centres - francais - etranger/poli-tique. htm (2010 年 7 月 7 日)。

33. Laurent, S. & Estella, P. Langues et Gènes en Asie orientale. http：//www. ohll. ish - lyon. cnrs. fr/pdf/Sagart. pdf (2002 年 3 月 6 日)。

34. Laurioux, Bruno et Guthleben, Denis, Quelle place pour les sciences humaines et sociales au CNRS, *La lettre de l'INSHS* No 6, novembre 2009. http：//www. cnrs. fr/inshs/Lettres - information - INSHS/lettre _ in-

foINSHS_ 06. pdf（2010 年 1 月 6 日）。

35. Lecourtier, Jacqueline：Programme Blanc – Edition 2009 – Sciences humaines et sociales. http：//www. agence – nationale – recherche. fr/documents/aap/2009/selection/blanc – SHS – selection – 2009. pdf（2010 年 7 月 13 日）。

36. Les critères d'évaluations Sections Mandat 2004 – 2008. http：//www. cnrs. fr/comitenational/doc/criteres/ce_ sections_ 2004 – 2008. pdf（2010 年 5 月 7 日）。

37. Les critères d'évaluations Sections Mandat 2008 – 2012. http：//www. cnrs. fr/comitenational/doc/criteres/ce_ sections_ 2008 – 2012. pdf（2010 年 7 月 30 日）。

38. Le projet du budget civil de recherche et développement（BCRD）pour 2002. http：//www. recherche. gouv. fr/discours/2001/budget/bcrd. pdf（2002 年 8 月 10 日）。

39. l'état de l'enseignement supérieur et de la recherche. http：//www. enseignementsup – recherche. gouv. fr/cid20760/1 – etat – de – 1 – enseignement – superieur – et – de – la – recherche. html（2010 年 4 月 12 日）。

40. Levet, J – P. et Kudos, S.（sous la direction de ）, 1996, 1998, 1999, *Tôzai*, tomes 1, 2 et 3, Limoges.

41. Levet, J – P., Eurasiatique nostratique et au – delà：approche pluridisciplinaire（anthropologie, génétique, linguistique）. http：//www. ohll. ish – lyon. cnrs. fr/pdf/Levet. pdf（2002 年 3 月 6 日）。

42. Linda, H., Pour une meilleure évaluation de la recherche publique en sciences humaines et sociales（SHS）– Tome 2. FRANCE. Comité national d'évaluation de la recherche 01/08/2006.

43. L'interdisciplinarité du CNRS et l'interview de Catherine Bréchignac du 2 avril. http：//science21. blogs. courrierinternational. com/archive/2008/04/06/1 – interdisciplinarite – du – cnrs – et – les – declarations – de – catheri. html（2010 年 7 月 2 日）。

44. L'interdisciplinarité, *La lettre du département SHS*. No 1, mai 2001.

45. Loi de programme pour la recherche de 2006. http：//fr. wikipedia. org/wiki/Loi_de_programme_pour_la_recherche_de_2006（2007 年 4 月 15 日）。

46. Maurice, G., L'état des Sciences de l'Homme et de la Société en France et

leur rôle dans la construction de l'Espace Européen de la Recherche. http：//www. ladocumentationfrancaise. fr/rapports −publics/024000211/index. shtml （2010年8月18日）。

47. Morin, E. , 1977, *La méthode*, 1. *La Nature de la Nature*, Le Seuil, Paris.

48. Morin, E. , 1994, Sur l'interdisciplinarité, *Bulletin Interactif du Centre International de Recherches et Études transdisciplinaires* n°2 − Juin.

49. Orientations stratégiques du département des sciences de l'homme et de la société, *La lettre du département SHS* numéro spécial, juillet 2000. http：//www. cnrs. fr/SHS/Pinfo/publis/infopub. htm （2002年10月19日）。

50. Partoune, C. , 1996, Interdisciplinarité, dans *Les Jeunes et la ville − Cadres de références*, Communauté française de Belgique, Bruxelles, pp. 9 − 16.

51. Programmation 2010 de l'Agence Nationale de la Recherche. http：//www. agence − nationale − recherche. fr/fileadmin/user_ upload/documents/uploaded/2009/ANR − programmation − 2010. pdf （2010年7月10日）。

52. Programme du CNRS : neuf nouveaux programmes pour 2001, CNRS − Info, n°396, septembre 2001.

53. Programmes du CNRS : objectifs et démarche. http：//www. cnrs. fr/cw/fr/prog/progsci/progsc. html.

54. Programmes du CNRS: sept nouveaux programmes pour 2000 − 2004. CNRS − Info, n°386, septembre 2000.

55. Projet d'établissement du CNRS 2002. http：//www. cnrs. fr/Strategie/DocPDF/projetetab. pdf （2003年9月3日）。

56. Questions de l'environnement dans les sciences sociales, *Lettre* n°17 du PEVS − 100 pages.

57. Rapport d'activités du CNRS 2009 : Institut des Sciences Humaines et Sociales. http：//www. cnrs. fr/inshs/docs − breves/ra2009 − inshs. pd （2010年5月9日）。

58. Réflexion stratégique du CNRS. Rapport du Groupe de réflexion stratégique （GRS） " Traitement des systèmes complexes et interdisciplinarité " − Septembre 2001. http：//www. cnrs. fr/Strategie/DocPDF/GRSinterdisciplinarite. pdf （2003年4月25日）。

59. Rémond, R., 1994, Sciences sociales en France. Ministère des Affaires étrangères, 111.

60. Schank et Beauvois, J. L., 1994, *Traité de la servitude libérale*, Dunod, Paris.

61. Servant, M. et Servant – Vildary, S., *Dynamique à long terme des écosystèmes forestiers intertropicaux*. Editeurs scientifiques, Editions de l'Unesco, 434 pages.

62. Supiot, A., juin 1999, Premier rapport annuel d'activité du Conseil national du développement des sciences humaines et sociales, http://media. education. gouv. fr/file/96/7/5967. pdf (2010 年 7 月 28 日)。

63. UNESCO, 1970 – 1978, *Tendances principales de la recheche dans les sciences sociales et humaines*, UNESCO/Mouton, Paris, 2632P.

64. Valade, B., 1996, *Introduction aux sciences sociales*, PUF, 634P.

65. 2009, une année avec le CNRS: Rapports cientifique. http://www. cnrs. fr/fr/organisme/docs/espacedoc/cnrs_ 2009_ rs_ fr. pdf (2010 年 7 月 10 日)。

66. [法] 布迪厄:《理论理性批判》,萧草译,《国外社会科学》1996 年第 4 期,第 56—59 页。

67. [美] 华勒斯坦等:《开放社会科学——重建社会科学报告书》,刘锋译,三联书店 1997 年版。

68. 胡伟等:《当代法国社会学》,三联书店 1988 年版。

69. 厉莉、赵瑾:《中文人文、社会科学数据库分析探讨》,《图书情报工作》2006 年第 S1 期,第 252—255,184 页。

70. 马胜利:《法国社会科学的现状及发展 (上)》,《国外社会科学》1995 年第 1 期,第 34—40 页;《法国社会科学的现状及发展 (下)》,《国外社会科学》1995 年第 2 期,第 12—17 页。

71. [美] 尼葛洛庞蒂:《数字化生存》,胡泳、范海燕译,海南出版社 1996 年版。

72. 彭绪庶:《人文社会科学中文数字化资源发展现状、问题与图书馆的应对策略》,《情报资料工作》2006 年第 6 期。

73. 邱均平、任全娥:《国内外人文社会科学科研成果评价比较研究》,《国外社会科学》2007 年第 3 期,第 58—66 页。

74. 杨承芳主编：《当代国外社会科学手册》，江苏人民出版社 1985年版，第 987 页。

75. http：//www. aeres – evaluation. fr/（2009 年 3 月 11 日）。

76. http：//calame. ish – lyon. cnrs. fr/liste – alphabetique/（2010 年 2 月20 日）。

77. http：//www. education. gouv. fr/rapport/supiot/rapport. htm　（2000年 3 月 6 日）。

78. http：//www. cnrs. fr/comitenational/doc/criteres/ce ＿ sections ＿2008 – 12. pdf（2010 年 1 月 19 日）。

79. http：//www. dsi. cnrs. fr/bo/2007/08 – 09 – 07/272 – bo080907 –dec070076dAj. htm（2009 年 7 月 7 日）。

附录一　"卡拉姆"检索平台
——法国人文社会科学数据库简介

AAR　Les 《Archives Audiovisuelles de la Recherche》

功能与目的：人文社会科学研究视听资料库，收录了法国和其他国家
　　　　　　研究人员的访谈，以及国际学术会议、学术讨论会等方
　　　　　　面的文献资料，内容覆盖人文社会科学各个学科。

网址：　　　http：//semioweb. msh – paris. fr/AAR/fr/

创建年代：　2001 年

学科：　　　社会人类学与人种学、考古学、建筑学、艺术与艺术
　　　　　　史、法学、地理学、史学、哲学和科学社会学、文学、
　　　　　　宗教学、社会学

历史时期：　当代

研制机构：　巴黎人文科学之家

内容形式：　图像、声音、视频

地理区域：　非洲、美洲、亚洲、欧洲、大洋洲

Affiches de la seconde guerre mondiale

功能与目的：第二次世界大战广告数据库，数据采自所有的参战国，
　　　　　　主要有英国、美国、法国和德国。

网址：　　　http：//www. affiches – memorial. unicaen. fr/cindoc. web/
　　　　　　memorial/

学科：　　　史学

历史时期：　当代

研制机构：　卡昂大学 Basse – Normandie

内容形式： 图像
地理区域： 美洲、欧洲

Aladin

功能与目的：法国上塞纳省档案库，收录档案文献 1.7 万条。
网址： http：//lamop. univ – paris1. fr/aladin/alfo. php3
学科： 史学
历史时期： 当代、现代、中世纪
研制机构： 巴黎西方中世纪史研究实验室（LAMOP）
内容形式： 文本
地理区域： 欧洲

Annuaire des chercheurs en sciences cognitives

功能与目的：认知科学研究人员数据库。
网址： http：//www. risc. cnrs. fr/annuaire. php
学科： 心理学
历史时期： 当代
研制机构： 认知科学信息转播站
内容形式： 文本
地理区域： 欧洲

Annuaire des sciences du langage

功能与目的：法国语言学研究年鉴库。
网址： http：//assoc – asl. net/frset. html？ annuaire. html
学科： 语言学
历史时期： 当代
研制机构： 法国语言学协会
内容形式： 文本
地理区域： 欧洲

Arcade

功能与目的：19—20 世纪艺术史库，旨在向研究人员提供 19—20 世纪艺术史文献资源。

网址：　　　　http：//www. culture. gouv. fr/documentation/arcade/pres. htm

学科：　　　　艺术与艺术史、文化遗产与博物馆学、史学

历史时期：　　当代、现代

研制机构：　　法国文化与交流部

内容形式：　　文本

地理区域：　　欧洲

Archim

功能与目的：法国档案史中心数据库。截至 2003 年 3 月，该库共收
　　　　　　录文献提要 3536 条，各类档案文献的数字图像
　　　　　　1182 种。

网址：　　　　http：//www. culture. gouv. fr/documentation/archim/
accueil. html

学科：　　　　艺术与艺术史、文化遗产与博物馆学、史学

历史时期：　　当代、现代、中世纪

研制机构：　　法国文化与交流部

内容形式：　　图像、文本

地理区域：　　欧洲

Archires

功能与目的：Archirès 数据库由法国文化与交流部下属的 4 所建筑学
　　　　　　校共同合作研制而成，收录了 1993 年以来法国和世界
　　　　　　其他国家 130 种建筑学期刊中的 5.6 万篇文章简介和法
　　　　　　国各建筑类大学的学位论文。

网址：　　　　http：//archires. documentation. equipement. gouv. fr/

学科：　　　　建筑学

历史时期：　　当代

研制机构：　　法国文化与交流部

内容形式：　　文本

地理区域：　　欧洲

Archive ARTXIKER Artxiboa

功能与目的： Artxiker 是一个开放式电子图书馆，收藏并传播世界各
　　　　　　国有关巴斯克语及其相近语的研究成果。

网址：　　　http：//artxiker. ccsd. cnrs. fr/

创建年代：　2005 年

学科：　　　语言学

历史时期：　当代

研制机构：　科学交流中心

内容形式：　文本

地理区域：　欧洲

Archive Electronique de l'Institut Jean Nicod

功能与目的：让·尼科（语言学、哲学、认知科学、社会学）研究
　　　　　　所电子档案库。

网址：　　　http：//jeannicod. ccsd. cnrs. fr/

学科：　　　语言学、哲学、心理学、社会学

历史时期：　当代

研制机构：　科学交流中心

内容形式：　文本

地理区域：　欧洲

ArchiveEduTice：Education et technologies de l'information et de la communication

功能与目的：教育与信息传播技术数据库。该库具备数字图书馆和可
　　　　　　检索信息传播技术研究成果两项功能。

网址：　　　http：//archivetematice. ccsd. cnrs. fr/

创建年代：　2003 年

学科：　　　教育学

历史时期：　当代

研制机构：　科学交流中心

内容形式：　文本

地理区域：　欧洲

Archives du pays de Savoie

功能与目的：法国萨瓦省档案库。该库由萨瓦省和上萨瓦省两个档案
　　　　　　库构成。

网址：　　　　http：//www. sabaudia. org/v2/

学科：　　　　史学

历史时期：　　当代、现代、中世纪

研制机构：　　萨瓦省议会

内容形式：　　文本

地理区域：　　欧洲

Archives municiPôles de Rennes

功能与目的：法国雷恩市档案库，其中包括中世纪时期、1789—1968
　　　　　　年及 1968 年之后的档案，还有地图、照片、名信片等
　　　　　　私人档案。

网址：　　　　http：//www. archives. rennes. fr/fonds/index. php

学科：　　　　史学

历史时期：　　当代、现代、中世纪

研制机构：　　雷恩市档案馆

内容形式：　　文本

地理区域：　　欧洲

ArchiveSIC（@rchiveSIC）：Archive Ouverte en Sciences de l'Information et de la Communication

功能与目的：信息学和传播学数据库。该库的服务器由多家机构共同
　　　　　　管理。

网址：　　　　http：//archivesic. ccsd. cnrs. fr/

学科：　　　　信息学与传播学

历史时期：　　当代

研制机构：　　科学交流中心

内容形式：　　文本

地理区域：　　欧洲

Aria

功能与目的：法国生态与持续发展部研制，主要搜集已经或行将影响
　　　　　　公众健康或安全、农业生产、自然和环境的灾难性
　　　　　　事件。

网址：　　　http：//aria. ecologie. gouv. fr/

学科：　　　环境研究

历史时期：　当代

研制机构：　法国生态与持续发展部

内容形式：　文本

地理区域：　非洲、美洲、亚洲、欧洲、大洋洲

Aspasie

功能与目的：该数据库专门搜集妇女史和教育学中有关性别的研究
　　　　　　成果。

网址：　　　http：//docsvr. lyon. iufm. fr/ressources_ documentaires/
　　　　　　fonds_ aspasie. html

学科：　　　教育学、性别研究

历史时期：　当代

研制机构：　里昂大学教师培训学院

内容形式：　文本

地理区域：　欧洲

Associations du patrimoine en Rhône – Alpes

功能与目的：法国罗纳 – 阿尔卑斯地区文化遗产研究、考古协会数
　　　　　　据库。

网址：　　　http：//www2. culture. gouv. fr/rhone – alpes/basepat/

学科：　　　文化遗产与博物馆学

历史时期：　当代

研制机构：　法国文化与交流部

内容形式：　文本

地理区域：　欧洲

Atlas des Sites du Proche – Orient（14000 – 4500 **av. J. – C.**）

功能与目的：ASPRO 数据库，可按音序检索到公元前 14000—4500
　　　　　　年前从土库曼斯坦的西奈半岛到阿拉伯—波斯湾半岛
　　　　　　的安纳托利亚的考古遗址。

网址：　　　http：//www. mom. fr/Atlas – des – Sites – du – PRoche –
　　　　　　Orient. html

学科：　　　考古学、地理学

历史时期：　史前时期

研制机构：　东地中海之家 – Jean Pouilloux

内容形式：　图像、文本

地理区域：　非洲、亚洲

Atlas：base des oeuvres exposées au Louvre

功能与目的：卢浮宫展品库，约 3 万件。

网址：　　　http：//cartelfr. louvre. fr/

学科：　　　文化遗产与博物馆学

历史时期：　古代、当代、现代、中世纪

研制机构：　卢浮宫博物馆

内容形式：　图像、文本

地理区域：　非洲、欧洲

Babylone：catalogue de la MSH Paris

功能与目的：法国巴黎人文科学之家图书馆目录库。该库的检索范围
　　　　　　不仅限于巴黎人文科学之家图书馆，还包括法国政治学
　　　　　　研究所图书馆、俄罗斯和土耳其文献中心、历史人口学
　　　　　　实验室图书馆中的图书目录。

网址：　　　http：//catalogue. bibliotheque. msh – paris. fr

学科：　　　生物人类学、社会人类学与人种学、经济学、史学、语
　　　　　　言学、文学、哲学、心理学、政治学、社会学

历史时期：　当代、现代、中世纪、古代、史前时期

研制机构：　巴黎人文科学之家

内容形式： 文本

地理区域： 非洲、美洲、亚洲、欧洲、大洋洲

Banque de données d'Histoire Littéraire

功能与目的：文学史数据库，由数百位讲法语作者和数千部文学作品的确切信息汇集而成。目的不在于提供详尽的信息，而在于提供的信息具有代表性。目前，该库仍在建设中。

网址： http：//www. cavi. univ – paris3. fr/phalese/base/b_ accueil. htm

学科： 文学

历史时期： 当代、现代、中世纪

研制机构： 巴黎第三大学 – Sorbonne Nouvelle

内容形式： 文本

地理区域： 欧洲

Banque MIGRANTS

功能与目的：新法兰西时期（1763）法国移民研究课题（PREFEN）数据库，旨在搜集新法兰西时期向圣洛朗河岸和阿卡迪亚迁徙的法国移民人数及其信息。目前可检索到移民传记 6061 条。

网址： http：//www. unicaen. fr/mrsh/prefen/formPion. php

创建年代： 2003 年

学科： 社会人类学和人种学、人口学、史学

历史时期： 现代

研制机构： 法国新法兰西时期移民研究课题组

内容形式： 文本

地理区域： 美洲、欧洲

Banque Nationale de Données Radiocarbone pour l'Europe et le Proche – Orient

功能与目的：碳测年数据库，法国碳测年中心 1999 年开始研制，主要收录了欧洲和近东国家的相关数据。

网址：   http：//carbon14. univ – lyon1. fr/banadora. html

学科：   考古学

历史时期：   史前时期

研制机构：   法国碳测年中心

内容形式：   文本

地理区域：   非洲、亚洲、欧洲

Base Affiches

功能与目的：广告数据库，收录了法国 19 世纪末至 20 世纪上半叶的
            艺术、展览会、戏剧等方面的广告，以及政府公告和宣
            传画近千幅。该库的数据内容至今仍在不断地得到扩充。

网址：   http：//sgedh. si. bm – lyon. fr/dipweb2/affi/affiches. htm

学科：   文化遗产与博物馆学

历史时期：   当代

研制机构：   里昂市图书馆

内容形式：   图像、文本

地理区域：   欧洲

Base Balzac

功能与目的：巴尔扎克数据库，具有对巴尔扎克人间喜剧研究或评论
            书籍、文章进行统计和信息分析处理功能。

网址：   http：//ancilla. unice. fr/ ~ brunet/BALZAC/balzac. htm

创建年代：   1996 年

学科：   语言学、文学

历史时期：   当代

研制机构：   数据库：文集、语言实验室（UMR 6039，CNRS，ILF，
            UNSA）

内容形式：   文本

地理区域：   欧洲

Base de diapositives André Journaux

功能与目的：该库由 A. 茹尔诺教授 1953—2001 年在世界各地拍摄的

1.5 万多张照片构成。

网址： http：//www. geographie. unicaen. fr/journaux/

创建年代： 2000 年

学科： 地理学

历史时期： 当代

研制机构： 卡昂大学 Basse – Normandie

内容形式： 图像、文本

地理区域： 非洲、美洲、亚洲、欧洲

Base de données AFAS（Association française pour l'Avancement des Sciences，1872—1914）

功能与目的：法国科学促进会数据库，收录了 1872—1914 年该协会
每年一期的会刊数据 4 万页，协会动态消息 1.6 万条。
该库是"从因特网上了解国家遗产：法国科学"计划
的组成部分。

网址： http：//histsciences. univ – paris1. fr/databases/afas/

学科： 史学、哲学和科学社会学

历史时期： 当代

研制机构： 奥尔赛历史和科学普及小组（GHDSO）

内容形式： 文本

地理区域： 欧洲

Base de données des acteurs culturels en Rhône – Alpes

功能与目的：法国罗纳—阿尔卑斯地区文化机构数据库，可检索到该
地区文化机构简介 1000 多条。

网址： http：//www. rhone – alpes. culture. gouv. fr/bdd/basact_
1507/actcult. html

创建年代： 2004 年

学科： 建筑学、艺术与艺术史、文化遗产与博物馆学、音乐、
音乐学与舞台艺术

历史时期： 当代

研制机构： 法国文化与交流部

内容形式：　文本
地理区域：　欧洲

Base de données des outils pédagogiques

功能与目的：动画片制作工具数据库，收录了动画片制作工具说明书
　　　　　　1200 条，旨在推动相关问题的研讨、教学活动计划的
　　　　　　顺利实施、小组研究的开展和围绕国际合作问题展开的
　　　　　　讨论。
网址：　　　http：//www. educasol. org/bdd/outils. htm
学科：　　　教育学
历史时期：　当代
研制机构：　可持续发展与国际协作文献信息网（RITIMO）
内容形式：　文本
地理区域：　欧洲

Base de données du musée des Augustins

功能与目的：法国奥古斯坦博物馆藏品数据库，共有绘画和雕塑品
　　　　　　4000 件。
网址：　　　http：//www. augustins. org/fr/collections/bdd/
　　　　　　accueil. htm
学科：　　　艺术与艺术史
历史时期：　当代、现代、中世纪
研制机构：　奥古斯坦博物馆
内容形式：　图像、文本
地理区域：　欧洲

Base de Données du Refuge Huguenot

功能与目的：胡格诺庇护者数据库，搜集了出自法国皇宫的胡格诺派
　　　　　　教徒和从萨瓦省公爵领地逃亡的伏多瓦派教徒信息。
网址：　　　http：//cams－atid. ivry. cnrs. fr/refuge－huguenot/fran%
　　　　　　E7ais/huguenot. shtml
学科：　　　史学

历史时期： 现代
研制机构： 法国国家科学研究中心
内容形式： 文本
地理区域： 欧洲

Base de données Vallin – Meslé

功能与目的：瓦兰 – 梅莱数据库，即 1925 年以来经法国医学界统计
确定的死亡原因数据库，可供应用的医学术语有 5200
个，与第九版《国际疾病分类法》基本一致。

网址： http：//www. ined. fr/fr/ressources_ documentation/
donnees_ detaillees/causes_ de_ deces_ depuis_ 1925/

学科： 人口学
历史时期： 当代
研制机构： 法国人口学研究所
内容形式： 文本
地理区域： 欧洲

Base de l'Agence photographique de la Réunion des musées nationaux

功能与目的：法国博物馆摄影作品库，藏有艺术照片 20 万幅。
网址： http：//www. photo. rmn. fr/cf/htm/Search_ New. aspx
学科： 艺术与艺术史、文化遗产与博物馆学
历史时期： 当代、现代、中世纪、古代、史前时期
研制机构： 法国博物馆会议
内容形式： 图像、文本
地理区域： 非洲、美洲、亚洲、欧洲、大洋洲

Base documentaire de l'IREB

功能与目的：法国饮料科研所文献库，该所创建于 1971 年，是一个
有关酒的研究机构和文献信息搜集单位。
网址： http：//www. ireb. com/html/form_ fr. htm
学科： 社会学
历史时期： 当代

研制机构：　饮料科研所
内容形式：　文本
地理区域：　欧洲

Base documentaire de l'IRPI

功能与目的：法国知识产权研究所文献库，可浏览法国和外国知识产
　　　　　　权研究论著，巴黎第二大学学位论文，1989 年以来法
　　　　　　文期刊上的法学文章，以及法国和欧盟的相关法规。
网址：　　　http：//www. irpi. ccip. fr/documentation/index. asp？id_
　　　　　　arbo = 27
学科：　　　法学
历史时期：　当代
研制机构：　知识产权研究所
内容形式：　文本
地理区域：　欧洲

Base documentaire des villes nouvelles

功能与目的：法国新城信息文献库，可查阅 1965 年以来法国新建的
　　　　　　9 座城市信息。
网址：　　　http：//www. villes – nouvelles. equipement. gouv. fr/base/
　　　　　　index. html
创建年代：　2000 年
学科：　　　人口学、经济学、地理学、政治学
历史时期：　当代
研制机构：　法国装备部
内容形式：　图像、文本
地理区域：　欧洲

Base images Nord – Pas – De – Calais/Europe du Nord Ouest

功能与目的：著作、地图、明信片、幻灯片图像数据库，共计 7700
　　　　　　件。该库可以通过城市地名，也可以通过主题，如戏
　　　　　　剧、大学和音乐等分类检索。

网址：　　　　　http：//libris. univ – lille3. fr/
创建年代：　　　1997 年
学科：　　　　　艺术与艺术史、文化遗产与博物馆学、史学
研制机构：　　　法国新法兰西时期移民研究课题组
内容形式：　　　图像
地理区域：　　　欧洲

Base VEI：Ville – Ecole – Intégration

功能与目的：城市—学校—同化数据库，法国教育文献中心研制，收
　　　　　　录书目 2. 6 万条，其中 1. 6 万多条涉及文盲的同化、教
　　　　　　育和培训问题。
网址：　　　　　http：//www. cndp. fr/outilsdoc/default. asp？page =/vei/
script/accueil. htm
学科：　　　　　教育学、心理学、社会学
历史时期：　　　当代
研制机构：　　　法国教育文献中心
内容形式：　　　文本
地理区域：　　　非洲、美洲、亚洲、欧洲、大洋洲

Bases architecture et patrimoine

功能与目的：法国建筑与文化遗产文献库，收录了法国著名作家梅里
　　　　　　美和水文学家帕利西有关建筑艺术、古典家具的论述和
　　　　　　著作，Thésaurus 辞典中关于这两位学者论著的说明，
　　　　　　以及一个作者索引库。
网址：　　　　　http：//www. culture. gouv. fr/culture/inventai/presenta/
bddinv. htm
学科：　　　　　建筑学、文化遗产与博物馆学
历史时期：　　　当代
研制机构：　　　法国文化与交流部
内容形式：　　　文本
地理区域：　　　欧洲

Bases de données de l'IRCAM

功能与目的： 音响学—音乐研究及协作学会数据库。

网址： http：//www.ircam.fr/bdd.html

学科： 音乐、音乐学与舞台艺术

历史时期： 当代、现代

研制机构： 音响学—音乐研究及协作学会

内容形式： 文本

地理区域： 欧洲

Bases de données des Archives H. Poincaré

功能与目的： 由三个有关亨利·彭加勒的数据库构成：彭加勒书信集；编年表与书目录；彭加勒生平与研究肖像集。

网址： http：//www.univ‒nancy2.fr/poincare/

学科： 史学、哲学和科学社会学

历史时期： 当代

研制机构： 哲学和科学史实验室

内容形式： 图像、文本

地理区域： 欧洲

Bases du Mémorial de Caen

功能与目的： 法国康城纪念馆数据库，由第二次世界大战期间的公告、文字见证、大学学位论文、地图和交通图四部分组成。

网址： http：//www.memorial‒caen.fr/fr/collections/accueil.php

学科： 史学

历史时期： 当代

研制机构： 法国康城纪念馆

内容形式： 图像、文本

地理区域： 美洲、欧洲

Basias

功能与目的： 1978 年法国生态与持续发展部建立的反污染网站，法国是欧洲最早建立此类网站的国家之一。该网站旨在：
（1）广泛系统地搜集所有有可能污染环境的废弃或尚
未放弃的工厂企业所在地资料；（2）保存这些地址；
（3）为城市、土地规划者和环境保护者提供有益信息。

网址： http：//basias. brgm. fr/
学科： 环境研究
历史时期： 当代
研制机构： 法国生态与持续发展部
内容形式： 文本
地理区域： 欧洲

BASOL

功能与目的：环保数据库，由法国生态与持续发展部研制。

网址： http：//basol. environnement. gouv. fr/
学科： 环境研究
历史时期： 当代
研制机构： 法国生态与持续发展部
内容形式： 文本
地理区域： 欧洲

BCIN：Base de données bibliographiques du Réseau d'information sur la conservation

功能与目的：法国最完整的文化遗产保护、保存和修复处理目录库，
检索对象包括图书、专题论文、公开或未公开的期刊文
章、会议论文、技术报告、学术文章、视听资料、软件
和机读卡。

网址： http：//www. bcin. ca/Francais/home_ francais. html
创建年代： 2002 年
学科： 文化遗产与博物馆学
历史时期： 当代
研制机构： 文化遗产保护信息网
内容形式： 文本

地理区域：   非洲、美洲、亚洲、欧洲、大洋洲

BDESR

功能与目的：法国农艺研究所数据库，可以检索到该研究所研究人员
的成果和成果简介上万条。

网址：   http：//www. inra. fr/internet/Produits/WEBTEXTO/
ESR/BDESR/index. html

创建年代：   1985 年

学科：   经济学、环境研究、社会学

历史时期：   当代

研制机构：   法国农艺研究所

内容形式：   文本

地理区域：   欧洲

BDSP：Banque de Données Socio – Politiques

功能与目的：社会—政治数据库，旨在为教育和研究界搜集、发送和
传播政治学和社会学文献数据。

网址：   http：//195. 221. 54. 130/bdsp/index. htm

学科：   政治学

历史时期：   当代

研制机构：   社会—政治数据信息中心

内容形式：   文本

地理区域：   欧洲

BESS：Bibliographie Environnement Sciences Sociales

功能与目的：社会科学环境研究数据库，可供研究人员、科研管理人
员、教师和高校学生检索法国和讲法语国家已发表或尚
未发表的环境研究成果。该库同时希望发挥存储功能，
不断记录和追踪环境研究争论焦点、研究主题和研究方
法的变化。

网址：   http：//www2. msh – paris. fr/bess/

创建年代：   1989 年

学科： 环境研究

历史时期： 当代

研制机构： 巴黎人文科学之家

内容形式： 文本

地理区域： 非洲、美洲、亚洲、欧洲、大洋洲

Bibenligne

功能与目的：法国唯一注册的地中海人文社会科学研究免费咨询网
站，可直接浏览原文献。

网址： http：//www. bibenligne. org/

创建年代： 2000 年

学科： 社会人类学与人种学、考古学、建筑学、艺术与艺术
史、法学、经济学、教育学、地理学、史学、文学、
音乐、音乐学与舞台艺术、哲学、宗教学，政治学、社
会学

历史时期： 当代、现代、中世纪、古代、史前时期

研制机构： 地中海人文社会科学之家

内容形式： 文本

地理区域： 非洲、欧洲

Bibliographie européenne des travaux sur l'ex – URSS et l'Europe de l'Est

功能与目的：西欧八国研究苏联和东欧数据库。

网址： http：//www1. msh – paris. fr/betuee/

学科： 史学、文学

历史时期： 当代

研制机构： 巴黎人文科学之家

内容形式： 文本

地理区域： 欧洲

Bibliographie informatisée d'études sur les femmes

功能与目的：妇女研究文献目录库。该库是法国多家图书馆收藏的妇

女研究文献的汇总，旨在提供各个历史时期世界各国的妇女研究文献和信息。

网址：　　　　http：//www. bu. univ－nantes. fr/BIEF/

创建年代：　　1998 年

学科：　　　　性别研究

历史时期：　　当代、现代、中世纪、古代、史前时期

研制机构：　　妇女研究文献目录研制小组

内容形式：　　文本

地理区域：　　非洲、美洲、亚洲、欧洲、大洋洲

Bibliographie Le Plan de Rome

功能与目的："罗马计划"书目库，覆盖的学科和问题有：建筑学、地形学、罗马城市规划、力学、艺术、罗马史和古建筑的虚拟复原。

网址：　　　　http：//www. unicaen. fr/rome/pdr_ vie. php？fichier＝bibliographie

创建年代：　　1994 年

学科：　　　　建筑学、艺术与艺术史、史学

研制机构：　　卡昂人文科学研究之家

内容形式：　　文本

地理区域：　　欧洲

Biblioteca Corvina de Vincianis

功能与目的：Corvina de Vincianis 图书馆库。1971 年 10 月，科尔博（André Corbeau）赠与下诺曼底康城大学一批有关达芬奇的书籍，该库正是在此基础上建成，另外还收录了：（1）散落在法国、意大利和英国的达芬奇原画复制出版物；（2）来自欧洲各种语言的评论文章或书籍；（3）科尔博的研究和评论文献。

网址：　　　　http：//www. unicaen. fr/unicaen/service/scd/SCD. htm

学科：　　　　艺术与艺术史

历史时期：　　现代

研制机构： 卡昂大学 – Basse – Normandie

内容形式： 文本

地理区域： 欧洲

Bibliothèque des Rapports Publics

功能与目的：法国政府报告库，集中了法国政府各部门研究、评估、
工作等各类报告 3000 份。

网址： http：//www. ladocfrancaise. gouv. fr/brp_ pages/

学科： 政治学

历史时期： 当代

研制机构： 法国文献出版社

内容形式： 文本

地理区域： 欧洲

Bibliothèque numérique de la MOM

功能与目的：东地中海之家数字图书馆，数字资源包括埃及学和古希
腊 – 拉丁文明研究，还有一些稀世珍品书籍和孤本
古书。

网址： http：//www. mom. fr/bibnum/

学科： 考古学、古典作品研究、史学

历史时期： 当代

研制机构： 东地中海之家 – Jean Pouilloux

内容形式： 图像、文本

地理区域： 非洲、欧洲

Bibliothèque Ouverte Montpellier Languedoc Roussillon

功能与目的：法国朗格多克 – 鲁西永蒙彼利埃图书馆数据库，可查询
到该地区高等院校和研究机构的所有人文社会科学文献
资源。

网址： http：//www. bomlr. info/

学科： 生物人类学、社会人类学与人种学、考古学、建筑学、
艺术与艺术史 人口学、法学、经济学、教育、古典作

品研究、环境研究、地理学、管理学、史学、哲学和科
学社会学、语言学、文学、音乐、音乐学与舞台艺术、
哲学、心理学、宗教学、信息与传播学、政治学、社
会学

历史时期：　当代、现代、中世纪、古代、史前时期
研制机构：　多个研制机构
内容形式：　文本
地理区域：　非洲、美洲、亚洲、欧洲、大洋洲

BIPT：Banque d'Images des patrimoines et territoires

功能与目的：法国国家遗产与领土数字图像库，旨在将研究人员、教
　　　　　　师—研究人员收藏的相关文献资料汇总在一起，建立一
　　　　　　个文献资源丰富的，有助于研究、传播法国文化遗产，
　　　　　　更大地发挥人文社会科学科研图片作用的数据库。

网址：　　　http：//www.univ-tlse2.fr/msh/bipt/
学科：　　　地理学、文化遗产和博物馆学、史学
历史时期：　当代、现代、中世纪、古代、史前时期
研制机构：　多个研制机构
内容形式：　图像、文本
地理区域：　欧洲

Bora

功能与目的：该库由法国文化与交流部分两个阶段建成。第一阶段搜
　　　　　　集整理法国国家档案中心和省级档案馆的馆藏资源；第
　　　　　　二步搜集汇总全法国所有图书馆、国立或私立机构中的
　　　　　　档案文献。

网址：　　　http：//daf.archivesdefrance.culture.gouv.fr/sdx/ap/
学科：　　　文化遗产与博物馆学
历史时期：　当代、现代、中世纪
研制机构：　法国文化与交流部
内容形式：　文本
地理区域：　欧洲

Bulletin Analytique d'Histoire Romaine（BAHR）

功能与目的： 罗马史分析简报目录库，收录了法国和其他国家罗马史
和罗马考古学期刊 800 种，参考文献已突破 3.8 万条。

网址： http：//www2. misha. fr/flora/servlet/LoginServlet

创建年代： 1999 年

学科： 考古学、史学

历史时期： 当代

研制机构： 阿尔萨斯地区人文科学大学跨校研究之家

内容形式： 文本

BVH（Les Bibliothèques Virtuelles Humanistes）

功能与目的： 虚拟人文图书馆，收录著作 2000 余册，大部分源自
16—17 世纪欧洲中部地区，其中文本著作至少占
10%，其余经过数字图像处理过的电子版著作可以在
网上免费查阅。

网址： http：//www. bvh. univ – tours. fr/

学科： 艺术与艺术史、法学、经典论著、地理学、史学、哲学
和科学社会学、文学、音乐、音乐学与舞台艺术、哲
学、宗教学

历史时期： 现代

研制机构： 法国文艺复兴研究中心

内容形式： 图像、文本

地理区域： 欧洲

Calendoscope

功能与目的： 日历自动检索系统，为中世纪礼拜仪式日期研究专家而
研建。主要功能是可以查阅一年中每一天不同教历中的
圣人纪念日及其相关资料和通过圣人查找每年的宗教节
日及其相关资料。

网址： http：//calendriers. irht. cnrs. fr/

创建年代： 2005 年

学科：　　　　史学
历史时期：　　中世纪
研制机构：　　文本历史研究所
内容形式：　　文本
地理区域：　　欧洲

Canal－U

功能与目的：原是法国大学共同体的科研计划，由法国高等教育与研
　　　　　　究部资助领导。Canal－U是法国高等教育互联网视频
　　　　　　（webtélévision），旨在向高等院校的学生、教师和广大
　　　　　　受众播放人文社会科学教育视听节目。

网址：　　　　http：//www.canal－u.education.fr/
创建年代：　　2000年
学科：　　　　社会人类学与人种学、考古学、艺术与艺术史、法学、
　　　　　　经济学、教育学、环境研究、地理学、管理学、史学、
　　　　　　语言学、文学、音乐、音乐学与舞台艺术、哲学、心理
　　　　　　学、宗教学、信息与传播学、政治学、社会学
历史时期：　　当代
研制机构：　　多个研制机构
内容形式：　　文本、视频
地理区域：　　欧洲

CARPO：Base des cartes postales du musées des Arts et Traditions Populaires

功能与目的：巴黎艺术及民间传统博物馆明信片数据库，现有明信片
　　　　　　介绍7万条，并将不断增加新条目。

网址：　　　　http：//www.culture.gouv.fr/documentation/photos/
　　　　　　pres.htm
学科：　　　　社会人类学与人种学、史学
历史时期：　　当代
研制机构：　　法国文化与交流部
内容形式：　　图像、文本

地理区域：　欧洲

cartulR – Répertoire des cartulaires médiévaux et modernes

功能与目的：9—18 世纪的法国和意大利教堂文件汇编，该库的最大
　　　　　　价值是可以为史学家提供原始资料，不过也有一部分是
　　　　　　抄本，因为原件已丢失。

网址：　　　http：//www. cn – telma. fr/cartulR/

创建年代：　2006 年

学科：　　　史学

历史时期：　现代、中世纪

研制机构：　文本历史研究所

内容形式：　文本

地理区域：　欧洲

Catalogue collectif E. V. S UMR 5600

功能与目的：该库由法国国家科学研究中心环境、城市和社会研究单
　　　　　　位研制，汇集了 4 个文献库和 5 个地理学、环境研究专
　　　　　　业数据库。

网址：　　　http：//portail. univ – lyon2. fr/z3950/umr5600/

学科：　　　环境研究、地理学

历史时期：　当代

研制机构：　环境、城市和社会研究单位（EVS）

内容形式：　文本

地理区域：　欧洲

Catalogue collectif GENRE

功能与目的：妇女和性别研究书目库，收录法国大学相关参考文献和
　　　　　　成果目录 4803 条。

网址：　　　http：//www. univ – tlse2. fr/genre/

学科：　　　社会人类学与人种学、史学、哲学和科学社会学、社
　　　　　　会学

研制机构：　图卢兹第二大学 – le Mirail

内容形式：　　文本

Catalogue de la bibliothèque de sociologie du CNRS

功能与目的：法国国家科学研究中心社会学图书馆书目库。

网址：　　　　http：//catalogue. bibliothequedesociologie. cnrs. fr/cgi –
　　　　　　　bin/koha/opac – main. pl

学科：　　　　社会学

历史时期：　　当代

研制机构：　　法国国家科学研究中心

内容形式：　　文本

地理区域：　　欧洲

Catalogue de la MSHA

功能与目的：法国阿基坦人文科学之家文献资源目录库，除了可以检
　　　　　　　索到阿基坦人文科学之家的 160 种期刊和 3000 册著作
　　　　　　　目录，还可以查询到法国其他人文社会科学机构，如阿
　　　　　　　基坦政治语言学文献库，语言学、文学和讲法语国家研
　　　　　　　究中心，北美文化与文学研究中心，城市空间研究中心
　　　　　　　的文献资源。

网址：　　　　http：//www. msha. fr/msha/documentation/php/recher
　　　　　　　che. php

学科：　　　　环境研究、地理学、史学、语言学、文学、社会学

历史时期：　　当代、现代、中世纪、古代、史前时期

研制机构：　　阿基坦人文科学之家

内容形式：　　文本

地理区域：　　非洲、美洲、亚洲、欧洲、大洋洲

Catalogue des fonds culturel numérisés

功能与目的：电子文化资源目录库，涵盖了法国各图书馆、档案馆、
　　　　　　　博物馆、遗产保护部门、文化机构的收藏品（书籍、
　　　　　　　肖像集、音响、视听资料等），其中部分可以从网上搜
　　　　　　　索利用。

网址：　　　　http：//www. culture. gouv. fr/culture/mrt/numerisation/
　　　　　　　fr/f_ 02. htm

学科：　　　　社会人类学与人种学、考古学、艺术与艺术史、文化遗
　　　　　　　产与博物馆学、音乐、音乐学与舞台艺术

历史时期：　　当代、现代、中世纪、古代、史前时期

研制机构：　　法国文化与交流部

内容形式：　　图像、文本

地理区域：　　非洲、美洲、亚洲、欧洲、大洋洲

Catalogue des publications du Ministère de l'Emploi et de la Solidarité

功能与目的：法国就业、社会团结和住房部文献目录库，主要收录了
　　　　　　　有关社会和卫生方面的文献目录。

网址：　　　　http：//catalogue. sante. gouv. fr/catalog/catpub/

学科：　　　　社会学

历史时期：　　当代

研制机构：　　法国就业、社会团结和住房部

内容形式：　　文本

地理区域：　　欧洲

Catalogue du Centre de documentation de la Direction des musées de France

功能与目的：法国博物馆管理局文献中心书目库，可自由检索法国博
　　　　　　　物馆和联合国博物馆信息中心的文献资源。这些文献涉
　　　　　　　及的问题和学科有：博物馆学、博物馆志、藏品管理、
　　　　　　　保存和修复、观众、法律、文化政策、专业知识等。

网址：　　　　http：//www. culture. gouv. fr/documentation/dmfdoc/
　　　　　　　pres. htm

学科：　　　　文化遗产与博物馆学

历史时期：　　古代、当代、现代、中世纪

研制机构：　　法国文化与交流部

内容形式：　　文本

地理区域：　　欧洲

Catalogue informatisé de la chanson de la Renaissance：c. 1480 – 1600

功能与目的：法国文艺复兴时期歌曲曲目库，共收录歌曲、齐唱曲和
复调歌曲 9000 首左右。该库的最大特点是搜集的曲目
齐全和歌曲介绍简明扼要。

网址：　　　http：//ricercar. cesr. univ – tours. fr/3 – programmes/
basechanson/03231 – 0. htm

学科：　　　音乐、音乐学与舞台艺术

历史时期：　现代

研制机构：　法国文艺复兴研究中心

内容形式：　文本

地理区域：　欧洲

Catalogues de vente de bibliothèques conservés dans les bibliothèques parisiennes

功能与目的：19 世纪之前图书拍卖目录库，旨在为私人藏书研究提
供原始资料。

网址：　　　http：//www. enc. sorbonne. fr/cataloguevente/index. htm

创建年代：　1998 年

学科：　　　文化遗产与博物馆学

历史时期：　当代、现代

研制机构：　巴黎文献学院

内容形式：　图像、文本

地理区域：　欧洲

Catalogues du CEPED

功能与目的：法国人口与发展中心目录库，共有数据 5. 2 万条，其中
3800 篇可全文检索，另有人口统计和普查资料 500 多
篇和一个数据表目录库。

网址：　　　http：//www. ceped. org/wwwisis/ceped/form. htm

学科：　　　人口学、经济学

历史时期：　当代

研制机构： 人口与发展中心（CEPED）

内容形式： 文本

地理区域： 非洲、美洲、亚洲

CBOLD：Comparative Bantu Online Dictionnary

功能与目的：比较班图语在线数据库，其中包括原始班图语词汇表及
其电子译本和班图语词典索引。

网址： http：//www. cbold. ddl. ish – lyon. cnrs. fr/

创建年代： 1994 年

学科： 语言学

研制机构： 人文科学所

内容形式： 图像、文本

地理区域： 非洲

CEDIAS – Musée social：Bases de données de la bibliothèque

功能与目的：法国文献资料、情报及社会福利事业研究中心—社会博
物馆数据库，旨在完成分析思考社会活动和重大社会问
题使命。该库由 4 个子库组成：馆藏期刊论文库、馆藏
期刊（1401 种）库、1896 年至 1988 年馆刊发表文章
库、馆藏罢工档案（1914 年之前）文献库。

网址： http：//www. cedias. org/dossiers/dossiers. php？ id_ dos-
sier = 102

创建年代： 1998 年

学科： 经济学、史学、政治学、社会学

历史时期： 当代、现代

研制机构： 法国文献资料、情报及社会福利事业研究中心—社会博
物馆

内容形式： 文本

地理区域： 欧洲

CEFAEL（Collections de l'école française d'Athènes en ligne）

功能与目的：法国雅典娜学院希腊研究成果库，收录了 1877 年该校

建校以来发表的所有论著：500 部，约 25 万多页。现
已成为该校的数字图书馆。

网址：　　　　http：//cefael. efa. gr/
创建年代：　　1999 年
学科：　　　　考古学
历史时期：　　古代、当代、现代
研制机构：　　法国雅典娜学院
内容形式：　　文本
地理区域：　　欧洲

CEGES Ressources Expert

功能与目的：专家资源库，旨在为研究人员、教师、社会经济学专
　　　　　　家，以及社会经济的参与者和领导者提供相关的人员、
　　　　　　地点信息和参考文献。
网址：　　　　http：//experts. ceges. org/
学科：　　　　经济学、社会学
历史时期：　　当代
研制机构：　　企业、雇主和社会经济团体理事会（CEGES）
内容形式：　　文本
地理区域：　　欧洲

CERIMES：Catalogue général des ressources multimédia

功能与目的：多媒体资源库，可检索到 4821 个视听、多媒体和因特
　　　　　　网主题目录及诸多二级目录。
网址：　　　　http：//www. cerimes. education. fr/
学科：　　　　生物人类学、社会人类学与人种学、考古学、建筑学、
　　　　　　艺术与艺术史、人口学、法学、经济学、教育、古典作
　　　　　　品研究、环境研究、性研究、地理学、管理学、文化遗
　　　　　　产与博物馆学、历史、史学、哲学和科学社会学、语言
　　　　　　学、文学、方法与统计学、音乐、音乐学与舞台艺术、
　　　　　　哲学、心理学、宗教学、信息与传播学、政治学、社
　　　　　　会学

历史时期： 当代

研制机构： 电影科研处—教育多媒体信息资源中心（SFRS – CER-IMES）

内容形式： 图像、文本、视频

地理区域： 非洲、美洲、亚洲、欧洲、大洋洲

CIMARCONET

功能与目的：CIMARCONET 是由法国瑟堡海军兵役管理处、法国测量史研究中心和法国国家科学研究中心下诺曼底卡昂大学实验室共同导航的网络资源数据库。自 2008 年春季起，用户可以从因特网上检索到参加第二次世界大战科唐坦半岛、诺曼底登陆的法国海军军籍登记人员或瑟堡、芒什海军部队军人花名册中的所有个人信息资料。

网址： http：//www. unicaen. fr/crhq/cimarconet/

学科： 史学

历史时期： 现代

研制机构： 多个研制机构

内容形式： 图像、文本

地理区域： 欧洲

Collection des discours publics

功能与目的：法国政府言论库，是一个有关近 30 年来法国社会生活的文献数据库，主要收录了新闻机构播发布和经过法国文献出版社精心筛选分析后，放在公开网站上的所有法国政界人士的正式讲话。

网址： http：//discours – publics. ladocumentationfrancaise. fr/

学科： 政治学

历史时期： 当代

研制机构： 法国文献出版社

内容形式： 文本

地理区域： 欧洲

Collection d'objets ethnographiques de l'université Marc Bloch

功能与目的：法国布洛克大学人种志文献库。

网址：   http：//misha1. u – strasbg. fr/ETHNOCOL

学科：   社会人类学与人种学

研制机构：   阿尔萨斯地区人文科学大学跨校研究之家

内容形式：   图像、文本

地理区域：   非洲

Conjoncture des pays développés en chiffres

功能与目的：发达国家人口指数数据库，主要收录的是 1950 年以来
              欧洲、北美、日本、澳大利亚和新西兰等国家和地区的
              人口指数。

网址：   http：//www. ined. fr/fr/pop_ chiffres/pays_ developpes/
conjoncture/

学科：   人口学

历史时期：   当代

研制机构：   法国人口学研究所

内容形式：   文本

地理区域：   美洲、亚洲、欧洲、大洋洲

Corpus du droit Chinois

功能与目的：中文和法文双语中国法学文集库，收录的每篇中文法学
              文章均配有法语（和其他语言的）全文翻译并附有一
              篇评论文章，便于检索和处理利用。

网址：   http：//www2. msh – paris. fr/droitfrancechine/bd/recher-
che. htm

学科：   法学

历史时期：   当代

研制机构：   巴黎人文科学之家

内容形式：   文本

地理区域：   亚洲、欧洲

Criter

功能与目的：法语术语数据库，可检索到法国术语学委员会公布的术语表和了解每个术语的法文或外文书写方式、矫饰词和同义词。

网址： http：//www. culture. gouv. fr/culture/dglf/terminologie/ La_ base_ de_ donnees_ CRITER. htm

学科： 语言学

历史时期： 当代

研制机构： 法国文化与交流部

内容形式： 文本

地理区域： 欧洲

Critica

功能与目的：艺术评论库，由多家机构合作建成。

网址： http：//www. uhb. fr/alc/aca/rica/critica. html

学科： 艺术与艺术史

历史时期： 当代

研制机构： 雷恩第二大学

内容形式： 文本

地理区域： 欧洲

DAF：Didactique et acquisition du français langue maternelle

功能与目的：法文母语专业术语和二语习得研究书目库，将 1970 年以来比利时、加拿大（魁北克省或之外）、法国和瑞士等国家出版的相关研究文献整理编目。

网址： http：//www. inrp. fr/daf/web/

学科： 教育学、语言学

历史时期： 当代

研制机构： 法国教育研究所

内容形式： 文本

地理区域： 美洲、欧洲

Déclarations françaises de politique étrangère depuis 1990

功能与目的：1990 年以来的法国外交政策声明库。1993 年年末，该
　　　　　　库开始将法国外交部发言人的每日新闻要点汇报也收入
　　　　　　其中。

网址：　　　http：//www. doc. diplomatie. gouv. fr/BASIS/epic/www/
　　　　　　doc/SF

学科：　　　政治学

历史时期：　当代

研制机构：　法国外交部

内容形式：　文本

地理区域：　欧洲

Dendrabase

功能与目的：树木年轮—考古学数据库。通过该数据库可以搜索到法
　　　　　　国年轮信息技术小组（Dendrotech）所开展的地理学、
　　　　　　年代学和课题研究信息。

网址：　　　http：//www. dendrotech. fr/fr/Rechercher/recherche –
　　　　　　site. php

创建年代：　2008 年

学科：　　　考古学、建筑学、环境研究

历史时期：　当代、现代、中世纪、古代、史前时期

研制机构：　法国年轮信息技术小组

内容形式：　图像、文本

地理区域：　欧洲

**Dictionnaire des auteurs actifs dans les champs de l'histoire et de la
politique en Angleterre de** 1300 **à** 1600

功能与目的：1300—1600 年英国史和英国政治书籍作者库，可查阅
　　　　　　到这些作者的生平传记和所著书目录。

网址：　　　http：//193. 55. 96. 69/genet/genet. htm

学科：　　　史学、文学、政治学

历史时期：　现代、中世纪

研制机构： 巴黎西方中世纪史研究实验室（LAMOP）
内容形式： 文本
地理区域： 欧洲

DIF – ACT

功能与目的：教育优先区数据库，旨在汇总法国教育优先区的实践经
　　　　　　验，促进优先区之间的相互交流和推动教育优先政策的
　　　　　　研究。
网址： http：//www. inrp. fr/bdd/difact. htm
学科： 教育学
历史时期： 当代
研制机构： 法国教育研究所
内容形式： 文本
地理区域： 欧洲

DIPOUEST

功能与目的：法国西部史研究论文库。
网址： http：//www. uhb. fr/sc_ sociales/crhisco/dipou
学科： 史学
历史时期： 当代、现代、中世纪、古代、史前时期
研制机构： 西欧社会与文化史研究中心（CRHISCO）
内容形式： 文本
地理区域： 欧洲

Docapolis

功能与目的：科研人员、机构和关注城市规划的专业人员的信息和工
　　　　　　作平台，设有一个文献库、主题词典、电子记事本和规
　　　　　　划管理平台。
网址： http：//docapolis. com/
创建年代： 2002 年
学科： 经济学
历史时期： 当代

研制机构：　运输经济实验室
内容形式：　图像、文本、视频

DOC – BN

功能与目的：DOC – BN 书目库，完整收录了 1982 年至今关于法国下
　　　　　　诺曼底地区地理、经济和通史研究的书目。
网址：　　　http：//www. creso. unicaen. fr/doc – bn/
学科：　　　经济学、地理学、史学
历史时期：　当代
研制机构：　卡昂大学 – Basse – Normandie
内容形式：　文本
地理区域：　欧洲

DOC – CRESO

功能与目的：法国卡昂大学空间与社会研究中心数据库，收录了该中
　　　　　　心归属法国国家科学研究中心之后完成的科研成果。
网址：　　　http：//www. creso. unicaen. fr/doc – creso/
创建年代：　1983 年
学科：　　　地理学
历史时期：　当代
研制机构：　卡昂大学 Basse – Normandie
内容形式：　文本
地理区域：　欧洲

DOC – ESO

功能与目的：法国国家科学研究中心空间与社会研究单位数据库。该
　　　　　　库完整记录了空间与社会研究单位研究人员公开发表的
　　　　　　成果和曾经开展过的研究工作。
网址：　　　http：//www. creso. unicaen. fr/doc – eso/
学科：　　　地理学
历史时期：　当代
研制机构：　卡昂大学 – Basse – Normandie

内容形式： 文本

地理区域： 欧洲

DOC – MRSH

功能与目的：法国卡昂市人文科学研究之家文献库。

网址： http：//www. unicaen. fr/mrsh/servicesmrsh/documentation.
php? id = basesDocu

学科： 考古学、法学、经济学、教育学、环境研究、地理学、
史学、语言学、音乐、音乐学与舞台艺术、哲学、社
会学

历史时期： 当代、现代、中世纪、古代、史前时期

研制机构： 卡昂人文科学研究之家

内容形式： 文本

地理区域： 非洲、美洲、亚洲、欧洲

Documentation et collections du Musée de la musique

功能与目的：法国音乐博物馆文献和藏品库，是法国独一无二的音乐
数据库，音乐形式包罗万象，如民乐、古典音乐、当代
音乐、流行音乐、爵士乐等。

网址： http：//mediatheque. cite – musique. fr/masc/

学科： 音乐、音乐学与舞台艺术、宗教学

历史时期： 当代、现代、中世纪、古代、史前时期

研制机构： 音乐城

内容形式： 图像、文本

地理区域： 非洲、美洲、亚洲、欧洲、大洋洲

DREL：Droit des Religions

功能与目的：多语种书目库，收录有欧盟 25 个国家法学、宗教学数
据 4400 余条，其中宗教法学占的比例最大。

网址： http：//www – sdre. c – strasbourg. fr/base_ donnee/
drel. htm

创建年代： 1992 年

学科：   法学、宗教学
研制机构：   欧洲社会、法律与宗教研究小组 – UMR 7012 –
            PRISME
内容形式：   文本
地理区域：   欧洲

Emile 2

功能与目的：法国各大学研究机构和研究人员数据库。该库的研制可
            以追溯到 1974 年欧洲网 EUDISED 创建之时，目前可检
            索到 3900 个左右研究项目，470 个正在进行的研究项
            目，370 个研究单位和 3500 个研究人员的信息数据。
网址：   http：//www. inrp. fr/bdd/emile2. htm
学科：   教育学
历史时期：   当代
研制机构：   法国教育研究所
内容形式：   文本
地理区域：   欧洲

Emmanuelle

功能与目的：法国教科书数据库，囊括了 1789 年以来法国文理各个
            学科和大中小学各年级的教科书。
网址：   http：//www. inrp. fr/she/choppin_ emma_ banque. htm
学科：   教育学
历史时期：   当代
研制机构：   法国教育研究所
内容形式：   文本
地理区域：   欧洲

Emmanuelle 5

功能与目的：该数据库旨在收集和分析法国教育研究和教科书研究
            成果。
网址：   http：//www. inrp. fr/she/choppin_ emma5_ banque. htm

学科： 教育学

历史时期： 当代

研制机构： 法国教育研究所

内容形式： 文本

地理区域： 欧洲

Encyclopédie sonore

功能与目的：多家机构共同研制的声像百科全书库，旨在为法国和法国之外的大学教育服务。

网址： http：//e－sonore. u－paris10. fr/e－sonore/main. php？daj＝search_ small&amp；sid＝&amp；ref＝UTS－120900

创建年代： 1997 年

学科： 社会人类学与人种学、建筑学、艺术与艺术史、人口学、法学、经济学、教育、古典作品研究、环境研究、地理学、管理学、史学、语言学、文学、音乐、音乐学与舞台艺术、哲学、心理学、宗教学、信息与传播学、政治学、社会学

历史时期： 当代

研制机构： 多个研制机构

内容形式： 声音、文本

地理区域： 非洲、欧洲

Enluminures

功能与目的：法国彩色装饰画图片库，可免费查询法国上百家市级图书馆收藏的彩色装饰画图片 8 万张。

网址： http：//www. enluminures. culture. fr

学科： 艺术与艺术史、史学

历史时期： 中世纪

研制机构： 法国文化与交流部

内容形式： 图像、文本

地理区域： 欧洲

Enluminures

功能与目的：里昂市图书馆彩色装饰画图片库，收录了采自 5—16 世
　　　　　纪 457 部文献中的彩色装饰画图片 1.2 万张。

网址：　　　http：//sgedh. si. bm – lyon. fr/dipweb2/phot/enlum. htm

学科：　　　艺术与艺术史、史学

历史时期：　中世纪

研制机构：　里昂市图书馆

内容形式：　图像、文本

地理区域：　欧洲

Estampes

功能与目的：里昂市图书馆版画库，收藏了 16—19 世纪法国国立或
　　　　　地区雕刻艺术学院的各种版画数万幅。

网址：　　　http：//sgedh. si. bm – lyon. fr/dipweb2/esta/estampes. htm

学科：　　　艺术与艺术史、史学

历史时期：　当代、现代

研制机构：　里昂市图书馆

内容形式：　图像、文本

地理区域：　欧洲

Estampes de l'Ecole des Chartes

功能与目的：法国巴黎文献学院版画库，可浏览 700 幅版画的详细介
　　　　　绍，其中 50 幅已制成电子版。

网址：　　　http：//www. enc. sorbonne. fr/estampes/

学科：　　　艺术与艺术史、史学

历史时期：　当代、现代

研制机构：　巴黎文献学院

内容形式：　图像、文本

地理区域：　欧洲

Eurislam

功能与目的：当代西欧伊斯兰和穆斯林现状书目库，拥有期刊文章、

论著、研究或调查报告、学位论文等参考文献 4000 多
种，可用法文和英文查询。

网址： http：//www – sdre. c – strasbourg. fr/base_ donnee/euris-
lam. htm

创建年代： 1996 年

学科： 社会人类学和人种学、史学、法学和宗教学、哲学和科
学社会学

历史时期： 当代

研制机构： 欧洲社会、法律与宗教研究小组 – UMR 7012 –
PRISME

内容形式： 文本

地理区域： 欧洲

Faire l'histoire des grands ensembles，Bibliographie 1950—1980

功能与目的：法国 1950—1980 年城市发展史数据库。该库为法国教
育、研究和技术部资助的一项科研计划（1999—
2001）："重读 30 个城市的光荣历史，书写一部完整的
城市发展史"而建。

网址： http：//histoire – sociale. univ – paris1. fr/Intro. htm

学科： 地理学、史学

历史时期： 当代

研制机构： 20 世纪社会史中心

内容形式： 文本

地理区域： 欧洲

Fonds Pierre Alexandre

功能与目的：法国语言学家皮埃尔·亚历山大数据库，主要收录了他
的非洲语言学和非洲民族语言学研究成果。

网址： http：//portail. univ – lyon2. fr/z3950/fpa/

学科： 语言学

历史时期： 当代

研制机构： 里昂第二大学

内容形式：　文本

地理区域：　非洲

FRANCIS

功能与目的：FRANCIS 是一个独特的多学科书目库，收录人文社会
科学参考书目 280 万条，其中 80% 的参考书目附有
（英法双语）简介。可通过法国科技信息所的信息平台
自由检索。

网址：　　　http：//ingenierie. inist. fr/article1. html

创建年代：　1972 年

学科：　　　生物人类学、社会人类学与人种学、考古学、建筑学、
艺术与艺术史、人口学、法学、经济学、教育、古典作
品研究、环境研究、性研究、地理学、管理学、文化遗
产与博物馆学、历史、史学、哲学和科学社会学、语言
学、文学、方法与统计学、音乐、音乐学与舞台艺术、
哲学、心理学、宗教学、信息与传播学、政治学、社
会学

历史时期：　当代、现代、中世纪、古代、史前时期

研制机构：　法国国家科学研究中心科技信息所

内容形式：　文本

地理区域：　非洲、美洲、南极洲、北极地区、欧洲、大洋洲

FRANTEXT

功能与目的：大型法国作品汇编库，时间跨度为 16—20 世纪，共收
录 3500 部著作（约合 10 亿个字母），其中文学类占
80%，各学科的技术类著作占 20%。

网址：　　　http：//www. frantext. fr/

学科：　　　史学、哲学和科学社会学、文学

历史时期：　当代、现代

研制机构：　法语分析与自动处理实验室

内容形式：　文本

地理区域：　欧洲

Frantiq

功能与目的：考古学、史学网和数据库，由法国国家科学研究中心、诸多大学、法国文化部等机构共同研制完成。

网址： http：//frantiq. mom. fr/portal. php

学科： 考古学、史学

历史时期： 古代、中世纪、史前时期

研制机构： 多个研制机构

内容形式： 文本

地理区域： 非洲、美洲、亚洲、欧洲、大洋洲

FRIPES：fichier de références bibliographiques en sciences politiques，économiques et sociales

功能与目的：政治学、经济学和社会学参考文献库，由里昂政治研究所研制。该库分为两部分：1983—1999 年的期刊文章 46310 篇和 2000 年之后的期刊文章 13220 篇。

网址： http：//doc－iep. univ－lyon2. fr/Ressources/Bases/Fripes2000/f2－interrogation. html

创建年代： 1983 年

学科： 经济学、管理学、政治学

历史时期： 当代

研制机构： 里昂政治研究所

内容形式： 文本

地理区域： 欧洲

GAAEL：Guide des archives d'artistes en ligne

功能与目的：法国国立和私立文化机构、协会收藏的私人档案指南库。

网址： http：//www. inha. fr/spip. php？rubrique66

学科： 艺术与艺术史

历史时期： 当代

研制机构： 法国艺术史学院

内容形式： 文本
地理区域： 欧洲

Gallica：la bibliothèque numérique

功能与目的： 数字图书馆，由法国国家图书馆研制而成，收录了 7 万
册电子版图书、8 万种图像和数十小时的声像作品，包
括其他国家的原版或译文版经典作品，可上网免费
查询。
网址： http：//gallica. bnf. fr/
学科： 法学、经济学、史学、文学、政治学
历史时期： 当代、现代、中世纪
研制机构： 法国国家图书馆
内容形式： 图像、声音、文本
地理区域： 欧洲

Grisemine

功能与目的： Grisemine 是一个可对教育研究成果（学术研究报告、
期刊文章、论文节选、教材、学位论文）进行全文检
索的数据库。
网址： http：//bibliotheques. univ – lille1. fr/default. asp？
bustl/grisemine
创建年代： 2001 年
学科： 社会人类学与人种学、法学、经济学、教育学、地理
学、管理学、史学、文学、信息与传播学、政治学、
社会学
历史时期： 当代、现代、中世纪、古代、史前时期
研制机构： 里尔科技大学
内容形式： 文本
地理区域： 非洲、美洲、亚洲、欧洲、大洋洲

HAL – SHS

功能与目的： 人文社会科学 30 多种学科研究成果库。

网址： http：//halshs. archives－ouvertes. fr/

学科： 生物人类学、社会人类学与人种学、考古学、建筑学、艺术与艺术史、人口学、法学、经济学、教育、古典作品研究、环境研究、性研究、地理学、管理学、文化遗产与博物馆学、历史、史学、哲学和科学社会学、语言学、文学、方法与统计学、音乐、音乐学与舞台艺术、哲学、心理学、宗教学、信息与传播学、政治学、社会学

历史时期： 当代、现代、中世纪、古代、史前时期

研制机构： 科学交流中心

内容形式： 文本

地理区域： 非洲、美洲、亚洲、欧洲、大洋洲

Histoire de la comptabilité francophone

功能与目的：讲法语国家会计史数据库，汇集了 1850 年至今的统计史、会计学史参考书目。

网址： http：//www. msh. univ－nantes. fr/1162910882405/0/fiche_ article/&amp；RH ＝1158677626979

学科： 经济学、史学

历史时期： 当代、现代

研制机构： 南特省安热·格潘人文科学研究之家

内容形式： 文本

Histoire de la Photo－carte de visite

功能与目的：照片—名片史数据库，收录了自 1839 年以来法国人拍摄的上亿张反映法国各阶层生活的照片，这些照片同时反映的是摄影技术的发展史。

网址： http：//photocarte. ish－lyon. cnrs. fr/

创建年代： 2005 年

学科： 艺术与艺术史、史学

历史时期： 当代

研制机构： 罗讷—阿尔卑斯历史研究实验室（现代和当代）

内容形式： 图像、文本

地理区域： 欧洲

HiST – Thesis

功能与目的：科学技术史硕士和博士论文库。

网址： http：//histsciences. univ – paris1. fr/databases/hst – thesis/

学科： 史学、哲学和科学社会学、社会学

历史时期： 当代、现代

研制机构： 科技史研究中心

内容形式： 文本

Horizon/Pleins Textes – Base de données documentaires de l'IRD

功能与目的：法国发展研究所文献数据库，可上网查询文献数据 6.5
万条，其中 3 万条可下载，另外还收录了法国部分文献
中心的文献目录 10.5 万条。

网址： http：//www. documentation. ird. fr/

学科： 社会人类学与人种学、人口学、经济学、地理学、方法
与统计学、社会学

历史时期： 当代

研制机构： 发展研究所

内容形式： 文本

地理区域： 非洲、美洲、亚洲

Icar

功能与目的：前罗马时期意大利文物（八世纪至希腊化时代的伊特
鲁利亚、意大利文化等）数据库。

网址： http：//icar. image – et – religion. org/

学科： 考古学、艺术与艺术史

历史时期： 古代

研制机构： 法国高等教育与研究部

内容形式： 图像、文本

地理区域： 欧洲

Index du catalogue des manuscrits datés de France

功能与目的：C. 萨马朗和 R. 马利沙尔共同编著的七卷本"法国重
要手稿索引"库，现有数据 9162 条，绝大部分可通过
年代、来源地、卷册和目录编码查阅。

网址： http：//aedilis. irht. cnrs. fr/cmdf/

学科： 史学

历史时期： 中世纪

研制机构： 文本历史研究所

内容形式： 文本

地理区域： 欧洲

Indigo

功能与目的：发展研究所建立的照片档案馆，搜集有 1950 年以来的
照片 2 万多张，并以每年 3000 张的速度增长。

网址： http：//www. ird. fr/indigo/

学科： 考古学、建筑学、艺术与艺术史、环境研究、地理学、
史学、音乐、音乐学与舞台艺术、宗教学、社会学

历史时期： 当代

研制机构： 发展研究所

内容形式： 图像、文本

地理区域： 非洲、美洲、亚洲

Inventaire des sanctuaires et lieux de Pôlerinage chrétiens en France

功能与目的：法国教堂和圣地名录库。

网址： http：//www. coldev. org/sanctuaires/

学科： 史学、宗教学

历史时期： 当代、现代、中世纪

研制机构： 法国国家科学研究中心

内容形式： 文本

地理区域： 欧洲

Joconde

功能与目的：法国博物馆藏品目录库，可检索到法国 130 多家博物馆
的藏品目录 17.8 万余条。

网址：　　　　http：//www. culture. gouv. fr/documentation/
joconde/fr/pres. htm

创建年代：　　1975 年

学科：　　　　社会人类学与人种学、考古学、艺术与艺术史、文化遗
产与博物馆学、史学

历史时期：　　当代、现代、中世纪、古代、史前时期

研制机构：　　法国文化与交流部

内容形式：　　图像、文本

地理区域：　　非洲、美洲、亚洲、欧洲

Jurel

功能与目的：为欧盟国家的法学和宗教社会学研究创建的判例文本
库，易于查询，可通过多语种主题词检索。

网址：　　　　http：//www2. misha. fr/flora/servlet/LoginServlet

创建年代：　　1995 年

学科：　　　　法学、宗教学、社会学

历史时期：　　当代

研制机构：　　欧洲社会、法律与宗教研究小组 – UMR 7012 –
PRISME

内容形式：　　文本

地理区域：　　欧洲

Juris Internationa

功能与目的：国际商法数据库，由国际商法中心、加拿大蒙特利尔大
学国际公法研究中心和法国南锡大学法律系共同研制。

网址：　　　　http：//www. jurisint. org/pub/page00_ fr. htm

学科：　　　　法学

历史时期：　　当代

研制机构：　　多个研制机构

内容形式：　　文本

地理区域：　　非洲、美洲、亚洲、欧洲、大洋洲

La bataille de Normandie en photos

功能与目的：诺曼底战役照片库，共有照片 2750 张。

网址：　　　　http：//flickr. com/photos/photosnormandie/

创建年代：　　2007 年

学科：　　　　史学

历史时期：　　当代

研制机构：　　P. 佩卡特和 M. 勒凯尔（Patrick Peccatte et Michel Le Querrec）

内容形式：　　图像、文本

地理区域：　　欧洲

La bibliothèque universelle

功能与目的：280 部法国文学作品全文数据库。

网址：　　　　http：//abu. cnam. fr/

学科：　　　　文学

历史时期：　　当代、现代、中世纪

研制机构：　　世界收藏家协会

内容形式：　　文本

地理区域：　　欧洲

L'Année philologique

功能与目的：《语文学年鉴》由巴黎大学教授、拉丁语学者马鲁佐（1878—1964）于 1928 年创办，分别在法国、德国、意大利、西班牙和美国 5 个国家编辑出版，是全世界唯一一部希腊 - 拉丁语文献目录。通过因特网可查阅该年鉴 30（1959）至 73 卷（2002）的内容。

网址：　　　　http：//www. annee - philologique. com/aph/

学科：　　　　古典语研究、史学

历史时期：　　古代

研制机构： 多个研制机构

内容形式： 文本

地理区域： 欧洲

LARA（Libre Accès aux Rapports scientifiques et techniques）

功能与目的：LARA 是一个联合网站，收录有 200 份法国人文社会科学研究报告，用户可以免费进行全文检索。

网址： http：//lara. inist. fr/handle/2332/397

学科： 社会人类学与人种学、考古学、艺术与艺术史、法学、经济学、教育、地理学、史学、语言学、文学、心理学、宗教学、信息与传播学、社会学

历史时期： 当代

研制机构： 法国国家科学研究中心科技信息所

内容形式： 文本

地理区域： 欧洲

Le Moyen Age en lumière

功能与目的：法国国家图书馆中世纪手稿库，可检索到该馆近十年收藏的数字化中世纪手稿 2.5 万册及图片资料 12 万条，并可以从中发现一些从未面世过的中世纪图片。

网址： http：//www. moyenageenlumiere. com

学科： 艺术与艺术史、史学

历史时期： 中世纪

研制机构： 多个研制机构

内容形式： 图像、文本

地理区域： 欧洲

Legifrance

功能与目的：法国、欧洲和世界法学论文库。

网址： http：//www. legifrance. gouv. fr/

学科： 法学

历史时期： 当代

研制机构： 国营部门（法国外贸保险公司）
内容形式： 文本
地理区域： 欧洲

LEGIREL

功能与目的：通过 LEGIREL 可以检索到欧盟成员国有关宗教活动和
祭祀的组织及举办的法规全文，了解国际上的宗教事件
和关于宗教自由的国际法。

网址： http：//www2. misha. fr/flora/servlet/LoginServlet
创建年代： 2002 年
学科： 法学、史学、宗教学、社会学
历史时期： 当代
研制机构： 欧洲社会、法律与宗教研究小组 – UMR 7012 –
PRISME
内容形式： 文本
地理区域： 欧洲

Léonore

功能与目的：法国荣誉勋章获得者数据库，收录了自法国荣誉勋位建
制以来和 1954 年之前去世的 213372 名荣誉勋章获得者
的详细资料，可按音序检索。

网址： http：//www. culture. gouv. fr/documentation/leonore/
pres. htm
学科： 史学
历史时期： 当代
研制机构： 法国文化与交流部
内容形式： 文本
地理区域： 欧洲

Les femmes en politiques

功能与目的：全球政界妇女问题研究论著和论文数据库，为联合国发
展计划而建。用户可从全球视角，也可从地区、国家视

角或通过主题词检索查询。

网址： http：//www. ipu. org/bdf – f/BDFsearch. asp

学科： 法学、政治学

历史时期： 当代

研制机构： 各国议会联盟

内容形式： 文本

地理区域： 非洲、美洲、亚洲、欧洲、大洋洲

Les Journaux d'Alexandre Dumas

功能与目的：大仲马创办或主编的报刊电子版数据库，揭示了小说家
大仲马人生的另一面。

网址： http：//jad. ish – lyon. cnrs. fr/

创建年代： 2005 年

学科： 文学

历史时期： 当代

研制机构： 多个研制机构

内容形式： 图像、文本

地理区域： 欧洲

Les oeuvres Lavoisier

功能与目的：法国著名化学家安托万 – 洛朗·拉瓦锡全集电子版，即
实现了安托万 – 洛朗·拉瓦锡（1743—1794）著作（6
卷本共 4594 页）和一些未发表过的文章的数字化。

网址： http：//histsciences. univ – paris1. fr/i – corpus/lavoisier/

学科： 史学、哲学和科学社会学

历史时期： 当代

研制机构： 科技史研究中心

内容形式： 图像、文本

地理区域： 欧洲

Liber Floridus

功能与目的：旨在使广大用户可以浏览到法国高等院校收藏的全部中

世纪手稿。

网址： http：//liberfloridus. cines. fr/

学科： 艺术与艺术史、史学

历史时期： 中世纪

研制机构： 法国教育部

内容形式： 图像、文本

地理区域： 欧洲

Malraux：base bibliographique

功能与目的：法国文化部直属或下属机构图书馆或文献中心书
目库。

网址： http：//www. culture. gouv. fr/documentation/malraux/
pres. htm

学科： 考古学、艺术与艺术史、文化遗产与博物馆学、史学、
文学

历史时期： 当代、现代、中世纪、古代、史前时期

研制机构： 法国文化与交流部

内容形式： 图像、文本

地理区域： 欧洲

Mandragore

功能与目的：法国国家图书馆细密画库，收有细密画数藏品十万
件，居世界中世纪绘画博物馆之首，加之品种丰富和
拥有大量的肖像画，可称得上是一部中世纪百科全
书。今天，用户可通过1.5万个主题词检索到藏品简
介10万条。

网址： http：//mandragore. bnf. fr/html/accueil. html

学科： 艺术与艺术史、史学

历史时期： 中世纪

研制机构： 法国国家图书馆

内容形式： 图像、文本

地理区域： 非洲、美洲、亚洲、欧洲、大洋洲

Marianne

功能与目的：1789 年以来法国宪法非官方数据库，包括许多法律
草案。

网址： http：//www. legisnet. com/france/marianne. html

学科： 法学、政治学

历史时期： 当代

研制机构： 多个研制机构

内容形式： 文本

地理区域： 欧洲

Massinissa

功能与目的：19 世纪以来阿尔及利亚、摩洛哥、突尼斯先法数据库。

网址： http：//www. legisnet. com/maghreb/massinissa. html

学科： 法学、政治学

历史时期： 当代

研制机构： 多个研制机构

内容形式： 文本

地理区域： 非洲

Medium

功能与目的：法国文本历史研究所数据库，包括简介、微型胶片或
JPEG 图像。

网址： http：//www. irht. cnrs. fr/ressources/medium_ frame. htm

学科： 史学

历史时期： 古代、中世纪

研制机构： 文本历史研究所

内容形式： 文本

地理区域： 非洲、美洲、亚洲、欧洲、大洋洲

mémSIC

功能与目的：文献服务器，可查阅法国及欧洲其他国家信息学与传播

学第三阶段（博士）学位论文。

网址：　　　　http：//memsic. ccsd. cnrs. fr/

学科：　　　　信息学与传播学

历史时期：　　当代

研制机构：　　科学交流中心

内容形式：　　文本

地理区域：　　欧洲

Migrinter

功能与目的：　"世界人口流动"文献服务器，由法国国立科学研究中
　　　　　　　心研制并管理。该服务器便于搜集世界人口流动信息资
　　　　　　　源和搭建文献交流网络。

网址：　　　　http：//radegonde. mshs. univ – poitiers. fr/biblio/

创建年代：　　2001 年

学科：　　　　人口学、社会学

历史时期：　　当代

研制机构：　　法国国家科学研究中心

内容形式：　　图像、文本

地理区域：　　非洲、美洲、亚洲、欧洲、大洋洲

Mille monuments du XXe siècle en France

功能与目的：　20 世纪法国千座古迹文献库，用户可检索到欧洲历史
　　　　　　　上建造的并受到保护的 1009 座著名或不知名纪念性建
　　　　　　　筑物（地铁站、引水渠、商店、市场、犹太教堂、公
　　　　　　　园、电影院、游泳池、别墅、工人住宅区、艺术家工作
　　　　　　　室、水厂等）的全部资料数据。

网址：　　　　http：//www. culture. gouv. fr/documentation/milxx/
　　　　　　　pres. htm

学科：　　　　建筑学、文化遗产与博物馆学

历史时期：　　当代

研制机构：　　法国文化与交流部

内容形式：　　图像、文本

地理区域：　欧洲

Millesimo

功能与目的：Millesimo 是一款有助于判断教会圣师著作年代和中世
纪研究专家推断经文和文献发表年代的编年软件，建有
技术编年表、历史编年表和礼拜仪式编年表。

网址：　　　http：//millesimo. irht. cnrs. fr

学科：　　　史学

历史时期：　古代、现代、中世纪

研制机构：　文本历史研究所

内容形式：　文本

地理区域：　亚洲、欧洲

Minerve

功能与目的：法国国防部国防史研究所研制，该库集中收录了 1985
年以来法国大学的国防史研究成果或收藏的涉及国防问
题的其他学科，如政治学、法学等研究成果。

网址：　　　http：//www. cehd. sga. defense. gouv. fr/article. php3？
id_ article = 38

学科：　　　法学、史学、政治学

历史时期：　当代

研制机构：　法国国防部

内容形式：　文本

地理区域：　欧洲

Mnémo：Base bibliographique sur la socio - économie de la culture

功能与目的：文化社会—经济学文献题录库，收录了自 1990 年以来
发表的论著、报刊文章、学术讨论会论文集、政府报告
等文献目录 4. 8 万条。

网址：　　　http：//www. culture. gouv. fr/documentation/mnemo/
pres. htm

学科：　　　考古学、建筑学、艺术与艺术史、教育学、文化遗产与

博物馆学、音乐、音乐学与舞台艺术、信息学与传播学

历史时期： 当代

研制机构： 法国文化与交流部

内容形式： 文本

地理区域： 欧洲

Morts pour la France de la guerre 1914—1918

功能与目的：第一次世界大战中为"法兰西献身者"数据库，收录
了 130 多万人的个人档案资料和相关回忆文献。

网址： http：//www. memoiredeshommes. sga. defense. gouv. fr/

学科： 史学

历史时期： 当代

研制机构： 多个研制机构

内容形式： 图像、文本

地理区域： 欧洲

Morts pour la France en Afrique du Nord 1952—1962

功能与目的：1952—1962 年在阿尔及利亚战争、摩洛哥同突尼斯战
斗中为法国献身的阵亡者数据库，可查阅这些人的详
细信息资料。

网址： http：//www. memoiredeshommes. sga. defense. gouv. fr/

学科： 史学

历史时期： 当代

研制机构： 法国国防部

内容形式： 文本

地理区域： 非洲、欧洲

Muséofile

功能与目的：法国文化与交流部、法国教育与研究部、法国国防部等
多部委联合研制，是法国唯一一个永久性博物馆数据
库，收录了符合法国政府 2002 年元月颁布的第 2002—
5 法令，以及在这一法令之外的 1285 家博物馆、陈列

馆、展览馆的藏品数据。

网址：　　　　http：//www. culture. gouv. fr/documentation/museo/

pres. htm

学科：　　　　文化遗产与博物馆学

历史时期：　　当代

研制机构：　　法国文化与交流部

内容形式：　　图像、文本

地理区域：　　欧洲

NaPôleonica. org

功能与目的：拿破仑基金会网站，旨在为研究人员、教师和所有对拿

破仑和法兰西第一、第二帝国史感兴趣的人提供具有史

学和美学价值的数字化文献。

网址：　　　　http：//www. napoleonica. org/na/index. html

学科：　　　　史学

历史时期：　　当代

研制机构：　　拿破仑基金会

内容形式：　　图像、文本

地理区域：　　欧洲

Narcisse

功能与目的：法国博物馆研究室收藏的架上画文献库。

网址：　　　　http：//www. culture. gouv. fr/documentation/lrmf/pres. htm

学科：　　　　艺术与艺术史、文化遗产与博物馆学

历史时期：　　当代、现代、中世纪

研制机构：　　法国文化与交流部

内容形式：　　图像、文本

地理区域：　　欧洲

Nordnum：Bibliothèque numérique d'Histoire régionale Nord – Pas –
de – Calais

功能与目的：北加莱海峡地区史数字图书馆，收藏了大量 19 世纪至

今的地区史著作和文章，可全文查阅。

网址： http：//nordnum. univ – lille3. fr/
学科： 史学
历史时期： 当代
研制机构： 里尔戴高乐大学
内容形式： 图像、文本
地理区域： 欧洲

Normannia：la bibliothèque numérique normande

功能与目的：Normannia 是一个电子图书馆，可全文检索有关诺曼底
古迹遗产、历史和文化方面的文章和著作。

网址： http：//www. normannia. info/
学科： 艺术与艺术史、史学、哲学、宗教学、社会学
历史时期： 当代、现代
研制机构： 下诺曼底地区文科中心
内容形式： 文本
地理区域： 欧洲

Nova

功能与目的：1960 年至今法国教育创新研究成果库，由法国教育研
究所与法国职业培训协会、法国工艺手工业联合会联合
研制。

网址： http：//www. inrp. fr/bdd/nova. htm
学科： 教育学
历史时期： 当代
研制机构： 法国教育研究所
内容形式： 文本
地理区域： 欧洲

Oeuvres et rayonnement de Jean – Baptiste Lamarck

功能与目的：该库旨在让人们全面了解法国最著名的博物学家之一 J –
B. 拉马克的生平和著作。

网址：　　　　http：//www. lamarck. cnrs. fr/
学科：　　　　史学、哲学和科学社会学
历史时期：　　现代
研制机构：　　法国国家科学研究中心
内容形式：　　文本
地理区域：　　欧洲

Onomasticon arabicum
功能与目的：18 世纪伊斯兰文人、科学家、亲王、军人等名人库。
网址：　　　　http：//aedilis. irht. cnrs. fr/onomasticon
创建年代：　　2004 年
学科：　　　　史学
历史时期：　　现代、中世纪
研制机构：　　文本历史研究所
内容形式：　　文本
地理区域：　　非洲、欧洲

ORDS：Outil de recherche de données en sciences sociales
功能与目的：社会科学文献研究工具，用户可以通过该库展开文献调
　　　　　　研和与同行或兄弟单位进行交流。
网址：　　　　http：//www. centre. quetelet. cnrs. fr/ords/
创建年代：　　2001 年
学科：　　　　方法与统计学
历史时期：　　当代
研制机构：　　凯特莱中心
内容形式：　　文本
地理区域：　　欧洲

PACTE
功能与目的：法国外交部文献库，收录了法国与世界其他国家签署的
　　　　　　多边或双边协议、条约。
网址：　　　　http：//www. doc. diplomatie. gouv. fr/pacte/

学科： 政治学

历史时期： 当代

研制机构： 法国外交部

内容形式： 文本

地理区域： 欧洲

PARLINE

功能与目的：PARLINE 是"在线议会"的缩写，通过该数据库可查询到所有法国议员的个人信息、选举制说明、最新选举结果、两个议会主席的职能、议员的任期和任职条例。

网址： http：//www. ipu. org/parline – f/parlinesearch. asp

学科： 法学、政治学

历史时期： 当代

研制机构： 各国议会联盟

内容形式： 文本

地理区域： 非洲、美洲、亚洲、欧洲、大洋洲

Patrimoine numérique

功能与目的：法国人文社会科学多媒体和数字化文化遗产目录库，法国文化与交流部研制，其最大特点是：收录的都是系统的整套文献（丛书、文集和遗赠），而不是单本文献。

网址： http：//www. numerique. culture. fr/

学科： 生物人类学、社会人类学与人种学、考古学、建筑学、艺术与艺术史、人口学、法学、经济学、教育、古典作品研究、环境研究、性研究、地理学、管理学、文化遗产与博物馆学、历史、史学、哲学和科学社会学、语言学、文学、方法与统计学、音乐、音乐学与舞台艺术、哲学、心理学、宗教学、信息与传播学、政治学、社会学

历史时期： 当代、现代、中世纪、古代、史前时期

研制机构： 法国文化与交流部

内容形式： 图像、文本

地理区域：　非洲、美洲、南极洲、北极地区、亚洲、欧洲、大洋洲

Persée：portail de revues scientifiques en Sciences Humaines et Sociales

功能与目的：法国人文社会科学期刊库登录口，旨在提供数字化期刊，展示和介绍法国人文社会科学期刊文章，不断扩大其影响力。该库面向广大用户，可免费浏览。

网址：　　　http：//www. persee. fr/

创建年代：　2004 年

学科：　　　人文社会科学各个学科

研制机构：　里昂第二大学

Pétroglyphes

功能与目的：西伯利亚地区 12 家重要网点文献数据库，共有数据 1. 2 万条。

网址：　　　http：//www. centralasian – rockart. org/

学科：　　　考古学

历史时期：　史前时期

研制机构：　centralasian – rockart. org

内容形式：　图像、文本

地理区域：　亚洲、欧洲

Photothèque de la documentation française

功能与目的：法国文献出版社图像资料库，共 1. 65 万幅，是从 4 个库（第二次世界大战、1930—1985 年法语非洲国家、1969—2001 年航拍巴黎及郊区、1980—2002 年法国印象）的 8 万幅图像中精选而成。

网址：　　　http：//photographie. ladocumentationfrancaise. fr/ photographie/phototheque/search/search. html

学科：　　　史学

历史时期：　当代

研制机构：　法国文献出版社

内容形式： 图像

地理区域： 非洲、欧洲

Photothèque du CNRS

功能与目的：法国国家科学研究中心人文社会科学图像资料库，共收

录图像 2.3 万幅，并以年均 1500 幅的速度增长。

网址： http：//phototheque. cnrs. fr/

学科： 生物人类学、社会人类学与人种学、考古学、建筑学、

艺术与艺术史、环境研究、地理学、文化遗产与博物馆

学、音乐、音乐学与舞台艺术、社会学

历史时期： 当代、现代、中世纪、古代、史前时期

研制机构： 法国国家科学研究中心

内容形式： 图像、文本

地理区域： 非洲、美洲、南极洲、北极地区、亚洲、欧洲、大洋洲

Poissons du Gabon

功能与目的：法国比较语言学家 Patrick Mouguiama – Daouda 博士论文

库，主要涉及加蓬班图人的历史语言学研究，特别是

加蓬人姓氏"鱼"（poissons）的由来。

网址： http：//ddl. ish – lyon. cnrs. fr/BDD/pb/index. html

学科： 社会人类学与人种学、语言学

历史时期： 当代

研制机构： 人文科学所

内容形式： 图像、声音、文本

地理区域： 非洲

Pôle Microfinancement：Base de données bibliographique

功能与目的：金融体制研究书目库，可检索到论述发展中国家宏观金

融体制发展的参考书目 513 条，其中 351 条书目附有内

容提要。

网址： http：//microfinancement. cirad. fr/fr/frame. html

学科： 经济学

历史时期：　当代
研制机构：　法国农艺研究国际合作发展中心
内容形式：　文本
地理区域：　非洲、美洲、亚洲、欧洲

Politext

功能与目的：1789—2002 年法国政治论文库。

网址：　　　http：//www. unice. fr/ILF – CNRS/politext/

学科：　　　语言学、政治学

历史时期：　当代、现代

研制机构：　尼斯大学 Sophia Antipolis

内容形式：　文本

地理区域：　欧洲

Pratiques du droit, productions de droit：initiatives populaires

功能与目的：该库收录了世界各国研究人员，司法界人士、团体和协
　　　　　　会有关法律的实践经验介绍和研究成果。

网址：　　　http：//www. agirledroit. org/fr/experiences. php

学科：　　　法学

历史时期：　当代

研制机构：　多个研制机构

内容形式：　文本

地理区域：　非洲、美洲、亚洲、欧洲

Priam3

功能与目的：当代法国国家档案库，1984 年由法国文化与交流部建
　　　　　　成，内有 1969 年以来法国档案中心收藏的法国国家
　　　　　　档案。

网址：　　　http：//www. culture. gouv. fr/documentation/priam3/
　　　　　　pres. htm

创建年代：　1984 年

学科：　　　文化遗产与博物馆学

历史时期： 当代

研制机构： 法国文化与交流部

内容形式： 文本

地理区域： 欧洲

Provenance

功能与目的：15 世纪中叶至今带有个人或机构印记的印刷品库，包括
饰以徽章的精装书封面、藏书章或手稿、笔记等。将印
记数字化有助于读者轻松识别原著者或阅读者。在对每
位教授的介绍中，插入了许多图像和有关这位教授或某
个机构的信息、誊本、书作者印记的说明、使用印记的
大概日期、数字化书籍的分类编号和标题、参考文献等。

网址： http：//sgedh. si. bm－lyon. fr/dipweb2/apos/possesseurs. htm

学科： 史学

历史时期： 现代、中世纪

研制机构： 里昂市图书馆

内容形式： 图像、文本

地理区域： 欧洲

Proverbe

功能与目的：谚语库，法国文化与交流部研制，收录谚语 2. 5 万条。

网址： http：//www. culture. gouv. fr/public/mistral/proverbe_ fr?
ACTION = RETOUR& USRNAME = nobody& US-
RPWD = 4%24%2534P

学科： 文学

研制机构： 法国文化与交流部

内容形式： 文本

地理区域： 欧洲

Rabelais et son temps

功能与目的：法国著名作家拉伯雷全集数据库。

网址： http：//134. 59. 31. 3/rabelais. html

学科：　　　　语言学、文学
历史时期：　　现代
研制机构：　　数据库：文集、语言实验室（UMR 6039，CNRS，ILF，
　　　　　　　UNSA）
内容形式：　　图像、文本
地理区域：　　欧洲

Recherches en psychiatrie

功能与目的：精神病学最新研究成果索引库。
网址：　　　　http：//193.49.126.9：8003/recherche/FMPro？－
　　　　　　　db＝rech.fp5&amp；－lay＝affich e&amp；－format＝
　　　　　　　search.htm&amp；－view
学科：　　　　精神病学
历史时期：　　当代
研制机构：　　法国精神病学联合会
内容形式：　　文本
地理区域：　　欧洲

REGARDS

功能与目的：法国热带地理研究中心 1972 年研制，如今拥有 5.2 万
　　　　　　　条文献数据，并以年均 1000 条左右的数据不断增加，
　　　　　　　其中包括关键词分析和内容提要。
网址：　　　　http：//147.210.132.56：8080/doc－regards/
创建年代：　　1972 年
学科：　　　　经济学、环境研究
历史时期：　　当代
研制机构：　　治理、发展、环境、卫生与社会实验室
内容形式：　　文本
地理区域：　　非洲、美洲、亚洲、欧洲

RÉMISIS

功能与目的：国际人口流动和世界各民族关系文献简介和目录库。该

库与世界 20 多个国家或私人文献中心网站链接，目前
有文献简介 2.2 万篇，并以年均 1000 篇的速度增长。

网址： http：//www.remisis.org/
学科： 人口学、社会学
历史时期： 当代
研制机构： 多个研制机构
内容形式： 文本
地理区域： 非洲、美洲、亚洲、欧洲、大洋洲

RESSAC
功能与目的：中央政府部门社会卫生文献中心数据库，由法国社会事
务、劳动与互助部与卫生、家庭和残疾人部共同组建的
文献中心研制，收录 1989 年以来的相关论著、期刊文
章简介或视频资料 7 万份左右。

网址： http：//194.199.119.234/ressac.htm
创建年代： 1989 年
学科： 社会学
历史时期： 当代
研制机构： 中央政府部门社会卫生文献网
内容形式： 文本
地理区域： 欧洲

Ressources en histoire du livre sur le web
功能与目的：web 网图书史资源库，可与 500 个图书网站链接，通过
这些网站了解图书、著作和绘图技术发展史。

网址： http：//ihl.enssib.fr/surweb_ fr.php
学科： 信息学与传播学
历史时期： 当代
研制机构： 图书史研究所
内容形式： 文本
地理区域： 非洲、美洲、亚洲、欧洲、大洋洲

Ressources linguistiques informatisées

功能与目的：语言和文学数据库，可查阅法国最权威的语言类、文学
　　　　　类和百科全书类大型词典或辞书。

网址：　　　http：//www. atilf. fr/atilf/res＿ ling＿ info. htm

学科：　　　语言学、文学

历史时期：　当代、现代、中世纪

研制机构：　法语分析与自动处理实验室

内容形式：　文本

地理区域：　欧洲

SAPHIR – CTNERHI

功能与目的：有关心理、生理缺陷和社会不适应症等方面的文献 2.1
　　　　　万篇，其中部分文献被收入法国"公共卫生数据库"
　　　　　（BDSP）。

网址：　　　http：//www. ctnerhi. com. fr/ctnerhi/pagint/centre＿ doc/
　　　　　base＿ donnees/saphir. htm

学科：　　　心理学、社会学

历史时期：　当代

研制机构：　法国生理缺陷者及低能人调查研究技术中心

内容形式：　文本

地理区域：　非洲、美洲、亚洲、欧洲、大洋洲

Sciences et savants en révolution（1780—1820）

功能与目的：法国许多学科都深受法国大革命事件的触动并因此研究
　　　　　这一现象，该数据库旨在探讨法国大革命时期科研人
　　　　　员、研究重点、学科及科研机构的变化。核心内容采自
　　　　　Jean – Claude de la Métherie 主编（1787—1817）的《物
　　　　　理学杂志》每年第一期的"引言"。

网址：　　　http：//sciencesrevolution. univ – paris1. fr/science1800/

创建年代：　2003 年

学科：　　　史学、哲学和科学社会学

历史时期：　当代

研制机构： 科技史研究中心
内容形式： 文本
地理区域： 欧洲

SCORE – santé

功能与目的：法国地区卫生指标库，由两部分组成，第一部分是法国
地区和省卫生指标，包括 5 个方面：人口与生活方式、
人口卫生状况、病理学、行为与环境、保健与预防；第
二部分是法国地区、省和市卫生指标，包括 4 个方面：
死亡原因、病因、儿童健康、妇女健康。
网址： http：//www. fnors. org/Score/accueil. htm
学科： 人口学、统计方法与统计学
历史时期： 当代
研制机构： 法国地区卫生观察研究所联合会
内容形式： 文本
地理区域： 欧洲

Shanghai en images

功能与目的："印象上海"数据库，旨在通过图像照片展示中国大都
市的巨大变化。
网址： http：//sdocument. ish – lyon. cnrs. fr/IaoDatabase/Shang-
hai Pictures/
学科： 史学
历史时期： 当代
研制机构： 多个研制机构
内容形式： 图像、文本
地理区域： 亚洲

Smultidoc

功能与目的：法国多家人文社会科学机构发表的论著和期刊论文简
介库。
网址： http：//smultidoc. ish – lyon. cnrs. fr/

学科：　　　　考古学、经济学、史学、社会学

历史时期：　　古代、当代、现代、中世纪

研制机构：　　人文科学所

内容形式：　　文本

地理区域：　　非洲、亚洲、欧洲

SOMREV：sommaires de revues

功能与目的：期刊简介库，可检索到 1990 年或 1995 年以来法国 77

　　　　　　种经济学、管理学、政治学期刊简介或通过日期、期刊

　　　　　　及简介等查阅部分文章的全文。

网址：　　　　http：//doc – iep. univ – lyon2. fr/Ressources/Bases/Somrev/

创建年代：　　1998 年

学科：　　　　经济学、管理学、政治学

历史时期：　　当代

研制机构：　　里昂政治研究所

内容形式：　　文本

地理区域：　　欧洲

SPHAERA

功能与目的：法国发展研究所研制，收录有关发展问题的研究和文献

　　　　　　数据 1.5 万条，研究范围覆盖世界各大洲，重点是

　　　　　　非洲。

网址：　　　　http：//www. bondy. ird. fr/sphaera

学科：　　　　地理学

历史时期：　　当代

研制机构：　　发展研究所

内容形式：　　文本

地理区域：　　非洲、美洲、亚洲、欧洲

SUDOC：Système Universitaire de Documentation

功能与目的：法国高校图书馆和 2900 个文献中心收藏的人文社会科

　　　　　　学期刊和书目库。

网址： http：//www. sudoc. abes. fr/

学科： 生物人类学、社会人类学与人种学、考古学、建筑学、
艺术与艺术史、人口学、法学、经济学、教育、古典作
品研究、环境研究、性研究、地理学、管理学、文化遗
产与博物馆学、历史、史学、哲学和科学社会学、语言
学、文学、方法与统计学、音乐、音乐学与舞台艺术、
哲学、心理学、宗教学、信息与传播学、政治学、社
会学

历史时期： 当代、现代、中世纪、古代、史前时期

研制机构： 高等教育参考书目管理处

内容形式： 文本

地理区域： 非洲、美洲、亚洲、欧洲、大洋洲

Supplice Chinois/Chinese torture：approche iconographique，historique et littéraire d'une représentation exotique

功能与目的： 中国酷刑研究多语种数据库，为中国史学家，西方、中
国比较文学家和肖像学家研究中国酷刑及相互间的交流
搭建的一座平台。

网址： http：//turandot. ish – lyon. cnrs. fr/

创建年代： 2003 年

学科： 史学、文学

历史时期： 当代

研制机构： 东亚研究所

内容形式： 图像、文本、视频

地理区域： 亚洲

Surréalistes de tous les pays

功能与目的： 世界各类超现实主义团体成员数据库。

网址： http：//www. cavi. univ – paris3. fr/Rech_ sur/c_
surr. html

创建年代： 1992 年

学科： 文学

历史时期： 当代
研制机构： 新索邦大学超现实主义研究中心
内容形式： 文本
地理区域： 非洲、美洲、亚洲、欧洲、大洋洲

TERO

功能与目的：法国农业资源研究数据库，法国国家科学研究中心生
态—人类学、人种生物学实验室研制，重点从人类学
角度研究农业生产和地方食品或地方特产。
网址： http：//www. ethno – terroirs. cnrs. fr/
学科： 社会人类学与人种学、经济学、史学
历史时期： 当代
研制机构： 法国国家科学研究中心
内容形式： 文本
地理区域： 欧洲

THEO

功能与目的：法国西北部地区大学史学（大学第三阶段、学士、硕
士和博士）学位论文库。
网址： http：//www. uhb. fr/sc_ sociales/crhisco/memhou/
学科： 史学
历史时期： 当代、现代、中世纪、古代、史前时期
研制机构： 雷恩第二大学
内容形式： 文本
地理区域： 欧洲

Thesa

功能与目的：法国高校经济学和管理学学位论文数据库。
网址： http：//thesa. inist. fr/
学科： 经济学、管理学
历史时期： 当代
研制机构： 法国国家科学研究中心

内容形式： 文本
地理区域： 欧洲

Toxibase：base bibliographique，base de sites，base prévention

功能与目的：毒物社会学研究数据库，收录了参考文献 3.5 万条，
　　　　　　内容涉及 10 多个重大社会问题，例如毒品、药物、
　　　　　　烟草、心理疾病、酒精、健康教育等。1997 年完成了
　　　　　　因特网上有关毒品和依赖物方面的信息追踪和报道
　　　　　　工作。
网址： http：//www.toxibase.org/Bdd.asp
创建年代： 1986 年
学科： 社会学
历史时期： 当代
研制机构： 毒物社会学研究数据库研制组
内容形式： 文本
地理区域： 非洲、美洲、亚洲、欧洲、大洋洲

Urbamet

功能与目的：法国装备部研制，收录了规划、城市、居民与住房、建
　　　　　　筑物、集体设施、交通、地方行政区域等方面的数据
　　　　　　21.5 万条。近两年提供了免费查询服务，还可以通过
　　　　　　预约从 URBAMET URBADOC 链接的 5 个欧洲建筑学数
　　　　　　据库查找到法国的相关数据。
网址： http：//urbamet.documentation.equipement.gouv.fr/urbam-
　　　　et/index.xsp
创建年代： 1978 年
学科： 建筑学
历史时期： 当代
研制机构： 法国装备部
内容形式： 文本
地理区域： 欧洲

Virtual Shanghai：Shanghai Urban Space in Time

功能与目的：19 世纪中叶至今的中国上海史研究数据库，旨在利用
论文、原始文献、照片和地图描述上海发展史。

网址：　　　　http：//virtualshanghai. ish – lyon. cnrs. fr/

创建年代：　　2004 年

学科：　　　　史学

历史时期：　　当代

研制机构：　　东亚研究所

内容形式：　　图像、文本

地理区域：　　亚洲

Vocabulaire codicologique

功能与目的：拉丁古文书学国际委员会资助下建立的手稿常用法语词
汇库，可按音序查询目录，还有相对应的英语、意大利
语、西班牙语目录。

网址：　　　　http：//vocabulaire. irht. cnrs. fr

创建年代：　　2002 年

学科：　　　　史学

历史时期：　　古代、现代、中世纪

研制机构：　　文本历史研究所

内容形式：　　图像、文本

地理区域：　　欧洲

附录二 法国主要人文社会科学
研究机构简况

埃德加·莫兰研究中心（Centre Edgar Morin）

概况：　　　　1960 年由 G. 弗里德曼创建于法国高等研究实践学院第
六分部，原名为"大众传播研究中心"，1973 年改为
"社会学、人类学、符号学跨学科研究中心"，1983 年
更名为"社会学、人类学、政治学跨学科研究中心"，
1992 年易名为"社会学、人类学、史学跨学科研究中
心"。1998 年 1 月 1 日重组，2008 年采用现名，每四年
制定一次科研计划，隶属于法国国家科学研究中心和法
国社会科学高等研究院。研究主题：身体、个人与社
会，给养：从生物到社会，记忆、身份与世代，自然，
领土与环境，跨学科性与综合性思想，视听的实践与研
究，共识、社会表现与势力现象。

定期出版物：《交流》（*Communications*）

地址：　　　　22 rue d'Athenes, Bât B – 3è étage, 75009 PARIS,
FRANCE（法国）

电话：　　　　33 1 40 82 75 25

传真：　　　　33 1 40 82 75 40

网址：　　　　http：//www. iiac. cnrs. fr/ cetsah/

电子信箱：　　cetsah@ ehess. fr

**巴黎综合理工学院经济计量学实验室（CECO：Laboratoire d'
économetrie de l'école polytechnique）**

概况：　　　　1997 年 1 月 1 日成立，2001 年 1 月 1 日重组。隶属于

法国国家科学研究中心和巴黎综合理工学院。研究主题：公共经济与经济政策，工业经济、组织与财政，企业与市场，风险预测与管理，博弈理论与组织理论。

定期出版物：不详

地址：　　　1 Rue Descartes, 75005 PARIS, FRANCE（法国）

电话：　　　33 1 55 55 82 15

传真：　　　33 1 55 55 84 28

网址：　　　http：//ceco. polytechnique. fr

电子信箱：　labecox@ poly. polytechnique. fr

比较文学研究中心（CRLC：Centre de recherches en littérature comparée）

概况：　　　1981 年成立，2000 年改组。隶属于法国巴黎第四大学。旨在推动法国及其大学的比较文学研究和培养文学博士。研究重点：文学、哲学与人文科学，文学与政治，比较诗学、诗歌与思想，神话评论。

定期出版物：不详

地址：　　　1 rue Victor – Cousin 75230 PARIS CEDEX 05, FRANCE（法国）

电话：　　　33 1 40 46 26 80

传真：　　　33 1 40 97 47 11

网址：　　　http：//www. crlc. paris – sorbonne. fr/

电子信箱：　ad. el：lit – id@ u – paris10. ：fr

城市人类学实验室（LAU：Laboratoire d'anthropologie urbaine）

概况：　　　1983 年 1 月 1 日成立，2000 年 1 月 1 日重组，每四年制定一次科研计划。隶属于法国国家科学研究中心。研究主题：城市研究，城市现象，当代社会中的知识与传播和知识与技术，个人与集体，司法、金融与宗教机构。

定期出版物：不详

地址：　　　27 Rue Paul Bert, 94204 IVRY SUR SEINE CEDEX,

FRANCE（法国）

电话：　　　　33 1 49 60 40 83
传真：　　　　33 1 46 71 84 96
网址：　　　　http：//www. lau. cnrs. fr/（UPR34）
电子信箱：　　lau@ ivry. cnrs. fr

传播研究所（IREC：Institut de recherches et d'études sur la communication）

概况：　　　　隶属于法国巴黎第二大学。科研任务：研究法国和国际
　　　　　　　传媒（报纸杂志、广播、电视、电影、网络和多媒
　　　　　　　体）。近年的研究重点：从法学，经济学和社会学三个
　　　　　　　方面分析探讨西欧、北美、日本、法语非洲国家的广播
　　　　　　　和电视运作方式，网络和多媒体服务、技术、用途和
　　　　　　　重点。

定期出版物：不详
地址：　　　　5/7 avenue Vavin 75006 PARIS，FRANCE（法国）
电话：　　　　33 1 55 42 50 31
传真：　　　　不详
网址：　　　　http：//irec. u – paris2. fr
电子信箱：　　不详

当代历史所（IHTP：Institut d'histoire du temps présent）

概况：　　　　1978 年 1 月 1 日成立，1998 年 1 月 1 日重组。隶属于
　　　　　　　法国国家科学研究中心。研究主题：第二次世界大战的
　　　　　　　历史、历史编纂学与记事，1940 年以来的国家和公共
　　　　　　　政策史，从 50 年代中期到 1968 年以后的法国人与政
　　　　　　　治，从 1940 年至今法国的司法和法官，1930—1960 年
　　　　　　　法国的警察、国家和社会，1968 年的事件、政治文化
　　　　　　　与生活方式，1947—1975 年法国的时尚和生活方式，
　　　　　　　企业、研究与革新，科学政策史，20 世纪法国城市史，
　　　　　　　知识分子比较史，历史、电影与表演，电视的起源、目
　　　　　　　的与历史的书写，第二次世界大战时期的音乐生活，

1945 年以来的国际文化关系，殖民地和后殖民地冲突，
公共活动与当代社会。

定期出版物：不详

地址：　　　59/61 rue Pouchet 75849 PARIS CEDEX 17，FRANCE
（法国）

电话：　　　33 1 40 25 10 61

传真：　　　33 1 40 25 11 91

网址：　　　http：//www. ihtp. cnrs. fr

电子信箱：　ihtp@ ihtp. cnrs. fr

东亚语言研究中心（CRLAO：Centre de recherches linguistiques sur l'Asie orientale）

概况：　　　1960 年成立，原名为汉语中心（Centre de linguistique
chinoise），1971 改为现称。隶属于原法国高等研究实
践学院。现主管部门为法国社会科学高等研究院和法
国国家科学研究中心。旨在增进对东亚国家语言的认
识，用新颖的叙事方法和理论，介绍、研究这些国家
的语言。主要研究范围：汉语、日语、朝语和越语。
研究主题：14—20 世纪汉语的历时语义学、当代汉语
语义学、《汉法词典》、日语与朝语的比较语义学、东
亚国家语言中借用的汉语。

定期出版物：《东亚语言手册》（Cahiers de Linguistique – Asie Orien-
tale）

地址：　　　54 Boulevard raspail，75006 PARIS，FRANCE（法国）

电话：　　　33 1 49 54 24 03

传真：　　　33 1 49 54 26 71

网址：　　　http：//crlao. ehess. fr/

电子信箱：　crlao@ ehess. fr

法国社会科学高等研究院（EHESS：Ecole des hautes études en sciences sociales）

概况：　　　1975 年在法国社会科学高等学院基础上成立的一个融

研究与教育为一体的科研教育机构。由院长和院长办公室领导下设 3 个委员会：教师委员会、学术委员会和行政委员会。开设的课程和从事的研究：历史学、经济学、社会学、社会人类学、人种学、人口学、地理学、心理学、语言学、符号学、数学、统计学和信息论方法。近年开展的跨学科课题：学习、认知与文化，生物学与社会，海洋研究，城市研究，图像与社会科学，穆斯林世界，17—18 世纪的政治文学与社会，古文物的现代用途。

定期出版物：《历史与社会科学年鉴》（Annales Histoire, Sciences sociales），《非洲研究手册》（Cahiers d'études africaines），《俄罗斯社会手册》（Cahiers du Monde russe），《乡村研究》（Etudes rurales），《人文》（L'Homme），《汉学书目杂志》（Revue bibliographique de Sinologie），《历史人口学年鉴》（Annales de Démographie historique）

地址： 54, boulevard Raspail 75006 PARIS, FRANCE（法国）

电话： 33 1 49 54 25 25

传真： 不详

网址： http：//www. ehess. fr/

电子信箱： sg12@ ehess. fr

法国高等研究实践学院（EPHE：Ecole pratique des hautes études）

概况： 1868 年 7 月 31 日成立。隶属于法国高等教育与研究部。由基础或应用研究和高等教育两部分构成，下设三个学部：生命科学与大地学部，史学与哲学部和宗教学部。生命科学与陆地学部下设多个实验室，主要研究：生命的分子和原子结构、人的生物和心理复杂性、环境与生物多样性的关系和物质构成与人类活动引发的问题的关系、人类的健康问题。史学与哲学部重点研究考古史、文化遗产史和语言史。宗教学部旨在介绍和采用跨学科方法研究现代和当代宗教现象。

定期出版物：《宗教学部年鉴》（Annuaire de la Section des Sciences religieuses）

地址：	46，rue de Lille 75007 PARIS，FRANCE（法国）
电话：	33 1—53 63 61 20
传真：	不详
网址：	http：//www. ephe. sorbonne. fr/
电子信箱：	webmestre@ ephe. sorbonne. fr

法国国家科学研究中心 （CNRS：Centre national de la recherche scientifique）

概况：　1939 年由从事基础研究的国家科学研究局和国家应用科学研究中心合并而成。是当代欧洲最大的基础研究机构，归法国教育部管辖，下设 7 个研究部，1200 个研究和行政机构，共 3.2 万人 。研究领域涉及自然科学和人文社会科学的全部学科。2009—2013 年的新五年计划中，中心的年度财政预算提高到 33.67 亿欧元，主要由教育部拨给，并受其监督。宗旨与任务：发展、指导和协调各个学科的科学研究，协助政府分析科学发展趋势，按规划建立并领导全国各地的下属科研机构，向所属机构提供必要的科研经费，负责组织、协调其他科研机构的科学研究。通过国家科学研究中心出版社出版题材广泛的专业著作和 170 余种定期刊物。

定期出版物：《国立科学研究中心通讯》（Courrier du CNRS）；《信息通报》（Lettre d'information）

地址：	3，rue Michel – Ange，75794 PARIS CEDEX 16，FRANCE（法国）
电话：	33 1 44 96 40 00
传真：	33 1 44 96 53 90
网址：	http：// www. cnrs. fr.
电子信箱：	webcnrs@ cnrs – dir. fr

法国国家人口研究所 （INED：Institut national d'études démographiques）

概况：　1945 年成立，1986 年成为国家级科研机构，下设 11 个研究单位，约 200 个研究和行政人员。隶属于法国研究部和就业与国家团结部。根据政府的需要研究法国和世界其他国家的人口问题。科研任务：从事和鼓励人口研究以推动人口学的发展，搜集和开发利用来自各种渠道，包括因特网在内的所有有关人口方面的信息，确保这些信息的传播。研究主题：人口问题综合研究与人口形势，出生率、生育率、避孕、堕胎与国际追踪，家庭、夫妇、婚姻、离婚与性行为，死亡率、发病率与健康，国内迁移与人口的空间分布，国际迁移与外国人口，社会边缘人口，经济与人口，发展中国家的演变，人口基因和人口史。

定期出版物：《人口与社会》（Population & sociétés，月刊），《人口》（Population，双月刊）

地址：　　　boulevard Davout – 75980 PARIS CEDEX 20，FRANCE（法国）

电话：　　33 1 56 06 20 00（总机）

传真：　　33 1 56 06 21 99

网址：　　http：//www. ined. fr

电子信箱：　sirot @ ined. fr

法国国家统计与经济研究所（Insee：Institut national de la statistique et des études économiques）

概况：　　　1946 年 4 月 27 日成立。隶属于法国经济、工业与就业部。旨在提供、分析、传播法国经济与社会信息。重点研究领域：农业、贸易、国家统计、生活状况、休闲假期、经济形势、经济、教育、企业、工业、人口、收入、医疗卫生、体育、服务业、交通、国土、环境、就业等。

定期出版物：《Insee 首刊》（Insee Première，每年 60 期）；《Insee 动态》（Insee Conjoncture，季刊）；《经济与统计》（Économie et Statistique，月刊）；《统计信报》（Courrier des Statistiques，季刊）；《经济与统计年鉴》（Les

Annales d'Economie et de Statistique，季刊）

地址： 18，Boulevard Adolphe – Pinard PARIS，FRANCE（法国）

电话： 33 1 41 17 50 50

传真： 33 1 41 17 66 66

网址： http：//www. insee. fr

电子信箱： insee – contact@ insee. fr

法国伦理与政治科学院（ASMP ：Académie des sciences morales et politiques）

概况： 1795 年成立，1803 年解散，1832 年重建。隶属于法国教育部领导下的法兰西研究院。是一个融哲学、社会科学和人文科学为一体的学术研究机构，下设 6 个部：哲学部，伦理学与社会学部，立法、公法与法学部，政治经济学、统计学和财政学部，历史学和地理学部，综合部。旨在推动和发展法国的人文科学研究。主要从事伦理学和政治学的现实和基础问题研究，20 世纪末又新增了国家与宗教，合同，文化遗产，老年化问题，校园中的暴力，著作权与因特网等涉及地理学、社会学、心理学、法学的课题研究。设有 117 种基金，以资助从事伦理与政治学研究的科研人员或教授和奖励取得重大科研成果或作出杰出贡献的学者。

定期出版物：《伦理学与政治学评论》（Revue des sciences morales et politiques，季刊，1982 年创刊）

地址： 23，quai de Conti 75006 PARIS，FRANCE（法国）

电话： 33 1 44 41 43 26

传真： 33 1 44 41 43 27

网址： http：//www. asmp. fr

电子信箱： secretaireperpetuel@ asmp. fr

法兰西学院（Collège de France）

概况： 1530 年成立，1870 年由"皇家学院"更名为"法兰西学院"。法国著名学者的讲坛和研究场所，现有院士 56

人（其中 4 人为外籍院士），人文与社会科学研究中心
和小组 13 个。开设的讲座分人文社会科学和自然科学
两大类。人文社会科学讲座主要涉及语言学、文学、哲
学、心理学、社会学、教育学、史学、人类学、民族学
和地理学等。

定期出版物：《法兰西学院年鉴》（Annuaire du Collège de France）

地址：　　　 11 place Marcelin Berthelot 75231 PARIS CEDEX 05,
　　　　　　 FRANCE（法国）

电话：　　　33 1 44 27 12 11

传真：　　　33 1 44 27 11 09

网址：　　　http：//www. college – de – france. fr

电子信箱：　message@ college – de – france. fr

法兰西研究院（Institut de France）

概况：　　　1795 年 10 月 25 日成立。由 5 个科学院组成：法语科学
　　　　　　院（1635），铭文与纯文学科学院（1663），科学院
　　　　　　（1666），美学科学院（1816）和伦理与政治科学院
　　　　　　（1795）。旨在根据多学科性原则发展艺术与科学，管
　　　　　　理院藏的数千件文物古迹赠品和基金。不同的科学院肩
　　　　　　负的研究任务不同，铭文与纯文学科学院重点开展史
　　　　　　学、考古学和哲学研究；伦理与政治科学院侧重研究伦
　　　　　　理学和政治学；法语科学院专门研究法语和编辑出版法
　　　　　　文词典。

定期出版物：《伦理学与政治学评论》（Revue des sciences morales et
　　　　　　politiques），《铭文与纯文学科学院院刊》（Comptes ren-
　　　　　　dus de l'Académie）

地址：　　　23, quai de Conti – 75006 PARIS, FRANCE（法国）

电话：　　　33 1 44 41 44 41

传真：　　　33 144 41 43 41

网址：　　　http：//www. institut – de – france. fr/

电子信箱：　com@ institut – de – france. fr

法律与社会变化实验室（Laboratoire Droit et changement social）

概况：　　　　隶属于法国国家科学研究中心和南特大学。旨在分析研究当代社会变化中的法律作用。研究主题：环境与长期国土治理，司法与刑罚政策，国土与地方民众的作用，工作与团结。

定期出版物：不详

地址：　　　　21，boulevard Gaston – Doumergue BP 76235 F 44262 NANTES CEDEX 2，FRANCE（法国）

电话：　　　　33 2 40 20 65 35

传真：　　　　33 2 40 20 65 36

网址：　　　　http：//www. msh. univ – nantes. fr

电子信箱：　valerie. gosseaume @ univ – nantes. fr，pascal. caillaud @ univ – nantes. fr

发展经济学中心（CED：Centre d'économie du développement）

概况：　　　　1974 年成立。法国经济与管理学博士生院成员，隶属于法国国家科学研究中心"教育、就业与发展"研究机构。担负着科研与教学双项任务。科研工作重点：研究第三世界经济、社会经济问题，宏观转型经济。教学重点：培养经济学博士和通过实例研究和密切与企业的接触，培养大学中的青年研究人员，使之不断增长经济理论和应用经济学知识。研究主题：贫困、劳动市场与发展，生产体系与发展，结构调整与发展，人类的持续发展与社会一体化，发展与经济思想，经济转型与债务。

定期出版物：《发展经济学中心年报》（La Lettre du CED）

地址：　　　　Université Montesquieu – Bordeaux IV，Avenue Léon Duguit，33608 PESSAC CEDEX，FRANCE（法国）

电话：　　　　33 5 56 84 29 38

传真：　　　　33 5 56 84 85 06

网址：　　　　http：//ideas. repec. org/s/mon/ceddtr. html

电子信箱：　ced@ u – bordeaux4. fr

发展研究所（IRD：Institut de recherche pour le développement）

概况：　　　　1944 年成立。隶属于法国研究部与合作部，下设 90 个
研究单位，遍布非洲、亚洲、拉丁美洲和欧洲 40 个国
家和地区。旨在研究热带和地中海地区人与环境的关
系，确保这些地区的持久发展。担负的任务：科研、鉴
定与教育。主要研究范围：地区与环境、生命资源、社
会与医疗卫生、地球学、海洋学与水生生物学、经济学
与社会学、植物学与动物学、基础科学与技术、工程学
与传播学。研究主题：自然灾害及其后果，气候对经济
和环境的影响，对水资源和土壤的"长期保护"，基因
资源及其保护，生态系统与合理开发，城市化对经济、
环境、社会和健康的影响，世界范围内移动人口的增
加，地方传染病和地方寄生虫病。

定期出版物：《发展研究所杂志》（Le Journal），《文化与科研活动》
（Activités culturelles et scientifiques）

地址：　　　　44，boulevard de Dunkerque CS 90009，F－13572 MAR-
SEILLE CEDEX 02，FRANCE（法国）

电话：　　　　33 4 91 99 92 00

传真：　　　　33 4 91 99 92 22

网址：　　　　http：//www. ird. fr

电子信箱：　　dic@ paris. ird. fr

公共政策分析小组（GAPP：Groupe d'analyse des politiques publiques）

概况：　　　　1984 年 1 月 1 日成立，2000 年 1 月 1 日重组，每四年
制定一次科研计划。隶属于法国国家科学研究中心。
2009 年和 2010 年的研究主题分别是：历史与国家政
策，政府顾问与政策。学术活动：起草和修改公共政
策，对经济、社会、政治活动进行公开和专业的调整，
管理行政区域的公共政策和防范集体风险。

定期出版物：不详

地址：	61 Av du président Wilson，94235 CACHAN CEDEX ，FRANCE（法国）
电话：	33 1 47 40 59 57
传真：	33 1 47 40 59 56
网址：	http：//www. gapp - cnrs. ens - cachan. fr
电子信箱：	azzimon@ gapp. ens - cachan. fr

古代与中世纪研究所（IRAM：Institut de recherche sur l'antiquité et le moyen âge）

概况：	1995 年 1 月 1 日成立，1999 年 1 月 1 日重组，每四年制定一次科研计划。隶属于法国国家科学研究中心和波尔多大学。研究主题：历史与文明、古代和中世纪史及考古学、艺术史和艺术考古学，法国城市历史地图等。科研计划：碑铭学的录入、处理和自动查询计划。
定期出版物：	不详
地址：	Université Michel de Montaigne（Bordeaux III），Esplanade des Antilles，33607 TALENCE CEDEX ，FRANCE（法国）
电话：	05 57 12 46 51
传真：	05 57 12 45 59
网址：	http：//silicon. montaigne. u - bordeaux. fr：8001/
电子信箱：	ausonius@ u - bordeaux3. fr

管 理 应 用 研 究 中 心（CERAG：Centre d'études et de recherches appliquées à la gestion）

概况：	2000 年 3 月 7 日成立。隶属于法国国家科学研究中心。研究范围：金融学、销售学、管理学、信息与决策系统。研究主题：企业财务、金融财会、金融市场、国际金融、商业谈判与采购销售、销售管理、消费行为、购物策略、技术转让、人才资源管理、发展战略、战略管理、信息管理、信息传播技术与决策者的组织结构的相互作用、贸易谈判、商标、生活方式、创新性等。

定期出版物：不详

地址：　　　　150，rue de la chimie，BP 47 38040 Grenoble CEDEX 9，
　　　　　　　FRANCE（法国）

电话：　　　　33 4 76 63 53 84

传真：　　　　33 4 76 54 60 68

网址：　　　　http：//www. cerag. org

电子信箱：　　cerag－secretariat@ upmf－grenoble. fr

国际发展研究中心（CERDI：Centre d'études et de recherches sur le développement international）

概况：　　　　1996 年 1 月 1 日成立，2000 年 1 月 1 日重组，每四年
　　　　　　　制定一次科研计划。隶属于法国国家科学研究中心和奥
　　　　　　　弗涅大学。主要研究活动：比较分析各国经济发展和发
　　　　　　　展战略，分析发展中国家的经济发展政策和发展水平不
　　　　　　　等的国家之间的经济关系，探讨发展社会经济学和对经
　　　　　　　济欠发达国家的做法进行宏观经济研究。

定期出版物：不详

地址：　　　　 65 Bvd François Mitterrand，Boite Postale 320，63009
　　　　　　　CLERMONT　FERRAND　CEDEX　1，　AUVERGNE，
　　　　　　　FRANCE（法国）

电话：　　　　04 73 17 74 00

传真：　　　　04 73 17 74 28

网址：　　　　http：//www. cerdi. org

电子信箱：　　O. Guillot@ u－clermont1. fr

国际关系与战略研究所（IRIS：Institut de relations internationales et stratégiques）

概况：　　　　1991 年成立。隶属于法国伦理与政治科学院，旨在研
　　　　　　　究和探讨国际战略问题，为此专门成立了一个战略问题
　　　　　　　研究中心，为战略机构（政治和军事领导人、高层官
　　　　　　　员、企业管理者、专家和大学教授）提供一个对话和
　　　　　　　思考的场所，帮助公众了解和认清国际形势。研究主

题：国防安全，国防经济，危机管理，军工业，全球和国家安全理论，世界经济与贸易，原材料与自然资源，移民潮与发展经济，环境、能源安全与食品储备，气候变化问题，社会文化方面的安全问题，全球战略与世界稳定，体育与国际关系。

定期出版物：《国际与战略评论》（Revue Internationale et Stratégique 1991），原为《国际关系与战略》（Relations Internationales et Stratégiques）

地址： 2 bis, rue Mercoeur – 75011 PARIS, FRANCE（法国）

电话： 33 1 53 27 60 60

传真： 33 1 53 27 60 70

网址： http：//www. iris – france. org/

电子信箱： contact@ iris – france. org

国际商法与投资法研究中心（CREDIMI：Centre de recherche sur le droit des marchés et des investissements internationaux）

概况： 1995 年 1 月 1 日成立，1999 年 1 月 1 日重组，每四年制定一次科研计划。隶属于法国国家科研中心和勃艮第大学。研究主题：矿石资源管理、国际公法、尖端技术、国际贸易的基本问题、国际私法、信息传播法、文化产业、国际贸易中的不正当手段、国际劳动法、科研活动法、税制、经济诉讼和投资与贸易。

定期出版物：不详

地址： 4 Bvd Gabriel, 21000 DIJON, FRANCE（法国）

电话： 33 3 80 39 53 90

传真： 33 3 80 39 55 71

网址： http：//www. u – bourgogne. fr/Recherche/labos. html

电子信箱： credimi. secretariat@ u – bourgogne. fr

国际司法合作研究中心（CECOJI：Centre d'études sur la coopération juridique internationale）

概况： 1996 年 1 月 1 日成立，2000 年 1 月 1 日重组，每四年制定一次科研计划。隶属于法国国家科学研究中心和普瓦提埃大学。研究主题：演变中的司法体制、知识产权与传播技术、信息与自由、人权、语言权、研究与文化权、信息与传播权。

定期出版物：不详

地址：　　　15，rue Sainte – Opportune 86022 POITIERS CEDEX ，FRANCE（法国）

电话：　　　33 5 49 36 64 40

传真：　　　33 5 49 36 64 44

网址：　　　http：//www. univ – poitiers. fr/recherche/labos/fiche_ labo.

电子信箱：　cecoji@ univ – poitiers. fr

国际展望与信息研究中心（CEPII Centre d'Etudes Prospectives et d'Informations Internationales）

概况：　　　1978 年成立。隶属于法国计划委员会，旨在对全球经济形势作出中长期预测分析，提供世界经济统计信息系统，建立国际贸易数据库，举办国际学术会议，出版期刊和学术著作。重点研究：国际贸易，贸易政策，劳动的国际分工，欧洲问题，国际货币问题，金融全球一体化等。

定期出版物：《研究报告》（Rapports d'étude，季刊）；《研究文献》（Documents de travail，半月刊）；《CEPII 通报》（La Lettre du CEPII，每年 11 期）；《CEPII 新报》（The CEPII Newsletter，季刊），《世界经济》（L'Economie mondiale，年刊）；《国际经济》（Economie Internationale，季刊）。

地址：　　　9，rue Georges Pitard 75015 PARIS CEDEX 15 ，FRANCE（法国）

电话：　　　33 1 53 68 55 00（总机）

传真：　　　33 1 53 68 55 01

网址：　　　http：//www. cepii. fr/

电子信箱：　col@ cepii. fr

环境、城市与社会（EVS：Environnement，ville et société）

概况： 1995 年 1 月 1 日成立，1999 年 1 月 1 日改组，每四年
制定一次科研计划。组织机构性质为混合性研究机构，
主管部门有法国国家科研中心、里昂第二大学、里昂第
三大学、圣艾蒂安纳大学、里昂国家应用科学研究所和
国家公共工程学院。研究主题与研究领域：环境、城市
管理网和公用事业，城市管理机构及其管理干预方式，
环境与已整治过的环境，辖区与城市。

定期出版物：不详

地址： 18 Rue Chevreul，69362 LYON CEDEX 07，FRANCE（法
国）

电话： 04 78 78 75 44

传真： 04 78 78 71 85

网址： http：//umr5600. univ – lyon3. fr/

电子信箱： brahmi@ sunlyon3. ： univ – lyon3. ： fr

**教育经济学研究所（Irédu：Institut de recherche sur l'économie de
l'éducation）**

概况： 2001 年 1 月 1 日成立。隶属于法国教育部和法国国家
科学研究中心。旨在明确学院的教育功能和提高教育系
统的工作效率。主要研究：教育的最高经济效益、教育
投资机制、教育成本与效益、人才与知识资源的利用、
信息传播与处理技术对教育的影响、教育与职业关系的
性质与形式、教育与其他人才资源的关系、教育与
就业。

定期出版物：《教育经济学研究所手册》（les Cahiers de l'irédu，年刊
或半年刊，同时发表电子版）

地址： 9 Avenue Alain Savary，B. P. 26513 – 21065 DIJON CE-
DEX，FRANCE（法国）

电话： 33 3 80 39 54 50

传真： 33 3 80 39 54 79

网址：	http：//www. u – bourgogne. fr/IREDU/
电子信箱：	jjpaul@ u – bourgogne. fr

经济理论，模式化与应用（THEMA：Théorie économique，modélisation et applications）

概况：　　　1997 年 1 月 1 日成立，2001 年 1 月 1 日重组。隶属于法国国家科学研究中心、巴黎第十大学、楠泰尔大学和塞日蓬图瓦斯大学。旨在为法国各大银行或金融机构解决实际难题和培养金融和经济学硕士。研究主题：社会抉择与福利经济、博弈理论与合同理论、不完善竞争、工业经济、运输经济、风险经济、保险经济、金融、经济计量学分析与企业行为、宏观经济分析和宏观经济模式。

定期出版物：不详

地址：　　　33, boulevard du Port 95011 CERGY – PONTOISE CEDEX, FRANCE（法国）

电话：　　　33 1 34 25 60 63

传真：　　　33 1 34 25 62 33

网址：　　　http：//thema. u – paris10. ：fr

电子信箱：　thema［at］ml. u – cergy. fr

经济理论与分析小组（GATE：Groupe d'analyse et de théorie économique）

概况：　　　1997 年 1 月 1 日成立，1999 年 1 月 1 日重组，每四年制定一次科研计划。隶属于法国国家科学研究中心和里昂第二大学。研究主题：宏观劳动与就业经济学、货币与金融、国际经济与金融、工业经济的调整与尝试。

定期出版物：不详

地址：　　　93 Chemin des Mouilles, 69131 ECULLY CEDEX, FRANCE（法国）

电话：　　　33 4 72 86 60 60

传真：　　　33 4 72 86 60 90

网址：　　　　http：//www. gate. cnrs. fr

电子信箱：　　gate@ gate. cnrs. fr

就业研究中心（CEE：Centre d'études de l'emploi）

概况：　　　　1970 年成立，1986 年成为国家级科研机构，下设 5 个
研究单位。该中心为公立非营利跨学科研究机构，隶属
于法国教育、研究部和就业与国家团结部。科研任务：
通过统计方法和利用宏观经济理论分析就业问题，向政
府、企业和社会团体分析阐明就业变化与市场和技术演
变的关系，就业市场的功能，就业人口状况和就业者的
行为，为政府制定就业政策及其评估服务。研究主题：
就业政策，企业与劳动市场，劳动、劳动者与就业，技
术创新和生产体制改革对企业、工薪者和社会的影响程
度，公众干预的作用与形式，劳动人事章程的多样化，
适应时代变化的新就业调整方式。其研究成果主要以通
报、专著和发展报告的形式发表。

定期出版物：《就业研究中心信息》（La lettre du CEE）

地址：　　　　Le Descartes I – 29，promenade Michel Simon，93166
NOISY – LE – GRAND CEDEX，FRANCE（法国）

电话：　　　　33 1 45 92 68 00

传真：　　　　33 1 49 31 02 14

网址：　　　　http：//www. cee – recherche. fr/

电子信箱：　　lise. beaudoing@ cee. enpc. fr

**跨学科传媒分析与研究中心（CARISM：Centre d'analyse et de re-
cherche interdisciplinaire sur les médias）**

概况：　　　　1969 年起隶属于法国巴黎第二大学。2009 年研究主题：
民主文化与传媒制作，传媒和文化产业市场的重构与业
余爱好者的参与。

定期出版物：不详

地址：　　　　4 rue Blaise Desgoffe 75006 PARIS，FRANCE（法国）

电话：　　　　33 1 44 41 57 92

传真：　　　　33 1 44 41 59 49

网址：　　　　http：//ifp. u－paris2. fr/

电子信箱：　ifp@ u－paris2. fr

劳动与社会保障比较法中心（COMPTRASEC：Centre de droit comparé du travail et de la sécurité sociale）

概况：　　　　1982 年成立，1999 年 1 月 1 日重组，每四年制定一次
　　　　　　　科研计划。隶属于法国国家科学研究中心和波尔多第四
　　　　　　　大学。旨在推进法国、欧盟、欧共体和国际劳动与社会
　　　　　　　保障法的研究与教学发展，改进和完善工资模式，运用
　　　　　　　社会法基础理论对欧洲各国或国际劳动与社会保障法进
　　　　　　　行比较研究。每年在国际劳动与社会保障法协会的赞助
　　　　　　　下，举办一次为期两周的劳动与社会保障比较法研究与
　　　　　　　教学国际讨论会。

定期出版物：《劳动与社会保障比较法通报》　　（Bulletin de Droit
　　　　　　　Comparé du Travail et de la Sécurité sociale）

地址：　　　　Université Montesquieu－Bordeaux IV，Avenue Léon Duguit
　　　　　　　F－33608 PESSAC CEDEX，FRANCE（法国）

电话：　　　　33 5 56 84 85 42

传真：　　　　33 5 56 84 85 12

网址：　　　　http：//comptrasec. u－bordeaux4. fr

电子信箱：　comptrasec@ u－bordeaux4. fr

雷蒙·阿隆政治研究中心（CRPRA：Centre de recherches politiques Raymond Aron）

概况：　　　　1992 年 2 月由法国社会科学高等研究院组织成立，
　　　　　　　1997 年成为法国国家科学研究中心的下属研究机构，
　　　　　　　拥有一个政治哲学史图书馆和一个有关雷蒙·阿隆的
　　　　　　　文献库。科研任务：研究政治哲学及其历史和编辑整
　　　　　　　理阿隆的论著手稿。研究主题：现代民主的哲学和历
　　　　　　　史基础、法国大革命和 19 世纪政治史、现代民主形式
　　　　　　　与过程、主体史。

定期出版物：不详

地址：　　　105 Bd Raspail – 75006 PARIS，FRANCE（法国）

电话：　　　33 1 53 63 51 48

传真：　　　33 1 53 63 51 50

网址：　　　http：//crpra. ehess. fr/

电子信箱：　crpra@ ehess. fr

欧洲法学与社会网（RED&S：Réseau européen Droit et Société）

概况：　　　1926 年成立。隶属于法国司法部和法国国家科学研究
　　　　　　中心。是一个集科研和教学为一体的机构。旨在与法
　　　　　　国、欧洲或国际法学研究机构合作，共同研究法学理论
　　　　　　和法社会学。主要科研活动：全面分析法学和社会问
　　　　　　题，比较分析欧洲各国的法律。

定期出版物：《法学与社会》（Droit et Société，现有网上电子版）

地址：　　　11160 Rieux – Minervois，FRANCE（法国）

电话：　　　33 4 68 78 13 15

传真：　　　33 4 68 78 23 04

网址：　　　http：//www. reds. msh – paris. fr/francais/accueil. htm

电子信箱：　rosset@ idf. ext. jussieu. fr

欧洲社会学中心（CSE：Centre de sociologie européenne）

概况：　　　1960 年成立，创建人是布迪厄。隶属于法国社会科学
　　　　　　高等研究院。旨在用比较方法研究欧洲和阿尔及利亚的
　　　　　　社会学和社会科学，推动法国社会学研究的发展，努力
　　　　　　实现社会学研究的国际化；为法国社会科学高等研究院
　　　　　　培养社会学博士和硕士。近年来从重视理论研究转为重
　　　　　　视现实问题研究，重点课题有：社会化的方式，社会身
　　　　　　份，教育与经济的相互作用，社会环境、专业文化、生
　　　　　　活经历、受教育程度以及新技术特别是信息技术对人类
　　　　　　共同信仰的影响，新的就业范畴。

定期出版物：《社会科学研究汇编》（Actes de la recherche en sciences
　　　　　　sociales）

地址：　　　　Maison des sciences de l'homme de Paris, 54, boulevard Raspail – 75270 PARIS CEDEX 06, FRANCE（法国）

电话：　　　　33 1 49 54 20 95

传真：　　　　33 1 49 54 26 74

网址：　　　　http：//cse. ehess. fr/

电子信箱：　　csec – cse@ msh – paris. fr

人口与社会研究中心（CERPOS：Centre de recherche Populations et sociétés）

概况：　　　　1968 年成立。隶属于法国国家科学研究中心和巴黎第十大学，是法国人口学中心常年的科研合作伙伴。主要研究范围：与社会变革有关的人口变化，包括人口变迁、生育、家庭、空间流动性和城市化。

定期出版物：不详

地址：　　　　Université PARIS X CERPOS bâtiment D, 200 avenue de la République, 92001 NANTERRE CEDEX , FRANCE（法国）

电话：　　　　33 1 40 97 75 13 或 33 1 40 97 70 84

传真：　　　　33 1 40 97 70 86

网址：　　　　http：//www. u – paris10. fr/CERPOS/0/fiche_ _ _ laboratoire/&RH = rec_ lab

电子信箱：　　cerpos@ u – paris10. fr

人文科学之家基金会（FMSH：Fondation Maison des sciences de l'homme）

概况：　　　　1963 年成立。旨在发挥科研孵化器、推动器、跨学科研究平台和国际交流合作中心的功能。采用网络课题管理模式，协助制定双边计划，资助、组织和协调科研计划，交流和发表科研信息，出版科研成果和期刊。现负责出版期刊 18 种，其中 14 种已有网络电子版。资助的重点课题：文化与遗产，当代社会的调整，经济、环境与可持续发展，信息与传播技术。

定期出版物：《信息通报》（Lettres d'information，季刊）

地址：　　　54 boulevard Raspail 75270 PARIS CEDEX 06，FRANCE（法国）

电话：　　　33 1 49 54 20 00

传真：　　　33 1 42 22 35 09

网址：　　　http：//www. msh – paris. fr/

电子信箱：　不详

人种学与比较社会学实验室（Laboratoire d'éthnologie et de sociologie comparative）

概况：　　　1967 年成立，2001 年 1 月 1 日重组。隶属于法国国家科学研究中心和巴黎第十大学。2009—2012 年的研究主题：（1）亲族关系与政治的形式和比较的动力；（2）语言、音乐与认知；（3）群体的命运、心理元理论、种族运动；（4）宗教仪式与宗教活动的发展；（5）记忆、迁移和身份政策；（6）正在产生影响的物质文化、技术过程和媒介；（7）人类学的操作链。

定期出版物：《研究室》（Atelier）

地址：　　　21 Allee de l'université BR > 92023 NANTERRE CEDEX，FRANCE（法国）

电话：　　　33 1 46 69 25 90

传真：　　　33 1 46 69 25 91

网址：　　　http：//www. mae. u – paris10. fr/ethnologie/ethnoaccueil. php

电子信箱：　labethno@ mae. u – paris10. fr

认知科学与心理语言学实验室（LSCP：Laboratoire de sciences cognitives et sycholinguistiques）

概况：　　　1998 年 1 月 1 日成立，每四年制定一次科研计划。隶属于法国国家科学研究中心和法国社会科学高等研究院。研究范围主要包括：心理作用、整合神经学、人的行为、语音、词汇及其组织和功能的可塑性。

定期出版物：不详

地址： Ecole Normale Supérieure，29 rue d'Ulm 75005 PARIS，CEDEX 06，FRANCE（法国）

电话： 33 1 44 32 26 16

传真： 33 1 44 32 26 30

网址： http：//www. ehess. fr/centres/lscp/

电子信箱： Les adresses email sont du type prenom. nom@ ens. fr

社会分析与干预中心（CADIS：Centre d'analyse et d'intervention sociologiques）

概况： 1981 年成立，创建人是法国著名社会学家图雷纳，最初的研究范围仅限于劳动社会学。1998 年 1 月 1 日重组，每四年制定一次科研计划。隶属于法国国家科学研究中心和法国社会科学高等研究院。研究重点：穆斯林阿拉伯国家、欧洲、亚洲、拉丁美洲国家的社会重组活动或社会生产活动。研究主题：社会角色与历史演变、社会角色与文化工具、社会角色的结构破坏与城市危机。学术成果主要以论著、论文或研究报告的形式发表。

定期出版物：不详

地址： 54 Bvd Raspail, 75270 PARIS CEDEX 06, FRANCE（法国）

电话： 33 1 49 54 24 27

传真： 33 1 42 84 05 91

网址： http：//www. ehess. fr/cadis

电子信箱： cadiscom@ ehess. fr

社会心理学实验室（LPS：Laboratoire de psychologie sociale）

概况： 1965 年成立，是欧洲第一个社会心理学研究机构。隶属于法国社会科学高等研究院，2006 年初起并入埃德加·莫兰中心。旨在从基础研究和应用研究两个方面分析探明个人、社会和文化演变的深层机理。研究主题：社会思想研究，势力的形成、交流和态度改变的过程研究。

定期出版物：不详

地址： 105，Boulevard Raspail 75006 PARIS，FRANCE（法国）

电话： 33 1 53 63 51 30

传真： 33 1 53 63 51 01

网址： http：//lps. ehess. fr/

电子信箱： 不详

社会运动研究中心（CEMS：Centre d'étude des mouvements sociaux）

概况： 图雷纳创建并领导至 1981 年。1998 年 1 月 1 日重组，每四年制定一次科研计划。隶属于法国国家科学研究中心和法国社会科学高等研究院。研究主题：公共空间与集体行动、社会关系的有限经验、工薪社会危机与管理思想的发展、公共政策社会学、代表制变化的关键及其描述。学术成果主要以论著、论文或研究报告的形式发表。

定期出版物：《社会运动研究中心通报》（La Lettre du CEMS，半年刊）

地址： 54，boulevard Raspail – 75006 PARIS，FRANCE（法国）

电话： 33 1 49 54 25 86

传真： 33 1 49 54 26 70

网址： http：//www. ehess. fr/centres/

电子信箱： cems@ ehess. fr

生产与发展经济学研究所（IREPD：Institut de recherche économique sur la production et le développement）

概况： 2000 年 3 月 7 日成立，2007 年重组。隶属于法国国家科学研究中心和格勒诺布尔大学。学科研究范围：产业经济学、空间经济学、劳动经济学、发展经济学、经验经济学。与联合国工业组织、上海大学合作的研究主题：新的经济竞争条件，企业间的持久关系，工业组织与公司的国际化战略，环境政策对生产组织的影响，社会效益，效益工资等。

定期出版物：不详

地址：　　　BP 47 / F – 38040 Grenoble CEDEX 9，1221 – 1241，rue des résidences，F – 38400 SAINT – MARTIN D'HERES，FRANCE（法国）

电话：　　　33 4 76 82 56 92

传真：　　　33 4 76 82 59 89

网址：　　　http：//www. upmf – grenoble. fr/irepd/

电子信箱：　irepd@ upmf – grenoble. fr ou admrech@ upmf – grenoble. fr

数量经济学研究小组（GREMAQ：Groupe de recherche en économie mathématique et quantitative）

概况：　　　1995 年 1 月 1 日成立，1999 年 1 月 1 日重组，每四年制定一次科研计划。隶属于图卢兹第一大学、法国社会科学高等研究院和法国国家科学研究中心。主要研究范围：经济理论，银行、金融与保险，应用经济学。

定期出版物：不详

地址：　　　21 Allée de Brienne，31000 TOULOUSE，FRANCE（法国）

电话：　　　05 61 12 85 56

传真：　　　05 61 22 55 63

网址：　　　http：//www – gremaq. univ – tlse1. fr/（UPR5604）

电子信箱：　gremaq@ univ – tlse1. fr

现代与当代中国研究中心（CECMC：Centre d'études sur la Chine moderne et contemporaine）

概况：　　　1996 年由中国文献研究中心（1958）与中国比较研究中心（1985）合并成立，又称中国中心。隶属于法国社会科学高等研究院和法国国家科学研究中心。拥有一个藏书丰富、对外开放的图书馆。旨在从人文社会科学角度推动有关中国研究课题的发展。研究主题：建筑与城市规划、生存环境、动物、生育和消费等。

定期出版物：《汉学书目杂志》（Revue bibliographique de Sinologie，
年刊）

地址： 54, bd Raspail – 75006 PARIS, FRANCE（法国）

电话： 33 1 49 54 20 90

传真： 33 1 49 54 20 78

网址： http：//www. ehess. fr/centres/cecmc/CECMC. htm

电子信箱： Chine@ ehess. fr

现代思想体系史中心（CHSPM：Centre d'Histoire des Systèmes de Pensée Moderne）

概况： 1983 年成立。隶属于法国巴黎索邦大学。旨在研究
16—20 世纪世界思想体系史。研究主题：17—18 世纪
人类学研究，19—20 世纪重要政治哲学思想研究。

定期出版物：不详

地址： 17, rue de la Sorbonne, 75231 PARIS, FRANCE（法国）

电话： 33 1 40 46 27 93

传真： 33 1 40 46 31 57

网址： http：//chspm. univ – paris1. fr/

电子信箱： jean. salem@ univ – paris1. fr

信息与传播法研究所（IREDIC：Institut de Recherche et d'Etudes en Droit de l'Information et de la Communication）

概况： 隶属于保尔—塞尚大学。研究范围：电视、广播、报
刊、电影、因特网、电讯、广告、著作权法和出版物。
2009 年重点研究传媒法。

定期出版物：不详

地址： Faculté de droit et de science politique, 3 av. Robert Schu-
man 13628 AIX – EN – PROVENCE CEDEX 1, FRANCE
（法国）

电话： 33 4 42 17 29 36

传真： 33 4 42 17 29 38

网址：　　　　http：//www. iredic. com/

电子信箱：　　iredic@ univ－cezanne. fr

中 世 纪 考 古 研 究 中 心（CRAHM：Centre de recherches archéologiques et historiques mediévales）

概况：　　　　1996 年 1 月 1 日成立，2000 年 1 月 1 日重组，每四年
　　　　　　　制定一次科研计划。隶属于法国国家科学研究中心和卡
　　　　　　　昂大学。研究主题：中世纪文明古国的政治、文化和经
　　　　　　　济现象。最近重点研究中世纪末古罗马的文化、身份与
　　　　　　　空间。

定期出版物：不详

地址：　　　　Université de Caen ，Esplanade de la paix 14032 CAEN
　　　　　　　CEDEX 5，BASSE NORMANDIE，FRANCE（法国）

电话：　　　　33 2 31 56 57 25

传真：　　　　33 2 31 56 54 95

网址：　　　　http：//www. unicaen. fr/ufr/histoire/craham/（UMR6577）

电子信箱：　　crahm. direction@ unicaen. fr

组织社会学中心（CSO：Centre de sociologie des organisations）

概况：　　　　1965 年由克罗迪耶创建，1975 年 1 月 1 日从研究小组
　　　　　　　扩大为研究中心，1998 年 1 月 1 日重组，每四年制定一
　　　　　　　次科研计划。隶属于法国国家科学研究中心人文与社
　　　　　　　会科学部。最初仅限于对国营和私营部门的组织功能和结
　　　　　　　构动力进行经验性研究，如今从跨学科角度深入探讨和
　　　　　　　研究组织理论，组织的功能、结构和管理。2009—2012
　　　　　　　年研究主题：风险管理，经济管理新方式，高等教育与
　　　　　　　研究，卫生政策与医疗实践的合理化，国家、国土改造
　　　　　　　与新调整，艺术工作者、文化机构和文化政策，社会公
　　　　　　　正与社会调整。

定期出版物：不详

地址：　　　　19 Rue Amelie 75007 PARIS，FRANCE（法国）

电话：　　　　33 1 40 62 65 70

传真： 33 1 47 05 35 55

网址： http：//www. cso. edu/home. asp

电子信箱： e. friedberg@ cso. cnrs. fr

附录三　人名索引

后　记

　　1978 年初大学毕业时，恰逢中国社会科学院成立，急需外语方面的人员，我有幸成为中国社会科学院的一名研究人员，被分配到情报研究所工作，自此便与法国人文社会科学文献研究结下了不解之缘，至今已有 30 余年。

　　在这 30 多年的时间里，我始终没有间断过对法国人文社会科学文献的研究，对此不敢说是痴迷，至少是情有独钟，即使在工作岗位发生变化的情况下，仍然坚持在完成本职工作的同时，抓紧时间翻阅浏览法文报刊、网上搜集下载相关信息、翻译整理和分析研究法国人文社会科学文献，力争及时准确地将国人关注的学术动向，以及值得借鉴或对国人有裨益的学术思想和理论译介出来。感觉自己就像一个猎人，在浩如烟海的文献信息中搜寻，一旦发现新的人文社科思潮、理论观点、研究方法和前沿学科流派，都会兴奋不已，先是将其"捕获"，继而将其翻译或分析研究后发表。

　　随着时间的推移，不知不觉中自己搜集积累和翻译了上千万字的法文文献资料和发表了上百万字的研究成果，研究重点和研究方向也日见清晰。今天呈现给读者的这部《多视角下的法国人文社会科学》就是我数十年文献研究的结果，也是我多年的心愿，尽管它仍存在着不少瑕疵和不足之处。

　　需要说明一点的是，这部书之所以添加了"法国主要人文社会科学研究机构简况"、"法国人文社会科学网络数据库简介"和"人名索引"三篇附录，主要是为了增加它的应用功能，为国内学者进一步研究提供便利。

　　像多数作者不忘在后记中感谢曾帮助过他们的人一样，这里也向曾经对自己有过教诲、支持或伸出过援手的人一一表示发自内心的感谢。首先要感谢我的三位老师,其中一位是曾对本人的首部译作《生命之路》付出大量时间和心血、逐字逐句进行校对的冯韵文老师;另一位是引领我走向"法国人文社会科学文献研究"之路的王兴成老师;还有一位是曾对我的翻译和研究工作给予帮助和指导,此次又力荐本书出版并为本书撰写序言的黄长著老师。其次向同事和好友表示感谢,一要感谢对书稿提出过宝贵意见的郑海燕和向我提供过参考文献的我的法语同仁贺慧玲,二要感谢理解并大力支持本人完成此书的刘振喜和姜晓辉,三要感谢在书稿编辑和数据资料技术处理方面给予援助的耿海英和郝若扬。这里顺带感谢家人的鼎力相助,先生不仅第一个通读了本书,而且指出了许多问题和提出了弥足珍贵的修改意见。最后感谢本书的责任编辑冯斌先生,他的认真负责和不辞辛苦令我感动。

作　者

2011 年元月于京